浙商院文库

国家留学基金资助（2011年地方合作项目-留金法［2011］5025）
浙江商业职业技术学院学术专著出版资金资助

Tactics of Fresh Agricultural
Products Circulation Based on Collaborative Innovation

鲜活农产品流通
协同创新策略

杨 敏 著

ZHEJIANG UNIVERSITY PRESS
浙江大学出版社

图书在版编目（CIP）数据

鲜活农产品流通协同创新策略/杨敏著. —杭州：
浙江大学出版社，2013.10
ISBN 978-7-308-12449-2

Ⅰ. ①鲜… Ⅱ. ①杨… Ⅲ. ①农产品流通－研究－中
国 Ⅳ. ①F724.72

中国版本图书馆 CIP 数据核字（2013）第 260660 号

鲜活农产品流通协同创新策略
杨 敏 著

责任编辑 周卫群
封面设计 刘依群
出版发行 浙江大学出版社
（杭州市天目山路 148 号 邮政编码 310007）
（网址：http://www.zjupress.com）
排 版 杭州中大图文设计有限公司
印 刷 富阳市育才印刷有限公司
开 本 710mm×1000mm 1/16
印 张 13.75
字 数 251 千
版 印 次 2013 年 10 月第 1 版 2013 年 10 月第 1 次印刷
书 号 ISBN 978-7-308-12449-2
定 价 39.00 元

序

    近年来,各级乡镇企业、农产品加工业和休闲农业工作主管部门认真贯彻中央稳中求进的总要求,围绕"两个千方百计、两个努力确保"的目标,各项重点工作取得了新业绩、新进展。在世界经济复苏明显放缓和国内经济下行压力加大的严峻形势下,乡镇企业转型提升取得新突破,并在调整中取得平稳发展。2012年,在乡镇企业总产值中,农产品加工业和第三产业占比均达到四分之一左右,中西部和东北地区占比上升了0.63个百分点,工业园区集中度达到30%以上。全国乡镇企业共安排1.64亿人就业,农民纯人均收入中有2800元来自乡镇企业,约占农民人均纯收入的35.4%。

    党的十八大提出了全面建成小康社会、"两个翻番"、"四化"同步和建设美丽中国等一系列经济社会发展新方略,这赋予了农村二三产业发展新的使命。当前,我国发展仍处于可以大有作为的重要战略机遇期,工农城乡关系正在发生重大变化,农业农村经济进入新的发展阶段,工业化步入发展中期,城镇化率超过50%、人均GDP超过5000美元、农民人均纯收入达到8000元。然而,相比发达国家,我国仍存在农产品流通效率低、不规范等问题,这直接影响到了农产品供应和物价水平的稳定。扎实推进农产品流通体系改革,努力消除制约农产品流通的体制机制性障碍,对于实现目标,具有十分重要的意义。

    本书作者从农产品流通视角出发,充分体察民情,其内容的设计与论证,符合国情,实事求是,除了讲究学术研究的全面性、科学性、系统性,还特别注重学术研究成果的应用性、可行性、针对性;这种务实的研究作风值得肯定与鼓励。作者提出要大力发展农产品加工业,引导农民按照市场和加工的需求,组织生产和经营,推进农业生产的专业化、标准化、规模化和集约化。要为农业注入科技、人才、管理、装备等要素,提升现代农业的发展水平。要延长农业产业链、就业链和效益链,促进产加销一体化经营,增强现代农业产业的整体竞争力。要适应居民收入"倍增"对消费升级的强劲拉动,增加食物花色、品种,提高食品生产技术标准和质量安全水平,满足居民食品消费格局从以温饱型为主体向风味型、营养型、便捷型甚至功能型方向转变的新要求。这些建议值得国内同行专家学者、政府决策部门借鉴与交流。是为序。

中国农业部党组成员、总经济师

2013 年 9 月　北京

    农产品对于一个拥有 13 多亿人口的大国而言，一直被视为我国特殊的战略物资，农产品流通改革因此备受瞩目。流通，一头连着农民生产，一头连着城镇居民消费，事关民生，意义重大。它就像一辆绿色快车，向着强农惠农富农的目标飞驰。

    近年来，随着商品化程度的加深，我国农副产品价格"过山车"式大幅波动不断上演。虽然在市场经济环境下，农产品价格有涨有跌属于正常现象，但价格过大幅度波动，则会影响产业的正常秩序，影响生产安排，于"农"于"民"都没好处。菜价过快上涨，市民怨声载道；菜价大幅下跌，农民叫苦不迭。这把"双刃剑"不仅造成了大量农业资源的浪费，也使国家宏观调控被牵了鼻子。

    纵观整个蔬菜流通链条，可以看出除了一些市场向中间商收取的费用存在一定的压缩空间，比如进场费、摊位费等，其他的费用压缩的空间并不大。如果进一步考虑到汽油价格这些年不断上涨，以及各种过路过桥费，这对于蔬菜流通来说，都是难以承受之重。因此，看起来中间商的利润很大，实则也不尽然。而对于上游的种植农户来说，由于蔬菜保鲜期等原因，必须要将蔬菜在一定时间内尽快卖掉，造成蔬菜集中上市，形成了"贱卖"的现象。由此可见，目前的流通模式并非"两头哭，中间笑"的局面，而是整个流通产业链都在"哭"。

    2011 年，农业部专门发文要求成立市场预警专家委员会，由农业部市场与经济信息司与市场预警专家委员会建立沟通交流机制，及时研讨农业农村经济及农产品市场运行情况，广泛听取专家对农产品市场预警工作的意见和建议，依托专家跟踪和研究农产品市场运行热点、焦点和难点问题。种种措施都表明，我国政府对农业问题和农产品价格予以高度重视并千方百计设法缓解矛盾。

2013年中央一号文件再次强调农业问题,提出要提高农产品流通效率,完善农产品市场调控,提升食品安全水平。自2004年至今,中央"1号文件"已连续10年聚焦"三农"。其中,保障农产品供给、扩大农村消费更被提升到战略高点。业内专家认为,农产品供给关乎国内宏观经济平稳运行,具有重要意义。而流通不畅是目前困扰农产品供给的主要障碍,需要以创新手段降低农产品流通损耗,最终走活农产品流通这盘棋。

基于上述现状,本书将运用商品流通理论和流通基本原则设计与规划农产品流通渠道基本框架,探索全面创新的途径与方式,构建基于价值链理论的协同创新治理范式与模型。通过比较国内外农产品流通现状,吸取成功经验,结合地方经济特点,根据商品流通与服务业的关联性,选择相关成熟与新兴产业,研究其创新途径与规律,以流通服务业创新范式为理论依据,从生产加工、批发、零售、物流等主要流通环节进行深入研究。其中选择浙江省、杭州市为重点研究对象,根据浙江省政府、杭州市政府高度重视"米袋子"、"菜篮子"工作目标,将实践经验与理论分析相结合,通过实证研究形成创新模式,将其应用于更广泛的中小农产品企业流通管理和地方农业经济发展。最终总结成功经验,促进完善政策法规,为解决民生问题找到最佳方案。

本书的撰写是建立在本人多年来对三农问题的关注和创新管理的理论研究基础之上,先后发表了有关农产品流通的论文近十篇,还有前期研究项目作为支撑,2011年浙江省社会科学界联合会"民生调研协作攻关"专项课题"优化农产品流通促进价格合理化对策研究——以杭州市为例"(项目编号:2011XN28)。2011年度杭州市哲学社会科学规划课题"杭州市农产品流通方式转变的紧迫性及其途径研究"(项目编号:C11GL32)。同时,相关研究成果形成各类对策建议,分别提交浙江省农业和农村工作办公室,杭州市农业和农村工作办公室,杭州都市圈协调会办公室,民进浙江省委,民进杭州市委,均被采纳。其中《运用物联网技术促进农产品智能流通》的有关建议,被作为杭州市2012年两会代表性提案,全文刊登在《杭州日报》上。

另外,本书有幸得到了国家留学基金资助(2011年地方合作项目—留金法〔2011〕5025),使本人得以有机会在美国进行访问学习,潜心研究与撰写此书。同时,本书得到了浙江商业职业技术学院学术专著出版资金资助,在此对国家留学基金委、浙江省教育厅、浙江商业职业技术学院一并表示特别感谢。但是,由于笔者水平有限,加上数据采集难以全面,理论研究有待深入,书中肯定还存在着很多不当之处,在此一并敬请同行专家和读者多批评指正。

杨　敏

美国加州州立大学(CSUF)

2013 年 6 月 6 日(洛杉矶时间)

C 目 录
ontents ....

04　国内外农产品流通及质量管理现状

05 国内外农业相关政策情况

01 国内外农产品价格态势及国际贸易现状

要讨论有关农产品流通的问题,可以先从农产品价格说起。因为作为产品,它最终流向消费者,而鲜活农产品,它最终流向的不是别处,而是老百姓的餐桌。说它关乎老百姓的民生,老百姓的生命,一点也不夸张。对老百姓而言,什么样的农产品是令人满意的,无外乎两个基本条件,一是质量可靠,二是价格合理。由于食品质量问题不属于经济学范畴,所以在此不作为主题来探讨,但也不能完全排除在外,因为,农产品质量也是经济活动的结果之一。

1.1 2012 年国内外农产品价格态势

2012 年国际农产品价格呈震荡上行态势,并且波动性较大。从需求方面看,伴随全球人口的稳步增加、居民收入水平提高和人们饮食结构的改善,全球消费者对高附加值的肉禽蛋奶的消费需求持续增加,这就大幅提高对基础粮食的需求。另外,近年来部分国家加大对粗粮转燃料(主要是玉米转乙醇)项目的投入,也增加了对粮食的需求。从供给方面看,受全球气候变暖影响,近几年全球极端天气明显增多,农产品供应的波动也明显增大,导致农产品价格暴涨暴跌。另外,在 2010 年下半年和 2011 年上半年的全球投机炒作中,石油和工业资源产品价格的涨幅远远超过了农产品的涨幅。虽然自 2012 年 5 月份开始,这些品种的价格有所回落,但仍处于历史的高位区间。与此相反,同期国际农产品价格已回落到近年来价格水平的低端①。

以下对 2012 年第 6 周和第 50 周的国内外农产品价格情况进行数据分析。

---

① http://info.china.alibaba.com/news/detail/v0-d1022452197.html.

1.1.1　2012年国内鲜活农产品价格动态

（一）2012年第6周

据农业部农产品批发市场信息网监测，2012年第6周（2012年2月6日—2月12日，下同）全国"菜篮子产品批发价格指数"为202.75（以2000年为100），比前一周下降2.80个点。重点监测的50家批发市场60个品种交易总量为47.97万吨，比前一周减少0.3%[①]。

（1）主要畜产品价格环比均下跌。鸡蛋和猪肉周均价为每公斤7.37元和23.91元，环比分别跌4.4%和3.0%；白条鸡、牛肉和羊肉价格为每公斤14.18元、36.75元和45.28元，环比分别跌1.7%、1.1%和0.5%。重点监测的以上5种禽畜产品交易量（50家重点批发市场交易量合计，下同）为1.29万吨，环比持平。

（2）多数水产品价格环比上涨。大带鱼、鲫鱼、花鲢鱼、白鲢鱼、大黄花鱼和草鱼价格为每公斤27.58元、13.31元、11.74元、8.05元、31.66元和12.87元，环比分别涨1.9%、0.8%、0.7%、0.5%、0.4%和0.1%；鲤鱼每公斤12.03元，跌1.9%。重点监测的以上7种鱼类产品交易量为1.08万吨，环比减少6.9%。

（3）蔬菜价格明显下跌。重点监测的28种蔬菜均价每公斤为4.13元，环比跌6.1%。其中，黄瓜、青椒和西葫芦价格环比跌10%以上，葱头、豆角、菜花、莴笋、白萝卜、茄子、香菇、韭菜、胡萝卜、油菜、莲藕、大蒜、大白菜、生姜和西红柿价格明显下跌，菠菜、平菇、土豆和大葱价格有所下跌，其余品种价格上涨。28种蔬菜交易量为37.77万吨，环比减少0.6%。

（4）水果价格小幅下跌。重点监测的7种水果均价每公斤5.21元，环比跌3.5%。其中，菠萝周均价每公斤3.76元，环比跌11.3%；巨峰葡萄、富士苹果、鸭梨和西瓜价格有所下跌；其余品种价格上涨。7种水果交易量为5.87万吨，环比增加3.0%。

（二）2012年第50周

2012年第50周（2012年12月10日—2012年12月16日，下同）"全国农产品批发价格指数"为193.83（以2000年为100），比前一周上升3.47个点。"全国菜篮子产品批发价格指数"为192.89（以2000年为100），比前一周上升4.08个点。重点监测的50家批发市场60个品种交易总量为55.48万吨，比前一周减少3.0%。

---

① http://info.tjkx.com/detail/886743.html.

(1)肉蛋价格全面上涨。猪肉、鸡蛋、牛肉、白条鸡和羊肉周均价每公斤分别为 21.75 元、9.25 元、45.37 元、14.34 元和 48.41 元，环比分别涨 2.3%、1.2%、1.0%、0.6% 和 0.4%。其中牛肉为连续第 10 周上涨，累计涨幅 9.9%；羊肉为连续第 8 周上涨，累计涨幅 3.6%；鸡蛋为连续第 5 周上涨，累计涨幅 7.1%。重点监测的以上 5 种畜产品上周交易量(50 家重点批发市场交易量合计，下同)为 1.92 万吨，环比增加 0.8%。

(2)多数水产品价格上涨。大带鱼、鲤鱼、鲫鱼、草鱼、白鲢鱼和大黄花鱼周均价每公斤分别为 29.31 元、11.01 元、14.25 元、12.97 元、7.87 元和 32.07 元，环比涨 1.3%、0.8%、0.8%、0.8%、0.8% 和 0.6%；花鲢鱼周均价每公斤为 11.67 元，环比跌 0.5%。重点监测的以上 7 种鱼类产品上周交易量为 1.52 万吨，环比增加 0.9%。

(3)蔬菜价格持续上涨。重点监测的 28 种蔬菜中 27 种价格上涨，周均价每公斤为 3.63 元，环比涨 6.1%，为连续第 7 周上涨，累计涨幅 34.9%。分品种看，青椒、大葱、洋白菜、菠菜、生菜、大白菜、茄子、油菜和西葫芦涨幅在 10%~20% 区间；菜花、白萝卜、芹菜、黄瓜、西红柿、豆角、韭菜、莴笋和葱头涨幅在 5%~10% 区间；莲藕环比跌 0.7%；其余品种涨幅在 5% 以内。28 种蔬菜上周交易量为 43.64 万吨，环比减少 1.6%。

(4)水果价格有所上涨。重点监测的 7 种水果均价每公斤为 4.75 元，环比涨 1.1%。其中，西瓜周均价每公斤分别为 3.15 元，环比分别涨 7.1%；富士苹果周均价每公斤为 5.73 元，环比跌 2.1%；其余品种涨跌幅在 2% 以内。7 种水果上周交易量为 5.80 万吨，环比减少 8.1%[①]。

1.1.2　2012 年国际大宗农产品价格动态

(一)2012 年第 6 周

据监测，2012 年第 6 周(2 月 6 日—2 月 10 日)，国际市场多数农产品价格环比上涨，玉米价格持平，小麦价格略有下跌。

(1)大豆、豆油、棕榈油和食糖价格环比小幅上涨。芝加哥商品交易所大豆和豆油最近期货合约收盘价周平均每吨为 452 美元和 1155 美元，环比分别涨 2% 和 3%，同比分别低 14% 和 11%。马来西亚棕榈油荷兰鹿特丹港到岸价周平均每吨为 1089 美元，国际食糖理事会原糖价格周平均每吨为 522 美元，环比均涨 2%，同比分别低 18% 和 21%。

---

① http://www.hljagri.gov.cn/xxfb/201301/t20130107_493379.html.

(2)大米和棉花价格环比略有上涨。泰国 100％B 级大米曼谷离岸价（国际基准米价）周平均每吨为 562 美元，5％破碎率大米曼谷离岸价周平均每吨为 546 美元，环比均涨 1％，为连续第 2 周上涨，同比均高 3％。国际棉花指数（SM 级）周均价每吨为 2412 美元，环比涨 1％，同比低 49％。

(3)玉米价格环比持平。芝加哥商品交易所玉米最近期货合约收盘价周平均每吨为 252 美元，环比持平，同比低 7％。

(4)小麦价格环比略有下跌。芝加哥商品交易所小麦最近期货合约收盘价周平均每吨为 240 美元，环比跌 1％，价格在连续 2 周上涨后略有回落，比上年同期低 25％。

（二）2012 年第 50 周

据监测，第 50 周，国际市场多数农产品价格下跌。

(1)大豆和棉花价格环比有所上涨。

芝加哥商品交易所大豆最近期货合约收盘价周平均每吨为 543 美元，国际棉花指数（SM 级）周平均每吨为 1939 美元，环比均涨 1％，其中大豆价格为连续第三周上涨。与上年同期相比，大豆价格高 33％，棉花价格低 16％。

(2)大米价格环比基本持平。

泰国 100％B 级大米曼谷离岸价（国际基准米价）和 5％破碎率大米曼谷离岸价周平均每吨分别为 598 美元和 582 美元，环比均基本持平，同比均低 6％。

(3)小麦、玉米、豆油、食糖和棕榈油价格环比下跌。

芝加哥商品交易所小麦、玉米和豆油最近期货合约收盘价周平均每吨分别为 296 美元、284 美元和 1094 美元，国际食糖理事会原糖价格和马来西亚棕榈油荷兰鹿特丹港到岸价周平均每吨分别为 417 美元和 761 美元，环比分别跌 4％、3％、2％、3％和 2％，其中棕榈油价格为连续第四周下跌。与上年同期相比，小麦价格高 38％，玉米价格高 23％，豆油价格高 1％，食糖价格低 17％，棕榈油价格低 24％。

1.1.3 2012 年国内外农产品价格情况统计分析

从上述情况及其他有关数据，概括得出：

基础农产品价格总体上涨。随着养殖规模的扩大，饲料用粮已经成为主要的新增需求，供给紧平衡以及种植成本的持续上升推动基础粮食价格呈现上涨趋势。下半年美国农业部发布的干旱预警导致玉米等价格出现大幅波动。2012 年玉米价格上涨 3.37％，稻谷价格上涨 0.7％，小麦价格上涨 16.76％，小麦价格的大幅上涨主要是替代玉米的饲用需求增加以及种植面积略有下降影响。

养殖产品价格呈现 V 型走势。2012 年国内经济增速放缓等因素导致养殖产品需求有一定的回落,对产品价格形成较大压力。全年高存栏带来的生猪供给过剩直接导致猪肉价格出现较大跌幅。猪肉价格全年下跌 7.7%,鸡肉价格上涨 1.4%,鲍鱼大宗价格全年上涨 10%,海参大宗价格下降 9.5%。

初级农产品价格以下降为主。受国家市场需求疲软影响,2012 年浓缩果汁和番茄酱出口价格继续低位运行,虽然国内番茄种植行业推行限产保价措施,但上年库存短期仍难以消化,价格继续呈现低迷。国际市场供给增加,国内市场消费增长放缓导致白糖、棉花、豆油价格持续走低。对于农产品初加工行业来说,产能利用率严重不足是行业最大的问题。

1.2 新世纪以来我国农产品价格变化情况

近年来,我国农产品市场的价格一直处于波动状态。但不论价格上涨还是价格下降,农民的利益总是受到冲击。在价格上涨期间,地头收购价并没有显著的变化,需求量反而减少;价格下降期间,农民受到的损失更严重。因此,"菜贱伤农","菜贵也伤农"成为我国农产品流通的一个怪圈。也就是说,当农产品价格较高时,虽然能在一定程度上给农户带来收益,但是却损害了消费者的利益;当农产品价格较低时,虽然消费者享受到了实惠,但是又降低了农户的收入,同时挫伤了农户种植的积极性,使得市场供给不足[1]。

而对广大居民而言,吃的基本组成是饭菜加水果,形象性地被人们称为"米袋子"、"菜篮子"和"果盆子"问题。我国政府高度重视百姓民生,为保障百姓吃饱吃好,专门将这方面基础工作分别称为"米袋子"工程和"菜篮子"工程,并且分别由省长和市长主抓工作。

1.2.1 新世纪以来主要农产品价格比较

自 2003 年以来,中国几乎所有农产品价格都出现过较大幅度的上涨。从 2003 年到 2008 年,中国农产品价格大致已经历了两轮的大幅度上涨阶段。第一个阶段主要发生在 2003 年第四季度到 2004 年上半年,第二个阶段是 2007 年到 2008 年。比较而言,第二个阶段持续时间长,农产品价格上涨幅度也明显比第一个阶段大。在此将这种每隔一段时间出现的农产品价格明显上涨称为农产

---

① 李磊,肖光年."菜贱伤农"与"菜贵伤民"——探讨我国鲜活农产品价格过度波动的对策.价格理论与实践[J],2011(2):28—29.

品价格轮番上涨。

在农产品价格轮番上涨的过程中,每轮上涨往往以某种或者几种主要农产品价格领头上涨为先导。受低温灾害和粮食生产连续多年滑坡的冲击,2003年第四季度到2004年上半年,粮食生产价格领先上涨,其中,小麦和稻谷价格的上涨幅度都超过了30%。2007年到2008年这一轮农产品价格上涨以油料和生猪价格上涨为先导,其中,油料价格在两年内累计上涨幅度超过70%,而生猪价格累计大约翻了一番。农产品价格轮番上涨,不仅呈现为先导农产品价格一轮接一轮地上涨,而且还出现先导农产品价格上涨对其他农产品价格上涨带来压力,从而推动农产品价格总体水平不断上升。

一般来说,农产品价格明显上涨,相应地会带来居民消费价格大幅度上涨。2004年、2007年和2008年,农产品生产价格出现了明显上涨,较上年涨幅分别为13.1%、18.5%和14.1%,对应的城乡居民食品消费价格涨幅分别为9.9%、12.3%和14.3%。虽然不同年份农产品生产价格总体水平与食品消费价格水平的涨幅存在一定的差异,但是,在农产品生产价格明显上涨的情况下,食品消费价格不仅与农产品生产价格变动方向一致,而且涨幅相当明显。除了少数农产品的生产价格与相应的食品消费价格的变化方向和涨跌幅度在部分年份存在差异外,多数农产品的生产价格与相应的食品消费价格不仅变化方向相同,而且涨跌幅度接近(见表1-1)。

受国际金融危机冲击,2009年,中国农产品生产价格出现了总体上的下跌,全年农产品生产价格比上年下跌了2.4%。但是,2010年,新一轮农产品价格明显上涨不断显现,全年农产品生产价格上涨了10.9%,相应地,食品消费价格上涨了7.2%[1]。

表1-1　2005—2010年中国部分农产品价格和食品消费价格较上年涨跌幅度的比较

粮食生产价格	26.2	−0.9	2.0	10.3	9.6	3.7	13.3
粮食消费价格	26.4	1.4	2.7	6.3	7.0	5.6	11.8
油料生产价格	16.6	−8.7	4.8	33.4	28.0	−5.8	12.1
油脂消费价格	18.2	−5.7	−1.4	26.7	25.4	−18.3	—
蔬菜生产价格	5.2	7.2	9.3	6.9	4.7	11.8	16.8
鲜菜消费价格	−6.1	10.4	8.2	7.3	10.7	15.4	18.7

---

① 李国祥.2003年以来中国农产品价格上涨分析.中国农村经济[J],2011(2):11—12.

续表

水果生产价格	−1.4	7.4	11.4	1.3	1.4	7.0	18.9
鲜果消费价格	2.2	1.6	21.5	0.1	9.0	9.1	15.6
生猪生产价格	12.8	−2.4	−9.4	45.9	30.8	−18.4	−1.7
肉禽及其制品消费价格	17.6	2.5	−2.9	31.7	21.7	−8.7	2.9
禽蛋生产价格	12.6	6.4	−4.0	15.9	12.2	2.8	7.5
鲜蛋消费价格	20.2	4.6	−4.0	21.8	4.3	1.5	8.3

资料来源：①国家统计局：《中国统计年鉴2010》，中国统计出版社2010年版；②国家统计局农村社会经济调查司（编）：《中国农产品价格调查年鉴2009》，中国统计出版社2009年版；③《2010年国民经济运行态势总体良好》，国家统计局网站（www.stats.gov.cn），2011年1月20日；④《中国经济景气月报》2011年第1期。

1.2.2　我国居民"米袋子"动态

中国粮食已经连续多年增产。自2004年开始，我国粮食产量连续六年实现增长，2007—2010年粮食总产量连续4年超过5亿吨，粮食库存继续充足。2010年，中国国内粮食产量5.46亿吨，加上净进口超过0.5亿吨，当年供给量大约6亿吨，意味着2010—2011年度国内粮食供给有较好保障。在国家宏观调控的背景下，粮食供给相对充足并没有打压粮价，粮食价格也稳步上升。

2010年中国秋粮获得大丰收，但是粮食价格出现了明显上涨，一些地方还曾出现过对部分粮食品种的抢购。这种现象可能与中国局部地区2009年秋粮单产下降和2010年夏粮以及早稻单产下降有关。粮食供求关系虽明显改善，但粮食价格开始在高位上趋于稳定。

进入2010年6月之后，我国三种主要的粮食批发价格的上升幅度都呈收窄趋势，但是依然处于上升通道中，小麦、大米、玉米等主粮的价格均创历史新高。其中，粳稻的价格上涨幅度最大，二级粳稻的批发价在2010年6月时达到了历史最高点2717元/吨，其涨幅也在2008年1月到2010年9月间达到了56%。小麦价格也呈现出快速上涨势头，在2008年1月到2010年9月间，小麦价格上涨26.3%，并于2010年9月达到历史高点2031元/吨。2009年2月到2010年9月间的玉米价格涨幅也处于历史高位，高达38.7%，并于2010年9月达到1949元/吨。绿豆这种小宗农产品价格上涨迅猛，价格上涨一倍多，达到20元/公斤左右[①]。

---

① 李晓俐. 现阶段我国农产品价格变化及应对策略. 价格理论与实践，2011(3)：49—50.

2010 年以来,从粮食、副食品到蔬菜等主要农产品,均出现价格上涨的态势。9 月份,全国农产品批发价格指数达到 171(以 2000 年为基期,下同),其中,大蒜、生姜、绿豆等小宗农产品价格上涨迅猛,只有大豆、油料等少数品种价格上涨相对温和。农产品价格在迅速上涨一段时间以后,于 2010 年 12 月开始轻微下降。2011 年 4 月 15 日,国家统计局公布一季度经济数据显示,一季度居民消费价格同比上涨 5.0%,其中 3 月份居民消费价格同比上涨 5.4%,环比下降 0.207%(此为 2008 年 8 月以来的 32 个月新高)。

1.2.3 我国居民"菜篮子"动态

据农业部"全国农产品批发价格指数"报告,2010 年 5 月农产品批发价格定基指数为 162.0,"菜篮子"批发价格定基指数为 160.7,2011 年 5 月农产品价格定基指数为 181.4,同比指数为 112.0,菜篮子批发价格定基指数为 179.8,同比指数为 111.9。在这一年当中,批发价格定基指数最高为 2011 年 2 月,为 190.5,最低为 2010 年 5 月,为 162.0,定基指数相差 28.5。而菜篮子批发价格定基指数也是在 2011 年 2 月,为 191.0,而最低为 2010 年 5 月,价格定基指数为 160.7。相差 29.3。从中我们可以看出,农产品批发价格走势和菜篮子价格走势基本一致。2 月份价格为一年的最高点和春节有着很大的关系。

从 2010 年 5 月到 2011 年 5 月价格波动幅度还是比较大,尤其是具体到一些农产品和蔬菜。农产品和蔬菜价格的波动对农民和市民的生活生产,产生成了重要的影响。2010 年蔬菜价格一直在高位运行。例如,在 2010 年 8 月 20—26 日全国 286 家产销地批发市场 19 种蔬菜平均价格为每公斤 2.4 元,环比上升 3.7%,同比上升 17.3%。一些大蒜、姜的价格涨幅更为明显,民众戏称"蒜你狠"、"姜你军"。在甘肃酒泉春光市场,香菜的价格由 8 元/公斤上涨到 14 元/公斤,上涨 75%。蔬菜价格上涨,受损的是市民,但受益的却不是菜农。因为造成价格上涨的原因有很多,上涨部分的获利并没有增加农民的收入。而进入 2011 年 3 月,蔬菜价格急转直下,榨菜、雪菜、白菜价格暴跌,白菜甚至跌到每斤仅 5~8 分,导致农民利益直接受损,从而再次引起政府不得不对蔬菜价格下跌进行干预[①]。

自 2011 年以来,我国部分品种蔬菜出现价格急剧下滑,且严重滞销,相关菜农损失惨重的现象。据有关机构调查,卷心菜、大葱、油菜、芹菜、菜花、雪菜、白菜等蔬菜的收购价低于成本价,从 1 分到一毛多钱一斤不等,较上年下跌了

---

① 朱丽萍.农产品流通创新与稳定"菜篮子"价格.价格理论与实践,2011(3):34—35.

30％～70％，但依然无人收购，出现了菜农自毁数百万斤滞销蔬菜的现象。"菜篮子"产品价格先是上涨，其后又稳中有降。农业部数据显示，2011 年 3 月 3日，全国农产品批发价格指数为 188.49。进入 4 月以来，全国农产品批发价格指数逐渐回落：4 月 11 日，该指数为 181.85；4 月 12 日，该指数下降至 181.43。2010 年 9 月，生姜价格高达 10 元/公斤，是 2010 年 5 月的三倍；大蒜价格也从2010 年 5 月的 2 元/公斤一跃至 2010 年 9 月的 11.8 元/公斤，上涨了近 5 倍。但是，自从 2010 年 11 月份，中央加强对农产品尤其是蔬菜价格的调控以后，蔬菜价格稳中有降。2010 年 11 月 29 日至 12 月 5 日，36 个大中城市中，有 18 个城市蔬菜价格下降幅度超过 15％。同期，市场供应增加了 5.9％。2010 年 12月 CPI 同比上涨 4.6％，环比上涨 0.5％，比 11 月份回落 5 个百分点。而根据北京新发地市场 2011 年 4 月 5 日与 4 月 1 日菜价的对比，洋白菜、小白菜、油菜、葱、青蒜、扁豆、黄瓜、油麦菜、莴笋、柿子椒、胡萝卜等蔬菜价格均有 10％～40％的降幅。

虽然，我国政府遏制通货膨胀的一系列措施已取得了初步成效，但是鲜活农产品包括大白菜、油菜等多种农作物，其普遍具有生产周期长、不易长时间保存或者保存成本较高等特点，不易被游资炒作而且不易形成国家储备。因此，其价格主要受到供求关系影响。鲜活农产品价格既不是越低越好，也不是越高越好。只有合理而且稳定的鲜活农产品价格才是对农户和消费者都长期有利的。

1.2.4 我国居民"果盘子"动态

在过去，水果不是老百姓生活的必需品，但近年来随着经济的发展，人们的需求也有了明显的变化，光是吃饱已不能满足人们对健康、营养及口味的追求。因而，水果类产品的销售量也是日益高涨，这也成为农产品市场的一个巨大的市场。

以 2013 年为例，我国水果价格明显高于同期。全国农副产品和农资价格行情系统监测，与前一日相比，2013 年 5 月 18 日，蔬菜价格以降为主；水产品价格以涨为主；肉类、食用油、水果价格微幅波动；成品粮、禽蛋、奶类价格基本稳定。香蕉价格上涨 0.3％，芦柑、富士苹果价格分别下降 0.6％、0.2％；猪后臀尖肉价格上涨 0.1％，猪五花肉价格下降 0.1％；鲤鱼、鲫鱼、带鱼、罗非鱼价格分别上涨0.4％、0.1％、0.1％、0.1％，草鱼价格下降 0.5％；监测的 21 种蔬菜中，13 种价格下降，4 种价格上涨，4 种价格持平。

监测数据显示，近一个月以来，监测的 6 种水果价格均呈上涨走势。与 4 月18 日相比，5 月 18 日，香蕉、芦柑、橙子、雪花梨、鸭梨、富士苹果价格分别上涨

11.6％、7.5％、3.7％、3.3％、2.8％、1.2％。目前监测水果价格整体明显高于去年同期,2013 年 5 月 18 日,芦柑、橙子、香蕉、鸭梨、雪花梨、富士苹果价格同比涨幅分别为 33.2％、29.2％、21.3％、9.8％、7.4％、3.5％。

但是,在水果价格明显上涨的态势下,种植户却有苦难言。眼下,廉江市吉水镇梧村垌村的荔枝树已经花满枝头。想到丰收,村民喜上眉梢;提到销售,村民却直呼心痛。"卖比种要赚钱,不过保鲜、运输的成本大,还有风险,所以只种不卖赚不了太多钱。"种植户老谢的说法,反映了湛江农产品种植领域的普遍现象。

经过数十年发展,雷州半岛已经成为闻名全国的"菜篮子""果盘子",种植与流通两个环节呈现出"头重脚轻",这个老生常谈的问题,依然是湛江农业转型升级绕不过的话题。

作为全国重要的北运果菜产区,湛江果菜年产量有多少? 据不完全统计,经过 30 多年的发展,作为广东"农头"的湛江北运蔬菜和水果年种植面积已经超过 360 万亩,蔬菜年产量约 380 万吨,水果年产量约 280 万吨。

660 万吨! 这个数字令人咋舌! 湛江地处中国大陆最南端,蔬果主要销往北方,因此流通成为必须考虑的重要因素。那么,每年数百万吨的蔬果是如何从湛江流向全国各地的呢?

眼下正是菠萝收购旺季,在菠萝之乡徐闻县愚公楼村,一辆辆大小货车穿越"菠萝的海"直接开到田间地头,一车车菠萝直接或经交易市场中转后运往全国各地。而这,正是湛江北运蔬果流通中最为常见的一幕,大量蔬果正是以这种近乎原始的状态进入流通市场。

原生态并非都是好事! 长期以来,在农业领域,往往更重视农产品栽培、病虫害防治等,忽略了采摘后的处理、销售。由于农产品的流通渠道建设滞后、基础设施条件差,无法较好地解决产地农产品分选、分级、清洗、预冷、冷藏运输等问题,致使果蔬等农产品每年在流通环节的损失率超过 25％。相比之下,发达国家的损失率控制在 5％以下。

与农产品生产大市地位相去甚远的是,农产品贮藏保鲜能力并未得到相应发展。目前湛江市用于蔬菜冷冻处理的冷库,日处理量为 2 万多吨。冷库较为分散,日处理量最大的为 1 万多吨,规模小的日处理量只有 200 多吨;经营时间短,一年中空置期长达 7 个月①。

缺乏足够数量和质量的产品保鲜和收储调节设施,对于农业的影响是显而

---

① http://paper.gdzjdaily.com.cn/html/2013-04/20/content_3_1.html.

易见的。北运菜经过预冷处理后，能减少损耗便于运输，同时能延长产品上市保鲜期。此外，冷库作为收储设施，可调节鲜活农产品上市时间，有利于错开上市高峰期，减少集中上市带来的"菜（果）贱伤农"事件发生。

僧多粥少，让不少原来投身农产品流通的人选择退出，只能望市场兴叹。曲界菠萝收购大户赖远芳承包土地种植菠萝、北运菜和香蕉等，曾经希望做到产供销一条龙的他，坦言在果蔬流通方面的尝试并不成功。这一季，他将耐储耐运的3万多吨菠萝卖到了东北、北京和浙江，而北运菜和香蕉都是直接卖给了中介。究其原因，北运菜需要租用冷库，现有条件做不到随租随用，且费用并不便宜。

能否促进湛江农业增效、农民增收，能否更好地服务于全国"菜篮子"和"果盘子"？这都值得我们深思。

1.3　我国农产品的国际贸易情况

1.3.1　2012 年我国农产品进出口情况

2012 年 1—11 月，我国农产品进出口总额为 1582.7 亿美元，同比增 14.3%。其中，出口 567.2 亿美元，同比增 4.4%；进口 1015.5 亿美元，同比增 20.8%。贸易逆差为 448.3 亿美元，同比扩大 50.7%。

1—11 月，谷物共进口 1342.2 万吨，同比增 200.7%；进口额 45.7 亿美元，同比增 172.4%。出口 94.6 万吨，同比降 14.9%；出口额 5.8 亿美元，同比降 20.6%。谷物净进口 1247.6 万吨，增 3.7 倍。

小麦：进口 369.4 万吨，同比增 255.3%。出口 25.9 万吨，同比降 12.5%。

玉米：进口 494.2 万吨，同比增 317.4%。出口 25.2 万吨，同比增 88.2%。

稻谷和大米：进口 215.0 万吨，同比增 301.1%。出口 25.9 万吨，同比降 43.5%。

大麦：进口 247.2 万吨，同比增 49.7%。

棉花：1—11 月，进口 485.3 万吨，同比增 75.5%；进口额 109.4 亿美元，同比增 41.9%。

食糖：1—11 月，进口 347.9 万吨，同比增 43.5%；进口额 21.0 亿美元，同比增 27.2%。

食用油籽：1—11 月，进口 5614.3 万吨，同比增 14.2%；进口额 337.5 亿美元，同比增 18.8%。出口 90.5 万吨，同比增长 15.0%；出口额 15.3 亿美元，同比增 24.4%。贸易逆差 322.2 亿美元，同比扩大 18.5%。其中，大豆进口

5249.5万吨,同比增长11.2%。油菜籽进口271.2万吨,同比增长155.4%。

食用植物油:1—11月,进口834.5万吨,同比增20.6%;进口额95.7亿美元,同比增19.5%。贸易逆差94.1亿美元,同比扩大20.5%。其中,棕榈油进口538.7万吨,同比增长2.6%。豆油进口162.4万吨,同比增54.3%。菜油进口109.0万吨,同比增127.2%。

饼粕:1—11月,进口101.9万吨,同比降42.8%;进口额2.5亿美元,同比降50.6%。出口138.9万吨,同比增长158.9%;出口额6.9亿美元,同比增194.5%。玉米酒糟蛋白(DDGs)进口228.2万吨,同比增51.7%;进口额7.4亿美元,同比增71.5%。

蔬菜:1—11月,出口851.5万吨,同比降3.5%;出口额90.3亿美元,同比降14.9%。贸易顺差86.6亿美元,同比降16.1%。

水果:1—11月,出口426.6万吨,同比增3.6%;出口额54.5亿美元,同比增14.2%。进口313.1万吨,同比增1.0%;进口额34.5亿美元,同比增23.4%。贸易顺差20.0亿美元,同比增长1.0%。

畜产品:1—11月,进口额134.7亿美元,同比增12.5%;出口58.2亿美元,同比增8.8%;贸易逆差76.4亿美元,同比扩大15.4%。

水产品:1—11月,出口额169.4亿美元,同比增6.6%;进口72.6亿美元,同比降0.7%;贸易顺差为96.8亿美元,同比扩大12.8%[①]。

1.3.2 入世以来我国农产品的国际贸易情况

随着中国不断融入世界经济,中国贸易额在世界贸易额中的比重从1980年的0.9%上升到2004年的6.2%;中国农产品贸易额在世界农产品贸易额中所占比重从1980年的1.8%上升到2003年的3.8%。根据商务部统计口径的测算,1995—2004年,中国农产品贸易经历了先缩小后扩大的变化过程,特别是加入WTO以后,中国农产品贸易规模逐步扩大。根据海关统计资料,2004年中国农产品进出口总额达514.2亿美元,比上年增长27.4%,比1995年的265亿美元增长了93%。其中,农产品出口额233.9亿美元,比上年增长9.15%;农产品进口额280.3亿美元,比上年增长48.07%。农产品出口额和进口额均是连续第5年增长,均创造历史新纪录。中国农产品进出口总额突破500亿美元大关,已跨入世界农产品贸易大国的行列。若将欧盟国家作为一个统一体,当时中国列世界第4位;若按国别排列,中国列世界第8位。此后几年,中国农产品贸

易额持续增长,2010 年已达 1208 亿美元(见表 1-2 和表 1-3)[①]。

表 1-2 中国农产品贸易与货物贸易关系 （单位:亿美元）

年　份	农产品进出口总额	货物贸易总额	农产品贸易比重
2001	279.1	5096.5	5.5%
2002	306.0	6207.7	4.9%
2003	403.6	8509.9	4.7%
2004	514.2	11545.5	4.5%
2005	562.9	14219.1	4.0%
2006	634.8	17604.0	3.6%
2007	781.0	21738.0	3.6%
2008	991.6	25616.0	3.9%

数据来源:农产品进出口数据来自农业部,货物贸易数据来自国家海关总署。

表 1-3 农产品进出口贸易额 （单位:亿美元）

年　份	2000	2001	2002	2003	2004	2005	2006	2007	2008	2009	2010
进出口总额	268.2	279.1	305.8	403.6	514.2	558.3	630.2	775.7	985.5	913.8	1208.0
出口额	156.2	160.7	181.4	214.3	233.9	271.8	310.3	366.0	402.2	392.1	488.8
进口额	112.0	118.3	124.4	189.3	286.5	319.9	409.7	583.3	521.7	719.2	
贸易差额	44.2	42.4	57.0	25.0	−46.4	−14.7	−9.6	−43.7	−181.1	−129.6	−230.4

数据来源:2000—2009 年数据摘自历年《农村经济绿皮书:中国农村经济形势分析与预测》;2010 年数据摘自商务部对外贸易司《中国进出口月度统计报告(农产品)》,2011 年 1 月发布。

　　2004 年中国农产品进出口贸易差额由上年的顺差 25 亿美元转变为逆差 46.4 亿美元,改变了长达 20 年中国农产品外贸顺差的格局。此后 4 年一直是贸易逆差,2008 年逆差高达 181.1 亿美元,2010 年逆差更升至 230.4 亿美元。中国农产品已经进入逆差时代。中国要发展劳动密集型、高附加值的农产品,但国内对这些农产品的居民最终消费需求取决于国民经济的健康快速发展、人民购买力水平的提高,而向国外出口蔬菜、花卉、水果、畜产品等则意味着要去抢占荷兰、以色列、中国台湾等国或地区早已占领的市场份额,这对"后来者"是一项

① 张晓山."入世"十年:中国农业发展的回顾与展望[J].学习与探索,2012(1):1—5.

艰巨的任务。中国生产出口型农产品的又一制约因素是国外的食品安全和动植物检验检疫的技术壁垒。

一般来说,中国的食品企业要通过三项认证,才能取得国外消费者的信任,即管理上通过 ISO9000 认证,安全卫生上通过 HACCP(危害分析与关键控制点)认证,环保上通过 ISO14000 认证。如欧盟在 2001 年正式解除对中国禽肉制品长达五年的进口限制,但中国禽肉的卫生检疫条件未完全与国际接轨,检疫设备尚不齐全,高学历的检疫人员的配置尚未到位,完善的监测体系还没有建立起来,因此欧盟要对中国出口的禽肉进行特定的检验检疫,费用每吨最少 130 美元,占销售货值的 7% 左右,这就极大地削弱了中国出口禽肉的国际竞争力。

中国是世界上大豆和食用植物油进口量最大的国家,其中大豆进口量约占世界大豆贸易量的 50%,豆油、棕榈油、菜子油进口量合计约占世界食用植物油贸易量的 18%。2008 年,中国大豆总产量为 1550 万吨,其中大约 1000 万吨为食用大豆、550 万吨为油用大豆,而进口量为 3740 万吨,进口量是产量的 2 倍多,全部用于榨油;从地理分布来看,中国的油用大豆全部分布在东北地区,关内种植的大豆全部用于食用,而进口大豆则主要集中在沿海地区,全部用于榨油。在很大程度上,国产大豆与进口大豆是异质的,而主要竞争存在于东北油用大豆与进口大豆之间,这个现实问题也是舆论和社会关注的热点。2009 年,中国进口大豆达到 4255 万吨,2010 年增加到 5480 万吨;此外,2010 年中国还进口了123 万吨小麦、157 万吨玉米(见表 1-4)。

表 1-4　2010 年中国主要农产品进出口情况

品　种	出口(万吨)	比上年增长(%)	进口(万吨)	比上年增长(%)
大米	61.9	−18.9	38.8	8.7
小麦	1.2	−100.0	123.1	36.3
玉米	12.7	−1.5	157.3	1753.2
大豆	16.4	−52.6	5479.6	28.8
棉花	0.6	−21.8	283.7	85.8
食用植物油	11.0	−13.3	922.3	−4.0
食糖	9.4	47.6	176.6	65.8
蔬菜	844.6	5.2	15.0	70.4
水果	507.3	−3.4	202.9	−12.0
畜产品(亿美元)	47.4	21.3	96.6	46.3
水产品(亿美元)	138.4	29.2	65.4	24.3

加入世贸组织 10 年,中国农业已经从当初的过渡期管理,进入全面参与农业国际化竞争阶段。但是,目前我们对新形势下的农业国际化战略,尚缺乏顶层设计和总体规划。与此相反的是,农业部门分割、管理多头、职能错位、层级复杂等问题还十分严重,没有建立对农业国际化战略进行统一协调管理的体制机制。在某些领域,部门利益影响全局决策,行业利益左右社会舆论,地区利益挑战中央政策等现象越来越严重。比如外资在油脂加工行业大举扩张问题,其中既有部分外资企业违规直接或变相扩大对油脂加工投资的问题,也有个别外资企业利用某些地方政府"GDP 崇拜"心理,采用多种方式规避国家油脂加工产业政策。

今后随着国际化、市场化程度的明显提高,国内经济与世界经济的关联度日益增强,农业发展的国内外环境将发生重大变化,农业国际化将面临更加复杂的形势和挑战。一方面,虽然中国农产品进口规模逐年扩大、对外依存度日益提高,但仍然没有建立有效利用国际农业资源和市场的战略机制,大宗资源性农品进口既没有稳定的渠道,也没有形成全球供应链,难以规避日益频繁的国际风险;另一方面,虽然中国已经是世界上重要的农产品贸易大国,但仍然没有掌握必要的国际农产品市场与价格话语权,国内市场和企业不得不为国际农产品价格剧烈波动付出巨额代价。

从国内来看,一方面,今后主要农产品供需矛盾日益突出、资源环境压力越来越大,维护国家粮食安全的任务更加艰巨;另一方面,农业比较利益呈持续下降趋势,提高农业竞争力难度加大,农民增收困难日益严重。从国际上看,首先,气候变化、农产品"能源化"、"金融化"趋势明显,影响国际农产品市场的不确定因素日益增多,保持国内市场稳定的挑战越来越大;其次,农业国际竞争环境日益复杂,扩大农业对外开放将面临更加严峻的挑战;最后,全球农业经营集中度进一步提高,利用国际市场和国际资源的难度将越来越大。

1.4 农产品价格的主要构成因素

从上文看出,我国农产品价格长期处于不稳定状态,并且价格存在明显的不合理性,既不能保证农民的收益,也不能让消费者满意。那么,究竟农产品的价格是怎么形成的呢?

一般而言,产品买方价值取决于产品为消费者提供的一系列效用和买方需要为这一系列效用付出的价格[①]。价格决定了一定预算线下的买方可能购买的农产品数量和组合，因此买方总是希望以最低的价格购买同等效用的农产品。农产品买方价格的确定可以简单表述为：

$$买方价格 = \frac{农产品及其相关服务的效用}{价格}$$

消费者对其打算购买的食品、农产品的效用评价是一组动态变化的标准。不同的消费者，由于收入水平、社会地位、文化背景、生活方式等的不同对效用的侧重标准及对价格的敏感程度有所不同。在现今市场上，消费者对食品及其服务最关注的方面包括：有吸引力的外观、质量稳定、方便性、环保性、社会责任、趣味性、新鲜程度、营养性、品质、安全性、味道、信赖度、信息、特色、价值、多样性[②]。

消费者在进行农产品购买时所依据的价值判断标准如下：

$$消费者价值 = \frac{消费者效用}{价格}$$

$$= \frac{外观、新鲜度、营养、品质及其稳定性、安全性、味道、方便性、信赖度、趣味性、特色、多样性、环保性、社会责任}{价格}$$

由于效用是抽象的，无法定量化，我们可以用消费者购买农产品及相关服务愿意支付的价格来代替效用。这样，以上公式可转化为：

$$农产品消费者价格 = \frac{买方对农产品及相关服务愿意支付价格}{市场最低价格}$$

若农产品消费者价格≥1，即认为所购买的农产品物有所值，没有吃亏，由于当前农产品安全问题屡屡出现，还会强化消费者的再次购买行为，对品牌化的农产品则会强化对这一品牌的忠诚度。而如果农产品消费者价格<1，则消费者会觉得购买的农产品不值所支付的价格，会有吃亏、受骗上当的感觉，当然不会引发再次购买的动机和行为，并有可能告知周围的朋友、同事等阻止其购买。

上述公式应用的前提是市场中存在最低价格。而在实际情况中，如果整体农产品市场价格出现上浮，没有相对最低价可以比较，表面上看买方愿意支付价格低于市场最低价格，但此时即使有吃亏或承受不起的反应，由于大宗农产品的刚性需求，使得消费者被迫接受这种价格。

---

① John Allen and Pierson. competitiveness in international trade：Roles forinnovation and entrepre-neurship，food industry institute，repo～no，9302，Michigan state university，1993，3.

② 张昱. 农产品市场竞争力［M］. 广州：中山大学出版社，2004.

表 1-5　农产品价格构成

成本项目	成本分解
生产成本	土地成本、劳动成本、中间投入(种子、化肥、农药、农机具等)、沉没成本(专用资产和设备上的投资及 R&D 投资)
物流成本	运输费用、搬运装卸成本、交易谈判成本、加工包装成本、仓储成本、损耗等
利　润	平均利润、超额利润

作为一种主观价格,消费者预期价格是理性消费者在基于常识、对农产品生产及流通过程了解的基础上的一种主观推断。但从农产品价值链来看,农产品价格的构成因素不仅仅是生产成本、物流成本和利润这三个部分,如表 1-5 所示,转换为公式就是:

农产品市场价格＝生产成本＋物流成本＋利润

但是,上述公式是理想化的状态,没有考虑到在我国农产品从"田头"到"桌头",有着漫漫长路。因此,结合实际情况,考虑到更具体的因素,可以将构成要素再细分为农业生产成本、农业经营管理成本、农业生产者利润、物流成本和利润、销售成本和利润等 5 个部分。

1.4.1　农业生产成本

农产品生产成本主要包括可变成本和沉没成本两部分,是农产品生产经营者可以控制和半控制的成本内容。影响生产成本的因素包括投入要素价格和要素劳动生产率。中间投入物如种子、化肥、农药等的价格是生产者不可控的。投入量是生产者根据自己的可支配收入、投入对收入增长的作用以及投入物价格在权衡比较之后所作出的选择。

作为一个理性的消费者,对农产品价格随要素价格上涨而上涨是可以理解的,而农用物资价格增长过快则是农民以及消费者都不能接受的。同时,农用物资的质量和科技含量的不断提高,有利于提高农产品的质量(包括口味、外观、营养等)和产量。质量的提高可以使农产品实行差别化定价,获得超额利润,而产量的增加则在价格不变的前提下可以保证农民增收。

农产品定价是否合理,还极大地影响着农民在农业生产上的劳动力投入和沉没成本。由于农业增产不增收极大地打击了农民的农业生产积极性,在一些地方,青壮年劳动力都外出打工,从事农业生产的只是老人和妇女,使种地成了种口粮。沉没成本包括农业生产经营者在专用资产和设备上的投资及 R&D 研发创新投资,是规模经济的重要来源。只有使农民从农业生产中获利,才能促进对沉没成本的投入,真正提高农业生产水平。

(一)农资成本

根据成本推动理论,农业投入要素价格上涨会推动农产品价格上涨。农业投入要素价格上涨,会导致农业投入要素的重新配置。在农业产出保持不变的前提下,如果农业投入要素重新配置无法完全消化因其价格上涨带来的成本上涨,那么,农业投入成本的增加,最终必然会带来农产品价格的上涨。

2009 年与 2003 年相比,中国生产稻谷、小麦和玉米三种粮食的投入要素中,种子和化肥的单位价格以及雇工工价和土地租金都呈现出了明显的上涨,最低涨幅接近 90%,最高涨幅接近 186%。2003—2009 年,种子价格由每公斤 2.61 元上升到 5.09 元,上涨了 95.02%;化肥价格由每公斤 2.87 元上升到 5.41 元,上涨了 88.50%;雇工日工价由 18.80 元上升到 53.69 元,上涨了 185.59%,接近翻一番;土地流转租金由每公顷 790.95 元上升到 1719.30 元,上涨了 117.37%(见表 1-6)。

表 1-6 2003—2009 年中国稻谷、小麦和玉米三种粮食生产的主要投入要素价格情况

年 份	种子单价 (元/公斤)	化肥单价 (元/公斤)	雇工工价 (元/日)	土地成本 (元/公顷)
2003	2.61	2.87	18.80	790.95
2004	3.16	3.73	22.51	811.05
2005	3.85	4.16	25.84	930.30
2006	4.07	4.14	30.26	1023.75
2007	4.25	4.19	35.59	1224.60
2008	4.72	5.57	46.36	1494.30
2009	5.09	5.41	53.69	1719.30
2009 年较 2003 年增长(%)	95.02	88.50	185.59	117.37

资料来源:国家发展和改革委员会价格司:《全国农产品成本收益资料汇编》(2006 年;2010 年),中国统计出版社。

从整体上说,2003—2009 年,粮食生产主要投入要素价格的年际涨幅虽然变化很大,但是,种子价格、雇工工价和土地流转租金只涨不跌的趋势没有改变,只有化肥价格在 2006 年和 2009 年比上年略有下降。此外,不同农业投入要素价格的上涨幅度极不一致[①]。

---

① 李国祥.2003 年以来中国农产品价格上涨分析.中国农村经济[J],2011(2):11—12.

（二）人力成本

随着中国工业化的加速推进,一些地方和部分行业出现了"民工荒",农民工工资率明显上升。在城乡劳动力市场逐渐一体化的背景下,农业雇工工价在2003—2009年期间涨幅是最大的。雇工工价自2005年起呈现出明显加快上涨的态势,可能与中国经济快速增长、农民工工资率上升较快有关。

（三）土地成本

中国农业实行家庭承包经营,虽然农地流转总体上趋于增加,但流转面积在粮食种植面积中大约仅占10%。2003—2009年期间粮食生产中土地流转租金的上涨幅度高于种子和化肥价格的上涨幅度,但低于雇工工价的上涨幅度。土地流转租金于2004年后呈现出加快上涨的态势,这可能与中国取消农业税、不断加大农业(粮食)补贴力度有关。

1.4.2　农业经营管理成本

如果说生产成本是显而易见的,容易计算的,那么农业经营管理成本却是不容易计量的,它也往往被人们所忽略。甚至认为,农民都是家庭劳动为主,不存在农业经营管理这一说。而事实上,农业劳动者必然参与到不同的农业经营方式之中。面对全球化的冲击,中国农业经营方式的主要政策选择是农业产业化经营。在由传统农业向现代农业的转变过程中,农业中形成了一种产加销一体化、贸工农相结合的经营形式或经营系统,被称为现代大农业或垂直一体化经营的农业,在中国被称为农业产业化经营。

农业的垂直一体化经营,依照农业关联企业与农民结合的不同方式和不同程度,可分为三种形式:(1)农业关联企业与农场结合在一起,形成经济实体,构成农工商综合体;(2)合同制,农业关联企业与农场主签订合同,在明确双方各自承担的责任和义务的条件下,把产供销统一起来,原有工商企业和农场仍保持各自独立的实体不变;(3)另一种替代的方式是农民组成合作社,直接参与到农业垂直一体化的进程之中,成为一体化的主体成分。前两种形式是公司(企业)导向的垂直一体化经营,第三种是合作社导向的垂直一体化经营。不同的农业经营形式或经营系统折射出不同的农业现代化发展模式,并决定了农业劳动者在农业产业化经营中不同的地位与作用。

1.4.3　农产品生产者利润

利润是价格中属于农产品生产经营者收益的部分,较高的利润是竞争力强的表现之一,但在产品同质性假设前提下,提高利润就会带来价格的提高、价格竞争力的降低。农产品利润应包括各环节的合理平均利润以及由于差异性、附加值高等原因而形成的超额利润。相比流通环节的利润,生产者真正收获的利润却是很有限的。但是,它依然是农产品价格构成不可忽略的一部分。

1.4.4　物流成本与利润

农产品物流是以农业产出物为对象,通过农产品产后加工、包装、储存、运输和配送等物流环节,做到农产品保值增值,最终送到消费者手中。由此,农产品物流成本包括农产品在运输、仓储、搬运与装卸、加工、包装、配送、信息以及损耗方面的全部支出。与其他产品不同,农产品的物流成本在其价格构成中占有很大比重,这中间固然有流通体制、中间环节利润的问题,但也揭示了农产品物流成本偏高这一"冰山一角"。

（一）农产品运输

运输成本大约占到农产品价格的 20% 左右,同时也限制了农产品的市场半径。运输对农业交易效率的影响主要体现为农产品的运输距离、运费率、运输费用占农产品价格比值及运输时间等因素对交易效率的影响。由于运输瓶颈的制约,在鲜活农产品集中上市的时期,大量农产品运不出去,烂在地头的现象依然存在,这进一步影响了农产品的供应量,成为制约农民增收的重要因素。

（二）农产品加工

运输的制约可以通过发展农产品加工业来补充。在国外,农业的工业化水平越来越高,粗加工、深加工产品比例逐年上升。食品工业总产值与农业总产值之比是衡量一个国家食品工业发展程度的重要标志。国外农业与食品工业产值比一般为 1:2 到 1:4 之间,我国食品工业产值与农业产值的比值在 0.3:1 到 0.4:1 之间,其中西部省区仅为 0.18:1,远低于发达国家 2:1 到 3:1 之间的水平。

在农产品主产区发展农产品加工业一方面减少了运输压力,降低了农产品的损耗,另一方面还可以大大提高农产品的附加值,解决农产品过剩、销售难问题以及剩余劳动力的就业问题。

（三）农产品损耗

相比其他产品,农产品的损耗率也是非常高的。而在我国,由于种种原因,农产品的损耗率尤其高。以果蔬产品为例。据有关数据统计,我国每年约有8000 万吨果蔬腐烂,损失总值近 800 亿元。损失率为 25%~30%,这与发达国家 5% 以下的果蔬损失率相比,差距很大。较高的损耗率使得农产品价格缺乏竞争力。农产品损耗的形成是由于运输时间长、保鲜冷藏技术水平低或投资不足没有采取必要的技术手段、包装水平低,更重要因素在于交易方式的落后。在我国农产品交易市场上,多数依然是商流和物流合一,增加了农产品落地次数和流通时间,从地头到产地批发市场,再到销地批发市场、集贸市场(超市),最后到达消费者,不断地倒运、装卸,大大增加了农产品的损耗,降低了农产品的新鲜度。新鲜度的降低,使得农产品只能通过降价售出,损耗量的增加无疑需要消费者为此多付出价格,降低农产品的价格竞争力。

1.4.5 销售成本与利润

农产品的发源地,通常是在农村,甚至在偏远的山区。为了满足城市居民的生活需要,这些农产品可谓是千里迢迢,跋山涉水,几经波折,才能最终到达消费者手中,而它也绝不是仅仅经过物流环节就直接进了厨房。虽然,当今社会,网络已经很发达,电子商务也比较普遍,但是,农产品这一特殊的产品,它对储藏、包装、运输及保质期都有较高的要求,所以,目前,生产者与消费者之前很难直接对接。在生产者与消费者之间,自然产生了一些人群,那就是农产品批发商(一级、二级等不同层级)、零售商。对他们而言,这是一种生意,生意自然会有成本,也要给自己留下利润空间。目前,我国农产品价格中包含的利润偏高,其原因在于农产品供应链偏长、中间环节较多。所以,在销售过程中产生的成本和保有的利润,自然成为了农产品价格的重要组成部分。

2012年,据中央电视台报道,在北京新发地农产品批发市场内,一级批发商以每斤0.1元的收购价从江苏沛县拉到北京的卷心菜,以每斤0.26~0.28元的批发价格卖给二级批发商,二级批发商再以每斤0.35元的价格卖给菜市场商户,菜市场商户卖给消费者的售价却高达每斤1.5元。有专家分析称,蔬菜从田间地头的生产到市民餐桌消费,往往要经历三四个环节。每个环节加价10%~15%以上,价格必然节节攀升,有的甚至上涨数倍[①]。

由上述分析可见,除了各类税费之外,农产品的价格主要来自三大主体,它们各自产生的成本与收获的利润,加起来,就成为了农产品价格的总和。而实际操作中,每一个主体就可能包括不同的小主体,比如生产者中不仅仅是农民个体,还有农村合作社;物流主体中可能包括航空、铁路、公路等等;销售主体中可以有一级批发商、二级批发商、零售商、个体户等等。他们之间形成的关联,也就是一条价值链。最后,消费者可能承担了最高的代价,享受了食物链最低端的产品,并且不能保证吃进嘴里的东西一定是物有所值的。

---

① 李磊,肖光年.“菜贱伤农”与“菜贵伤民”——探讨我国鲜活农产品价格过度波动的对策.价格理论与实践[J],2011(2):28—29.

1.4.6　代表性农产品的单位成本

　　为了更具体地了解农产品的成本，在此以稻谷、小麦和玉米三种粮食为例，分析其单位成本。自 2003 年以来，粮农销售粮食的平均价格总体上趋于上涨。根据《全国农产品成本收益资料汇编 2010》，2003—2009 年，稻谷、小麦和玉米三种粮食的平均销售价格由每公斤 1.13 元上升到每公斤 1.83 元，上涨了 61.9%（见表 1-7）。比较 2003—2009 年三种粮食单价上涨幅度与种子价格、化肥价格、雇工工价和土地成本等主要投入要素价格的上涨幅度可见，粮食价格的上涨幅度明显低于主要投入要素价格的上涨幅度。

表 1-7　中国稻谷、小麦和玉米三种粮食单位成本和价格情况

年　份	平均销售价格（元/公斤）	平均生产成本		平均土地成本	
		成本（元/公斤）	占单价比重（%）	成本（元/公斤）	占单价比重（%）
2003	1.13	0.94	83.32	0.15	13.55
2004	1.41	0.84	59.62	0.13	9.44
2005	1.35	0.92	68.55	0.16	11.71
2006	1.44	0.93	64.78	0.17	11.74
2007	1.58	0.97	61.68	0.20	12.61
2008	1.67	1.06	63.44	0.23	13.66
2009	1.83	1.12	61.28	0.27	14.82

　　注：根据《全国农产品成本收益资料汇编》，农产品生产总成本＝生产成本＋土地成本。

　　资料来源：国家发展和改革委员会价格司：《全国农产品成本收益资料汇编》（2006 年；2010 年），中国统计出版社。

　　2003—2009 年期间稻谷、小麦和玉米三种粮食的平均生产成本由每公斤 0.94 元上升到每公斤 1.12 元，上涨了 19.1%。粮食平均生产成本的上涨幅度比较小，主要是因为一些要素计价不合理，例如家庭用工折价低估，带来粮食平均生产成本无法反映其真实上升程度。

　　不考虑粮食单产增长因素，比较单位面积的投入要素成本和粮食销售价格，可以更加清楚地看出成本上升对粮价的推动影响。2003—2009 年，稻谷、小麦和玉米三种粮食生产中每亩种子、化肥、农药和农膜四类物资投入费用由 87.9 元增加到 173.8 元，净增加 85.9 元，增长 97.8%。可见，2003—2009 年，三种粮食生产中单位面积上使用的种子、化肥、农药和农膜四种物资投入费用的增长速

度高于销售单价上涨幅度 30 多个百分点。

2003—2009 年,稻谷、小麦和玉米三种粮食生产总成本中平均土地成本由每公斤 0.15 元上升到 0.27 元,上涨了 80.0%。可见,在粮食销售价格上涨的同时,生产粮食所占用耕地成本的上升幅度和其他生产成本的上升幅度一样,高于三种粮食销售单价的上升幅度。比较而言,粮食平均生产成本的增加幅度相对较大,而生产粮食所占用耕地的单位土地成本的增速相对较快。

在不同年份,稻谷、小麦和玉米三种粮食的平均生产成本和土地成本在单位价格中所占比重存在着很大区别,也没有呈现出一致性的上升或者下降趋势,但是,在多数年份,稻谷、小麦和玉米三种粮食的平均生产成本和土地成本在单价中所占比重之和大约在 70%～80% 之间。这些现象至少表明,粮食销售价格上涨与成本上升存在着相关性[①]。但是,不可忽略的是,我国主粮的价格是由政府宏观调控的,所以生产成本和土地成本相对占了价格中较大的比例。而蔬菜等农产品则没有完全控制,因此流通成本可能占据价格中更大的比重。

---

① 李国祥. 2003 年以来中国农产品价格上涨分析. 中国农村经济[J],2011(2):11—12.

02 农产品价格在产业链中的影响与被影响关系

与工业品比较,农产品市场流通的最突出特点是波动性很强,包括数量的波动和价格的波动,前者决定了后者。这样,在某一特定时点上,农产品产销之间在数量上的不平衡是必然的,从而,农产品价格的波动就是必然的。对于那些生产周期长(如猪肉)、耐储藏性和耐运输性都差(如蔬菜)的产品,价格的波动更容易经常发生,并且波动的幅度可能较大。那么,影响农产品价格的因素究竟有哪些,这是值得深究的问题。

2.1 影响鲜活农产品价格的典型情况

近年我国鲜活农产品价格存在两个极端,一方面消费者并没有降低购买成本,一方面很多农户却面临收购价剧烈下降,对农户的收入和种植信心造成巨大影响。究其原因,既有主观因素,也存在一些外部客观原因。

2.1.1 气候环境的影响

在大范围暴发异常天气时,气候因素可以直接影响并威胁到全球农作物的生长,结果导致粮食问题成为全球关注的焦点。而农产品期货市场的风云突起、潮起潮落,也与此息息相关。全球粮食作物虽然生长周期略有不同,但农产品的季节性是不容忽视的。全球各个主要粮食作物主产国都将在其主要种植生长阶段备受关注,例如美国、巴西、中国等。美国是全球最大的玉米和大豆主要生产国和出口国,其大豆和玉米的供给左右着全球的价格走势。

例如2012年,全球天气因厄尔尼诺现象影响出现异常,自6月初以来,美国大豆、玉米正值主要开花生长阶段,持续干旱和重度缺水导致美豆产量下降预期增强,主要产区集中的中部地区干燥少雨,表层土壤缺水状况高于 5 年均值,至 7 月末美国农业部报告已将大豆生长优良率持续下调至 31%,刷新有记录以来的最低水平。而根据历史数值测算,此优良率对应的美豆单产将成为历史低值,理论推算美豆本年度库存将为负值。受此影响,全球豆类价格一路上行,截至 7 月 23 日,我国大豆期价自低位上涨幅度高达 15.2%[①]。

后来,美国气温开始下降,多数地区开始出现降雨,虽然雨量分布不均,不能彻底改善土壤墒情,但对干旱有较大幅度的缓解。然而 8 月份,美国玉米已经错过主要开花授粉阶段,旱情缓解对玉米产量没有明显改善,但考虑到当前美豆处于生长阶段的关键期——结荚灌浆期,此阶段天气好转有利于大豆的生长,加上大豆生长的特殊性,如果近期美国天气持续低温,并伴有降雨,美豆产量减产幅度将会降低,供给情况将发生变化,对大豆价格上涨有一定的抑制作用。

我国相对大豆主要依赖进口压榨,玉米则相对较为保守,当时受天气影响,东北、华北地区出现较为严重的降雨,病虫害随之而至,特别是玉米粘虫病暴发,市场反应不一,其中吉林玉米受灾较为严重,亩产预期下降 15% 左右。

同年,我国由于北方温度高于往年同期,导致北方蔬菜提前成熟,形成了南北方蔬菜同期上市的局面,从而压缩了蔬菜的销售空间,导致短期内鲜活农产品供应量突增,但市场需求并不能同步快速增加,由此形成了短期市场供求的结构性矛盾,以致价格在短期内暴跌。

2.1.2 国际事件的影响

如日本"核辐射"影响。2011 年 3 月 11 日,日本东北部海域发生里氏 9.0 级地震并造成日本福岛核电站发生核泄漏事故,随后多地检测出菠菜、油菜等绿叶蔬菜含有微量放射性物质,使消费者对绿叶菜保持谨慎态度。这直接导致对鲜活农产品尤其是绿叶蔬菜的需求受到一定程度的影响。

近年来,多数品种粮食的价格在国家托市收购政策的作用下总体呈现出上涨的趋势。其中,小麦和稻谷价格上涨幅度相对较大。2009 年上半年,在全国农产品生产价格总体水平同比下降 6.2% 的情况下,小麦生产价格上涨了 8.7%,稻谷生产价格上涨了 4.9%。2009 年,小麦生产价格上涨最明显,比 2008 年上涨了 7.9%;稻谷生产价格上涨了 5.2%。2009 年,粮食消费价格同比上涨了 5.6%。在中国农产品市场对外开放程度不断提高的背景下,国际农产品价格波动会传导到国内市场上,特别是中国对大豆的保护程度低,国际大豆价

---

① http://futures.hexun.com/2012-08-19/144908695.html.

格波动在很短时间内就会传导到国内市场上[①]。

2.1.3　游资炒作抬价

2010 年我国部分小宗农产品曾一度被囤积炒作,价格在短时间内飙升,一时间"豆你玩"、"蒜你狠"、"药你苦"等网络新词在社会广为流传。但随着国家出台相关政策严打囤积炒作,小宗农产品价格开始逐步回落。根据全国媒体报价资料统计,以小宗农产品囤积炒作的代表品种为例,2011 年 3 月份全国平均价格(按公斤计算),其中绿豆为 12 元、大蒜为 12 元、三七(60 头)为 360 元,比2010 年最高价格分别跌 50%、60%、36%,充分显示出国家严打炒作价格的重要作用。

小宗农产品从生产者到消费者手中,经过的基本环节有种植户出售、产地初次集结、中央集结、销地批发和零售等,表现出从分散到集中,再从集中到分散的流动特点。流通环节多并存在高度集中的交易市场,为投机炒作者在短时间内大量囤积货源提供了条件。因为投机炒作者要把炒作的小宗农产品囤积起来,首先这种小宗农产品要能在短时间内收集。如果小宗农产品的交易市场太分散,收集的时间就会拉长,人力和物力成本增加,环节不容易操控。高度集中的交易市场让投机炒作者很轻易地对炒作的小宗农产品进行大规模收集囤积。如2010 年被囤积炒作的小宗农产品都具有高度集中的交易市场,如大蒜高度集中在某些大宗商品中远期电子交易市场(俗称电子盘)进行交易,三七高度集中在云南文山三七交易市场进行交易。当然,投机炒作者对小宗农产品进行囤积炒作有一个时间过程,炒作的小宗农产品还要具有储存时间较长而不会变质的特性。

我国小宗农产品在短期内(在各生产季度内)总产量是既定的,即短期内有效供给无弹性。如果没有其他因素影响,按照价格均衡理论,市场"无形之手"能使市场的有效供给和有效需求达到均衡状态,均衡状态下有效供给量基本等于有效需求量,市场价格保持基本稳定。如果在这种均衡的市场状态下,投机炒作者在短期内大量购买某种小宗农产品并囤积起来,就会导致在这种小宗农产品每一价格水平下需求量增加,而短期内这种小宗农产品供给又相对无弹性,市场就会出现供不应求的假象,这时市场价格就会被人为地抬高。如果投机炒作者不断地买入这种小宗农产品并囤积起来,市场价格就不断攀升。同时,受价格不断上涨影响,在"蝴蝶效应"作用下,会吸引更多投机炒作者加入炒作。实际上,

---

① 李国祥.2003 年以来中国农产品价格上涨分析.中国农村经济[J],2011(2):11—12.

在这个囤积炒作过程中,主要是投机炒作者通过互相倒买倒卖来推高这种小宗农产品的价格。据媒体报道和市场调查,绿豆在 2010 年 4、5 月被投机炒作者从每公斤 4 元炒高到 24 元,大蒜在 2010 年 4、5 月从每公斤 8 元被炒高到每公斤 30 元,而三七(60 头)从 2010 年初的每公斤 130 元炒高到 560 元。受此影响,相关的小宗农产品也出现不同程度跟风涨价。国家有关政府部门经调查也证实了这些小宗农产品存在有人恶意囤积炒作①。

绿豆、大蒜、生姜等小宗农产品具有市场规模小、产地集中、较耐贮藏等特点,容易成为国内大量游资炒作的对象。但重要的原因是,政府对绿豆、大蒜、生姜等小宗农产品没有收储,也未进行调控。投机者在大量囤积后,不用担心市场上会突然涌现大量的小宗农产品,有较大的炒作空间。2010 年,我国就有多家公司因操纵绿豆、大蒜价格被查处。如山东某经销商囤积大蒜、哄抬价格,被省物价局按照法定最高处罚额度处以 10 万元罚款;河南省中牟县,因冷藏保鲜协会组织经营者相互串通、操纵大蒜冷藏收费标准,被发展改革委处以 8 万元罚款。2010 年 8、9 月份后,一些游资逐渐撤离农副产品市场,小宗农产品的价格有所回落,并趋于平稳②。

2.1.4　农户预期的影响

由于现阶段农户分层比较突出,收入、知识、经验、信息等等有很大差异,笼统谈农户投资预期倾向有一些困难。但仍然可以对具有某类特征的农户可能具有的投资预期倾向作出大致判断。据有关调查发现,具有稳定的高收入投资者对未来高收入和消费预期的稳定性的预期越高,投资行为越趋于强烈。收入低而未来有重大消费事项的农户,对投资成功的渴望尤其强烈。

农民种植鲜活农产品一般遵循"蛛网理论"的规律,即当年的种植决策取决于上年的价格水平。假如前一年价格低,第二年种植面积就会缩小,这样价格又会上涨,接下来种植面积又会增加,价格再次回落,周而复始。去年蔬菜价格普遍较高,今天大量农户盲目扩大种植面积,导致供应量持续处于高位,市场出现较长时期的供需矛盾,以致价格在较长时期内仍难以回升③。

农民缺乏的既包括对当年种植面积预期的信息,也有各地销售价格的信息。

①　林进宁.解析囤积炒作小宗农产品对市场影响及预防对策.价格理论与实践[J],2011(3):20—21.

②　樊端成.对我国小宗农产品市场建设问题的探讨.农业现代化研究[J],2011(3):184—186.

③　李磊,肖光年."菜贱伤农"与"菜贵伤民"——探讨我国鲜活农产品价格过度波动的对策:价格理论与实践[J],2011(2):28—29.

信息不畅通之下很多农民种植带有盲目性,在行情好的时候赚到钱,第二年蜂拥而上,种植面积急剧扩大,但实际上往往次年却会面临大幅降价的风险。

例如,2010 年,大蒜、生姜、棉花、土豆等多宗农产品价格曾达到历年来的峰值,但 2011 年却普遍遭遇下跌行情,不少农产品价格一度跌至成本线附近。部分农产品种植面积同比大幅上升,造成农民亩均收益下降。价格的剧烈波动,让一些中国农民在丰收年景里显得愁眉不展。山东省安丘市凌河镇小儒林村姜农张福刚 2011 年种了两亩大棚生姜,平均每亩产量为 22600 斤。2011 年生姜价格由 2010 年的每斤 4.5 元下跌至 0.4 元左右,这使得张福刚的收益只占 2010 年的一成。

"今年棉花行情这么差,真不知道明年该不该继续种?"山东省滨州市无棣县棉农汤孟华正在为下一年是否继续种植棉花而纠结。当前汤孟华家里的 3 亩棉花已基本收获完毕,因为不能及时得到关于棉花行业的种植和价格信息,他下年的种植计划还无从安排。

2009 年秋到 2010 年上半年,我国西南五省区遭遇到百年罕见的特大旱灾及中东部地区出现"倒春寒"持续低温天气,只是造成绿豆、大蒜、生姜等小宗农产品产量减少的重要原因之一。更重要的原因是,市场供求波动,农民种植面积减少。如大蒜,由于 2008 年全国种植面积普遍增加,造成市场供大于求,加之受金融危机的影响,大蒜出口受阻,农民、中间商、出口商都遭受不同程度的损失,农民减少大蒜种植面积。

以全国最大的大蒜产地山东省金乡县为例。2008 年大蒜价格仅 0.2 元/公斤左右,蒜农在经济上亏损严重,结果 2009 年大蒜种植面积与 2008 年相比下降了 30%,全国 2009 年大蒜种植面积减少了 21.35 万公顷,大蒜供给锐减;绿豆、大蒜等小宗农产品需求量扩大。从内销来看,高温天气,使得人们对绿豆需求量开始增加,有的人甚至把绿豆作为食疗的主要材料,一次性买几百公斤存于家中。从外销来看,2009 年我国绿豆出口 27 万吨,同比增加了 13 万吨。大蒜、生姜除作为作料外,其药用范围也十分广泛,近年来出口量不断增加。市场供不应求,绿豆、大蒜等小宗农产品价格必然上涨。

因此,农产品价格波动频繁、波动幅度大背后是市场信息流通不及时,农产品种植缺乏宏观指导,种植和市场结构单一等弊端。

2.1.5　农业资本投入的影响

农业投入要素价格上涨,会导致农业投入要素的重新配置。在农业产出保持不变的前提下,如果农业投入要素重新配置无法完全消化因其价格上涨带来的成本上涨,那么,农业投入成本的增加,最终必然会带来农产品价格的上涨。

20 世纪 90 年代,三种粮食作物的单位面积物质费用都在稳定提高。进入 21 世纪以来,稻谷和玉米的单位面积物质费用自 2006 年以来在逐步提高。小麦的单位面积物质费用在这个期间处于波动状态,2009 年出现一个较大幅度的提高。

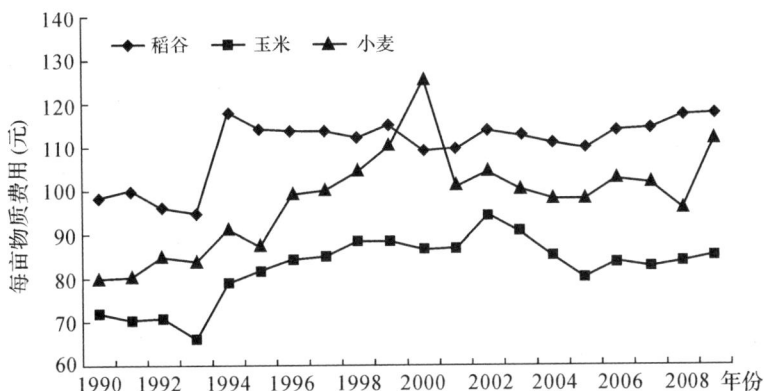

图 2-1　1990—2009 年三种主要粮食作物每亩物质费用数量

资料来源:国家发展和改革委员会价格司(编):《全国农产品成本收益资料汇编》(历年),中国统计出版社 2010 年版。

每种农作物的单位面积物质费用数量乘以其播种面积,就得到了该农作物的总物质费用(见图 2-1)。三种主要粮食作物的总物质费用与单位面积物质费用显示出相同的趋势。20 世纪 90 年代以来,三种主要粮食作物的总物质费用呈现增加的趋势。稻谷的总物质费用自 2004 年以来在稳定增加;玉米的总物质费用自 2006 年以来在稳定提高;小麦的总物质费用处于波动状态,2009 年则出现一个较大幅度的提高。1990—2009 年期间,农业机械总动力在稳步而且迅速地提高,年平均增长速度为 6.04%。大中型拖拉机配套农具由 97.4 万部增加到 542 万部,年均增长速度为 9.46%。小型拖拉机配套农具由 649 万部增加到 2881 万部,年均增长速度为 8.16%。

20 世纪 90 年代中期以来,三种主要粮食作物的总劳动投入和单位面积劳动投入都在下降。在过去的若干年中,稻谷和玉米生产中的总资本投入和单位面积资本投入在提高;小麦生产中的总资本投入和单位面积资本投入处于波动状态,但 2009 年出现一个较大幅度的提高,而农业机械投入在迅速增加。自 20 世纪 90 年代中期以来,三种粮食作物的资本—劳动比在迅速而显著地提高。2004 年以来,农业部门的劳动力成本迅速提高;20 世纪 90 年代中期以来,三种主要粮食作物的总劳动投入和单位面积劳动投入都在下降,农业机械投入迅速增加;20世纪90年代中期以来,农业的资本—劳动投入比迅速提高;与1980—2004年期间相比,2005—2009年农业部门劳动的产出弹性和边际劳动生产率有了大幅度提高[①]。

2.1.6 农业劳动力成本因素

自20世纪90年代末以来,越来越多的农民工迁移到城市就业,留在农村的青壮年劳动力越来越少,因此,农业生产逐渐开始使用雇工。从全国农产品成本收益调查数据中,能够了解到1998年以来农业若干部门的雇工工价。雇工工价是指平均每个雇工从事一个标准劳动日(8小时)劳动所得到的全部报酬(包括工资和合理的饮食费、招待费等)。雇工工价可以作为衡量农业劳动力成本的指标,用以观察农业劳动力成本的变化。

此处选取粮食作物、油料作物、规模生猪、大中城市蔬菜和棉花作为农产品的代表。为了消除价格因素的影响,从而得到实际的雇工工价,本文利用农村居民消费价格指数对雇工工价进行调整,得到了按1998年价格衡量的雇工工价(图2-2)。从图2-2看到,不论是粮食作物、油料作物,还是规模生猪、蔬菜和棉花,在2004年之前,雇工工价处于波动状态;在此之后,雇工工价呈现稳步和迅速提高的趋势。2004年是雇工工价进入迅速上升态势的一个重要转折点。

农业生产中除了使用雇工外,家庭劳动用工仍然是农业生产的主要劳动力来源。全国农产品成本收益调查数据中,有家庭劳动日工价这样一个指标。家庭劳动用工是指生产者和家庭成员的劳动、与他人相互换工的劳动以及他人单方无偿提供的劳动用工。家庭劳动日工价是指每个劳动力从事一个标准劳动日农业生产劳动的理论报酬,用于核算家庭劳动用工的机会成本。

尽管家庭劳动日工价只是农业生产劳动理论意义上的报酬,但它仍然可以用于反映农业劳动力成本的变化。同样,利用农村居民消费价格指数,将家庭劳动日工价调整为按1998年价格衡量的劳动日工价。家庭劳动日工价呈现的变化趋势与雇工工价十分类似。1998年,家庭劳动日工价为9.6元/天,到2003年增长到11.2元/天,家庭劳动日工价提高较慢。2004年以后,家庭劳动日工价呈现迅速增长的趋势,从2004年的13元/天,迅速提高到2009年的20.3元/天。

[①] 王美艳.农民工还能返回农业吗?——来自全国农产品成本收益调查数据的分析.中国农村观察[J],2011(1):20—29.

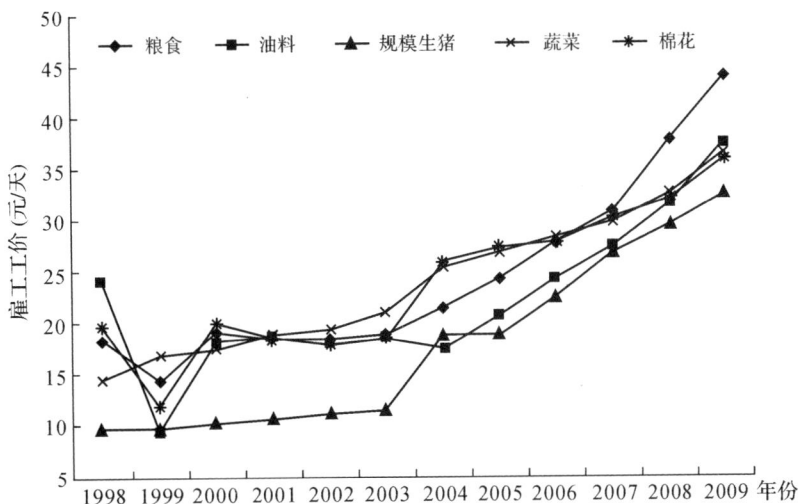

图 2-2 雇工工价变化趋势

注:粮食是指稻谷、小麦和玉米三种粮食作物的雇工工价平均;油料是指花生和油菜籽两种油料作物的雇工工价平均;蔬菜是指大中城市蔬菜的雇工工价平均。

资料来源:根据《全国农产品成本收益资料汇编》(历年)数据计算得到。

2.1.7 国家农业政策的影响

除了自然条件、外部因素和农产品供求因素等,国内的农业补贴和农产品价格支持政策等,也能够对我国部分农产价格起到直接的控制作用。

2013 年,我国一场突然发生的禽流感,把加大农业补贴的重要性凸显出来。自 4 月以来,在发生禽流感疫情的地区,养殖业受到明显影响。许多小养殖户举步维艰,大户苦力支撑,一些养殖户除了血本无归,还要搭上几年的积累。这些禽流感影响下的家禽业,如果没有相应扶持政策措施的补救、跟进,不仅养殖户受到重创,下半年的家禽消费市场也将受到很大影响。

因此,适时适地有针对性地提高对包括养殖户在内的农业生产补贴,显得非常必要。从 2013 年禽流感发生后各地的补贴措施来看,有的地方对活禽市场扑杀的家禽每只给予一定补偿,基本保证不赔本;有的对养殖场一次性给予相应补贴,尽量减少养殖户损失;有的地方对种禽给予一定补贴,以求减少市场恢复后家禽供应的影响,但非种禽没有补贴。这些措施,从一定程度上弥补了养殖户的损失,使养殖户的信心不至于受到严重打击,对后期市场的恢复发展产生了积极作用。

虽然,财政补贴对养殖户产生了明显、直接、积极的作用。但是,财政直接补贴的力度和广度毕竟有限,尤其在对待诸如禽流感之类突然发生的"天灾人祸"事件时,如何加大农业补贴更需要多几条路径、多几种手段。农业保险就是一条最有效、最直接的路径。在这次禽流感疫情中,有的地方就通过农业保险对养殖户作出了一定补偿。不过,总体来看,目前农业保险的力度有限、覆盖面较窄,对农业生产发挥的保障作用还不是很大。

为什么会这样?除了农业生产的先天弱势特质,比如易受天气等自然因素影响,易受各种病虫害影响,这次禽流感就是例证,还有农业保险收益小、赔付难等各种因素。所以,作为商业性的保险公司对农业保险缺乏积极性。为了解决这些难题,我国把农业保险作为政策性保险,政府财政对农保有不同额度支持。但在实践中,由于各地财政富裕程度不均,对农业保险重要性的认识程度不一,所以对农业保险的支持扶持力度也参差不齐。作为保险公司,同样存在对农保重要性认识程度不一等问题,所以在实践中形成了对利润大的险种积极开拓,对利润相对小的农保等缺乏推广、开拓的积极性,造成农业保险有政策、缺手段的状况。

通过农业补贴加大对农业的支持保护是世界各国的通行做法。近年来,我国农业补贴的力度逐渐加大,但与发达国家相比、与世贸组织允许的补贴规则相比、与我国农业发展的现实要求相比,还有不小距离,更有不小空间,农业保险相对滞后只是其中之一。所以,这次禽流感的发生,更应该促进我们对应付农业高成本、化解农业高风险的认识。随着国家财力和地方财力的不断增长,我们更有条件逐步扩大农业补贴、完善补贴机制,各地在农业补贴方面还应因地制宜采取措施,切实使农业补贴成为使农业发展、农民受益的有效政策工具。

因此,一个国家有什么样的农业政策对其农业的发展起到非常重要的指导作用,并且在必要时能体现一定的保障作用。

2.2　农产品价格上涨的主要内因

我国自加入 WTO 以后,经济与国际逐步接轨,国际市场也会影响我国农产品价格走势。特别是一些进出口量大的农产品,其价格走势受国际市场供给关系影响明显。这其中,棉花和大豆的价格较为突出。由于我国进口大量的大豆,大豆价格和世界大豆价格走势趋同,在 2010 年 10 月份,国际市场大豆价格持续上涨,从而带动国内价格走高[①]。但是,除了国际经济影响和天气等不可抗力的外因之外,内因更是我们要重点研究的对象。

2.2.1 主因——农产品供求长期不平衡

供求规律是商品市场普遍存在的基本法则,这对于农产品也不例外。2012年之所以农产品价格疯狂上涨,主要原因还是农产品供求不平衡,其中包括农产品供求时间不平衡、供求空间不平衡、总量不平衡和信息不平衡。

首先,供求时间不平衡。农产品生产具有很强的季节性,但需求却是基本稳定的。其次,供求空间不平衡。由于我国地域的差异,资源禀赋不同,导致农产品供求地域不平衡,势必会引起销售价格的上涨,再加上人为因素的影响,市场流通格局混乱,农产品直供比例偏低。再次,供求总量不平衡。一方面是由于农业收入相对较低,长期存在着增产不增收的现象,打消了农民种植的积极性,造成务农人员大量减少;另一方面是由于工业化、城市化步伐加快,很多农田被征用,农产品种植面积的减少势必会造成供需缺口加大,导致总量不平衡。最后,农产品供求信息不平衡。在农产品市场上,双方交易信息不对称,买方对卖方的农产品具有较完备信息,而卖方对买方的信息知之不多,这势必会造成广大农户在交易过程中谈判力下降,农户极易遭受购买者的道德风险和逆向选择问题。这样,进一步放大了农产品供求失衡。

2.2.2 关键因素——农产品流通渠道不畅

从现阶段的农产品流通成本上升因素中,抛开油价、劳动力的上涨,还有很大一部分出现在流通环节。农产品的流通主要有这样几个渠道:

(1)生产者——消费者;

(2)生产者——超市——消费者;

(3)生产者——运销批发商——零售商——消费者:

(4)生产者——运销批发商——流通加工企业——零售商——消费者;

(5)生产者——产地市场——运销批发商——销地市场——零售商——消费者。

在整个农产品流通链条上,第(1)(2)种流通渠道环节较少,但由于受到城市多种限制,农产品通过第(1)种流通渠道的比重最低,第(2)种是我国大力倡导的"农超对接"的主要形式,但是由于受到农业生产者自身的局限性和超市采购成

① 李晓俐. 现阶段我国农产品价格变化及应对策略. 价格理论与实践,2011(3):49—50.

本增加的影响,能够真正实行的并不多。第(3)(4)种是当前农产品流通的主要渠道,相对来说流通环节较多,通过层层加价,必然导致农产品售价高。第(5)种情况多发生在农业生产集中度低,物流不畅或跨区域销售上。如广东、海南的错季蔬菜卖到石家庄至少要经过五六个环节,有的甚至达到十多个环节,每个环节层层加价,推动菜价居高不下。

2.2.3　推动因素——农产品流通腐损率偏高

由于农产品中未经加工的鲜活产品占绝大部分,因此相当一部分新鲜农产品由于运价、运力、交通基础状况和产品保鲜技术原因而损失巨大。据统计,我国农产品产后损耗十分严重,果蔬、肉类、水产品流通腐损率分别达到20%～30%、12%、15%,仅果蔬一类,每年损耗金额达1000亿元以上。物流环节的消耗多了,零售终端的成本自然上升,居民需承受的蔬菜价格也自然水涨船高。因此,上下游企业必须主动采取有效措施,减少物流环节的消耗,帮助零售终端降低菜价。

2.2.4　间接因素——生产和流通成本的增加

有人用"两头叫、中间笑"来形容目前农产品流通渠道现状。导致这方面现象的很大原因一方面是由于种子、农药、化肥等农业生产资料价格上涨导致农产品生产成本高,造成农民收益下降,从事农业生产积极性不高。另一方面的原因就是农产品的流通成本高。除燃油费、人工费的上涨外,某些中间商靠着自己的垄断地位在流通和销售环节对农民和市民进行了两头盘剥,造成流通成本高,这些成本必然都会通过高售价转嫁到普通居民身上[1]。

(一)农业步入"高成本时代",农产品生产成本提高

首先,生产资料成本明显增加。浇水、化肥、农药、种子都在涨价,受石油、煤炭等上游资源类原材料价格上涨势头的影响,农业生产资料的价格处于上涨趋势。其次,随着越来越多的农民进城务工,不少农村已出现"用工荒"现象。农忙时用工难用工贵。农业生产需要考虑机会成本,2008年之后民工荒也导致了农民工工资普遍的大幅上扬,这也推升了从事农业生产的用工成本。最后,土地逐步短缺,土地资源的价值逐步走高,城市对土地的需求也不断增加,土地价格也在供给关系的变化中不断上扬。而且随着一些城市在城市扩容的过程中对土地的补偿金不断增加,农业用地的价格必然也会被逐步推升。因土地、农资价格以

---

① 朱艳新,李美羽.挖掘农产品流通的"第三利润源".中国商贸[J],2011(3):183—184.

及劳动力成本的刚性上涨,促使农产品的生产成本上升。

（二）工业化、城镇化的快速推进带动农产品涨价

截至 2009 年,中国城镇化率为 46.6％,城镇人口达 6.2 亿。到了 2012 年,比上一年又增加了 1.3％,超过了 50％①。城镇人口的增加不仅会推高土地的价值,还必然会增加对农产品的消费需求。这种需求的增强一定会使农产品估值中枢和估值依据发生变化。小宗农产品因其总量较小,需求弹性大,率先在价格波动上表现出来。从变化趋势看,土地、水、劳动力等资源供给在我国经济发展、工业化和城市化快速推进的背景下必然处于相对不足的态势,农产品需求刚性上涨和农产品供给相对不足的矛盾也会越发突出,农产品价格上升将是必然趋势。

（三）多年来部分农产品价格低位运行,导致供给减少

生产供给的减少是部分农产品价格上涨的重要原因。正如上文所讲,工业化及城市化的推进一方面占用了宝贵的有限的耕地;另一方面也将农村中的劳动力资源不断地吸引进了城市。耕地和第一产业劳动力的减少在技术没有得到快速提升的情况下必然会导致生产供给的减少。同时,一些农产品价格较低,更加刺激了耕地和劳动力转移,进一步凸显了农产品的供给不足。例如,在我国大蒜主产区的山东金乡,其 2010 年的大蒜产量为 45.9 吨,比 2009 年减产 6.7 吨,同比下降 12.7％。在需求结构和需求量未发生明显变化的情况下,大蒜价格迅速上涨。此外,生猪价格也面临着同样的问题,肉价在 2010 年上半年处于低水平,导致生猪养殖量下滑,进而推动了猪肉价格在 2010 年下半年的大幅度攀升。

（四）流通环节不畅助推部分农产品价格上涨

农产品物流环节多,价格形成链条长。一般来说,我国农产品物流要经过生产者、经销商、销地批发市场、销地农贸市场、消费者等环节。物流环节多,路线长,多次装卸搬运和包装,中间损耗大,因此增加了物流成本。同时,由于流通环节中的层层加价,农产品从农民手中最后到消费者手中,价格往往上涨了两三倍。农产品流通体制的这种缺陷为农产品价格上涨提供了制度缝隙。目前农业所面临的“小生产与大市场”的矛盾仍然异常突出,农产品流通成本一直无法降低,我国农产品流通中存在着两头不均、中间得利益现象。

---

① http://finance.southcn.com/f/2013-01/18/content_62258630.html.

2.3 农产品价格对产业链各环节的影响

2.3.1 农产品价格波动对农业生产者收入的影响——以菜篮子为例

农产品生产价格上涨,特别是大幅度上涨,一般都会带来农民家庭经营第一产业纯收入较快的名义增长。2004 年、2007 年、2008 年和 2010 年是农民家庭经营第一产业人均纯收入较上年名义增长率相对较快的 4 年,增长率分别达到16.9％、14.7％、11.5％和 12.2％,明显高于农产品生产价格涨幅相对较低年份的增长率。

农产品生产价格下跌,或者涨幅较小,一般都会带来农民家庭经营第一产业人均纯收入相对较慢的名义增长。2002 年,农产品生产价格较上年下跌了0.3％,而农民家庭经营第一产业人均纯收入较上年名义增长率仅为 0.8％。2009 年,农产品生产价格较上年下跌了 2.4％,农民家庭经营第一产业人均纯收入较上年名义增长率仅为 2.2％,为 2003 年以来的最低。

但是,我国农产品的生产方式依然依靠人力和自然力的因素,小农生产方式为主流。"小、散、弱"是当代农民面向市场的特征写照。从生产到销售,主要依靠农民自己的意志和能力。农产品以农民家庭为生产单位,销售主要依靠三种方式:批发商到地头收购、到批发市场出售、到农贸市场自行出售。这三种方式下农民都是单独小农个体,农产品量小、议价能力弱。

现在农产品价格涨了,但由于价格增加而产生的那部分利润到底放在了谁的口袋里?农民的收入真正增加了吗?事实上,农产品价格上涨,获益最多的还是流通领域。据调查,蔬菜从收购到批发一般加价 25％左右,从批发市场到城内的零售市场加价超过 50％,有的价格甚至翻番,因此也就有了影响蔬菜价格"最后一公里"问题。如一棵在田头仅售 1 元钱的蔬菜,通过层层流通、批发,零售到居民餐桌,售价可能高达 3 元钱。这是因为较之于其他社会群体,农民与市场衔接不畅,经常出现丰产不丰收及结构性、季节性、区域性的过剩;同时,由于农民生产规模小,经营分散,生产农产品数量有限,处于产业链的弱势地位,面对强大的流通环节,没有话语权。这样就导致每次涨价的最终结果是,自己得到的利益甚至小于农产品原材料价格的涨幅。但一些农产品经销商尤其是大型流通企业却凭其掌握的信息、资金等资源优势,可以通过简单的包装、分拣、切割等流通加工赚取更大的利润①。

因此,农产品价格的波动会对农民的直接收益产生重大影响。以菜篮子价格为例,具体而言:

(一)价格上涨对农民的收益补偿有限

2010 年,菜篮子价格上涨的主要因素是流通成本上涨:2010 年 4 月、10 月、12 月我国三次上调了成品油的价格,直接导致了运输费用的增加。因此,价格上涨的好处并没有直接补偿给农民,而是进入了流通环节。2011 年有调查显示,在海南收购价平均每公斤 20 元的辣椒,在北京走完批零环节,价格上涨了 6 元,批零差价超过 35%。而 35% 直接发生在流通环节。农产品价格上涨的受损方是市民,而受益者却不是农民,收益受损的都是流通链两端市场的弱小的主体。

(二)价格下跌对农民的收益直接产生负面影响

虽然菜篮子价格上涨的受益方不是农民,但是其价格下跌的利益受害者却是广大农民。当白菜收购价跌到 8 分一斤的时候,农民一年付出的成本将无法收回。以湖南省岳阳市君山区丰盈蔬菜专业合作社为例,2011 年 4 月,白菜每斤成本为 0.2~0.3 元,但田头收购蔬菜价格为每斤 0.13 元或 0.14 元。目前种地成本很高,主要包括农药、种子、化肥、薄膜。每亩卷心菜 2011 年农资成本投入在 1000 元左右,按 7000 斤算,不算人工成本每斤成本在 0.2 元左右。所以,农产品价格下跌对农民的收益是直接的和巨大的损失②。

2.3.2　农产品价格与农业增产和农民增收的关系——以粮食为例

2000 年以来,农产品价格稳中趋升的格局对农业增产和农民增收贡献显著。尤其是粮食价格的上涨对粮食连年增产和农民持续增收发挥了重要作用。对 2000 年以来粮食价格与粮食产量和农民增收关系进行定量分析表明,粮食产量增加与粮食价格上涨的相关系数为 0.705,农民人均纯收入增加与粮食价格上涨的相关系数为 0.891。对近年来主产区玉米播种面积与玉米价格之间的关系进行相关分析表明,主产区玉米播种面积与玉米销售价格的相关性较明显,2006 年主产区玉米播种面积与玉米销售价格之间的相关系数达到 0.523,2007 年这一系数为 0.222,2008 年为 0.168。2006 年主产区玉米播种面积与上年玉米销售价格的相关系数为 0.277,2008 年为 0.164(见表 2-1)。

① 朱艳新,李美羽.挖掘农产品流通的"第三利润源".中国商贸[J],2011(3):183—184.
② 朱丽萍.农产品流通创新与稳定"菜篮子"价格.价格理论与实践,2011(3):34—35.

表 2-1　玉米生产区价格与播种面积的关系

年　份	与当年价格相关系数	与上年价格的相关关系
2006	0.523	
2007	0.222	0.277
2008	0.168	0.164

资料来源:根据《全国农产品成本收益资料汇编》和《中国统计年鉴》数据整理计算。

从农民收入的来源构成看,农产品价格上涨对农民收入的贡献出现了上升。以粮食为例,随着粮食价格的上涨,出售粮食收入对农民增收的贡献出现了回升。2009 年粮食收入在农民纯收入中的份额由 2001 年的 11.7% 回升到 16.4%,提高了近 5 个百分点,对农民增收的贡献达到 26.5%(见表 2-2)。

表 2-2　2001—2009 年农民人均收入及出售粮食收入情况　　(单位:元,%)

年　份	农村居民家庭人均年纯收入	人　均粮食收入	人均粮食收入占纯收入比例	粮食增收对农民纯收入增长的贡献
2001	2366.4	276.1	11.7	17.7
2002	2475.6	276.9	11.2	0.8
2003	2622.2	332.9	12.7	38.2
2004	2936.4	406.3	13.8	23.4
2005	3254.9	506.2	15.6	31.3
2006	3587.0	568.1	15.8	18.6
2007	4140.4	621.2	15.0	9.6
2008	4760.6	742.6	15.6	19.6
2009	5153.2	846.5	16.4	26.5

数据来源:根据《全国农产品成本收益资料汇编》和《中国统计年鉴》数据整理计算。

随着生物质能源发展和农产品深加工技术发展,农产品需求影响因素更加复杂;随着极端气候发生频率增加,农产品供给的不确定性大大增强。供需关系及其影响因素的新变化增大了农产品价格波动的频率和幅度。农产品价格适度上涨对于农业增产农民增收具有显著作用。近年来,国家不断加大对农业特别是对种粮农民的补贴力度,对于提高农民种粮积极性起到了积极作用,但农产品价格依然是影响农业生产发展和农民增收的最重要的因素,对于近年来粮食持续增产和农民持续增收发挥了重要作用①。

2.3.3 农产品价格对城乡居民食品消费支出的影响——以食品为例

食品消费价格波动一般都会带来城乡居民食品消费支出增长幅度的变化。特别是 2004 年以后,在城镇居民食品消费数量趋于稳定,而农村居民食品消费支出中现金支出比重趋于上升的情况下,随着食品消费价格明显上涨,一般都会出现居民食品消费支出较大幅度的增长。

2001—2003 年,中国城乡居民食品消费主要处于数量增长阶段,食品消费价格波动与食品消费支出变化的对应关系并不明显。2002 年,虽然城乡居民食品消费价格比上年下跌了 0.6%,但是,城镇居民人均食品消费支出较上年名义增长了12.8%,农村居民人均食品消费现金支出较上年名义增长了 5.5%(见表 2-3)②。

表 2-3 农产品和食品价格波动对生产者收入和消费者食品消费支出的影响

(单位:%)

年 份	较上年上涨(%)		农民家庭经营第一产业人均纯收入较上年名义增长率(%)	居民人均食品消费支出较上年名义增长率(%)	
	农产品生产价格	食品消费价格		城 镇	农村(现金)
2001	3.1	0.0	3.29	2.17	4.35
2002	−0.3	−0.6	0.75	12.80	5.47
2003	4.4	3.4	5.34	6.39	7.87
2004	13.1	9.9	16.93	12.11	14.28
2005	1.4	2.9	5.12	7.56	22.35
2006	1.2	2.3	3.52	6.78	8.41
2007	18.5	12.3	14.71	16.58	15.81
2008	14.1	14.3	11.50	17.41	17.32
2009	−2.4	0.7	2.17	5.13	4.01
2010	10.9	7.2	12.20		

农产品价格轮番上涨,最终会传导到食品消费价格上。对应于食品消费价格明显上涨,2007 年和 2008 年还出现了农村居民食品消费现金支出增长幅度

---

① 张照新,翟雪玲,宋洪远,沈贵银,彭超,夏海龙.通货膨胀、农产品价格上涨与市场调控.农业技术经济[J],2011(3):4—11.

② 李国祥.2003 年以来中国农产品价格上涨分析.中国农村经济[J],2011(2):11—12.

与城镇居民食品消费现金支出增长幅度基本一致的情形。2007 年和 2008 年，城镇居民人均食品消费支出分别较上年名义增长了 16.6％和 17.4％，农村居民人均食品消费现金支出分别较上年名义增长了 15.8％和 17.3％。在食品消费价格上涨和居民食品消费升级的作用下，按当年价格计算，2009 年，城镇居民人均食品消费支出比 2002 年增长了 97.1％，同期农村居民人均食品消费现金支出增长了 131.1％。

2.4　农产品价格波动问题的理论分析

学术界在对农产品价格波动问题进行研究时，通常认为构成农产品价格传导路径的各环节包括：

农产品原料价格，反映源头与中间商品的价格变动情况，处于价格传导体系的上游；农产品价格，反映农产品生产和收购价格总水平变动趋势和程度，位于价格传导体系的中游；市场总体价格水平，是总体物价情况的变动情况，处于价格传导体系的终端。上述三个环节一般遵循农业生产资料←→农产品←→市场总体价格的传导路径，相互影响。

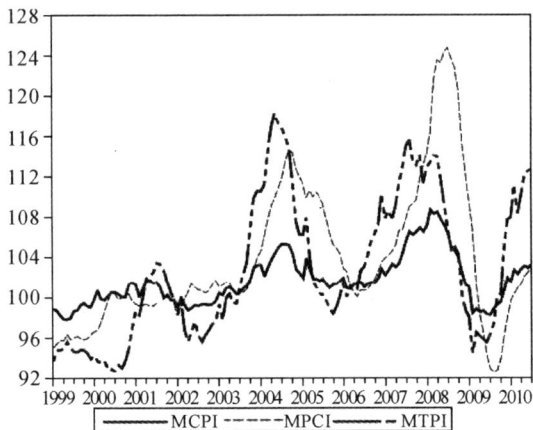

图 2-3　1999—2010 年农产品价格（MTPI）、农产品原料价格（MPCI）与市场整体价格水平（MCPI）波动的时间路径

资料来源：MCPI 和 MPCI 数据来自 wind 咨询；MTPI 数据来自中国人民银行统计数据库。①

---

① http://www.pbc.gov.cn/diaochatongji/tongjishuju.

图 2-3 给出了 1999 年 1 月至 2010 年 7 月农产品价格(MTPI)与农产品原料价格(MPCI)、市场整体价格水平(MCPI)波动的时间路径。可见,历年以来,农产品价格、农产品原料价格、市场整体价格水平之间波动的月度传递情况总体较好,在时间趋势上表现出相同的波动方向,说明农产品价格传导路径总体通畅,价格信号的传递在年内均能实现。从时序图的波峰与波谷来看,1999—2001年,下游 MCPI 的波动在时间上总是早于上中游 MPIC 和 MTPI 的波动,说明农产品价格波动呈现出较明显的需求拉动型,即价格传导方向为 MCPI→MTPI→MPCI。但自 2002 年开始,MCPI 逐渐落后于 MTPI,出现了中游价格变动快于两头价格变动的奇怪现象。

导致这一现象的原因,是因为农产品价格波动的国内传导路径存在明显的非对称性。包括:

第一,农产品价格波动的国内传导路径中,农业产业链两端对农产品价格波动的作用非对称。农产品价格波动具有明显的需求拉动特征,因此下游市场整体价格水平变化对农产品价格的影响更大,上中游传导和中下游传导需要的时间和作用方向都可能存在非对称。

第二,农产品价格波动的国内传导路径的非对称,是由于价格传导的短期效果与长期影响运动方向不一致造成的。由于存在预期及不完全竞争市场,价格波动传导在不同滞后期内可能产生不同的效果,这部分需要对月度数据做进一步分析才能验证。

第三,农产品价格波动的国内传导路径的非对称,也有可能是由于作用力的发展趋势不一致造成的。由图 2-3 可知,农业产业链各环节价格的变化速度十分不一致,受到政府以稳定物价为工作重心的政策导向影响,MCPI 趋于稳定,而 MTPI 变化速度加快,相信这种变化速度的不一致,对农产品价格波动的国内传导路径会造成影响。

因此,农产品价格波动的国内传导路径具有明显的非对称性:

第一,农产品价格波动的国内传导路径中,农产品价格波动由价值链的两端向中游传导,两端传递时滞与方向均存在非对称。

第二,农产品产业链的上中游环节间的价格波动传导路径非对称是由于价格传导的短期效果与长期影响运动方向不一致造成的。

第三,农产品产业链中下游环节间价格波动传导路径非对称是由于传导作用力具有不同的方向造成的[①]。

2.5 影响我国农民增收的原因与对策

2.5.1 影响我国农民收入的主要原因分析

要发展农业,稳定农产品价格,必须从源头抓起。如果不能让农民实现真正的增收目标,那么,整个产业链的价值也难以最大化地开发。近年来,虽然农民经济收入有了进一步提高,但政策性增收仍然是增收的主要因素,制约农村经济进一步发展的深层次矛盾和问题还没有根本扭转,农民增收的渠道还不宽,而且缺乏长期稳定增长的后劲,农业基础仍比较脆弱,农村生产生活条件亟待进一步改善。这些问题一直受到党中央国务院的高度关注,2013年中央一号文件一如既往关注"三农",提出"要保障重要农产品有效供给,提高农产品流通效率,大力培育现代流通方式和新型流通业态"。

我国基础设施建设依然滞后于农业农村发展的实际需要,农业生产条件退化是制约今后农民增收的主要障碍。首先,农田水利设施建设严重不足。我国平均每年农田受旱面积达3亿亩以上,中等干旱年份灌区缺水300亿立方米,每年因旱减产粮食数百亿公斤。其次,农村道路建设攻坚难度较大。农村道路建设中自然村与自然村之间、自然村与行政村、行政村与乡镇之间的道路衔接问题严峻,建养体制不健全。第三,信息化薄弱问题仍未从根本上改变。乡村电视广播和文化信息资源共享工程尚未全面覆盖,农村网络信息系统投入成本高,建设难度大。

导致农业基础设施建设依然滞后的原因主要有几方面:

第一,城乡二元结构。由于我国基础落后,虽然改革开放以来国家一直在加强农村基础地位,但农业和农村的资源配置和国民收入分配中仍处于不利地位,公共财政对农村公共产品和服务领域投入不足,总体覆盖力度不够,农村居民和城镇居民的社会地位仍然不平等,计划经济体制下城乡的二元结构没有从根本上改变,最终带来的城乡居民所享受公民服务的巨大差异。

第二,政府对农业基础设施投入重"大动脉"、轻"毛细血管"。对于农村中小型设施投入不够,农村中小型基础设施项目的建设主要在县乡村政府,加上部分

---

① 顾国达,方晨靓.农产品价格波动的国内传导路径及其非对称性研究.农业技术经济[J],2011 (3):12—20.

地区对基础设施重视不够,在这种情况下即使大型水利和大型工程修到家门口,最后公路打不通,农民还是得不到实惠。目前政府农业基础设施投资渠道比较多,其中属于建设性财政拨款就是农业建设投资,农业综合开发资金,专项财政扶贫资金和财政部门直接安排支援农民生产、农业小型公益设施等等,政策基金缺乏有机的协调,基金使用分散和投入交叉重复现象比较严重。

第三,投入机制的制约。"十五"以来党中央、国务院日益重视,加大基础设施投入,但是投入总量不足,结构不合理,管理体制不完善,中央和地方投入职责不清等问题还比较突出。农业基础设施投入过度依赖中央,地方投入严重不足。近几年来,中央财政对农村投入有较大增长,但是这主要是国债资金,正常年度预算内基建投入不足 30%,地方财政尤其是地市县级以下财政大多以区办财政,很难有力量投入农业,地方财政尤其是县级财政很少对农业投入。

大多数农民在生产安排和结构调整上没有一个能够掌握国内、国际市场行情、发展前景的组织来引导,他们常以当前市场价格信息为导向,往往误导农民"追涨",导致新的结构雷同,市场饱和的产品仍大量生产,农民增产不增收。产业结构调整没有长远规划,结构调整,不能持之以恒,无固定的模式,形不成主导产业,使结构调整产生不了效益,难以调动广大农民参与结构调整的积极性。

另外,生产资料价格上涨过快,延缓了农民收入增长的步伐。农村合作经济组织发展缓慢,也成为农民增收的主要障碍。农民没有自己的合作组织,在市场竞争中单打独斗,既形成不了整体规模,也不能使产销有机结合从而形成利益最大化。农产品流通服务体系不完善,各层面的服务体系内的主体层次过多,之间缺乏协同效应;流通中存在着严重的机制性障碍;批发市场的流通服务功能受限,呈现出"组织化程度低,组织形态单一,信息沟通滞畅,交易方式落后,战略合作缺失,流通效率低下"等特点;政府对农产品流通服务体系的建立运行尚缺乏整体统筹与宏观规划,从而很大程度上弱化了农民的产业地位。

还有,农民收入增长缓慢,与农产品加工业发展滞后、产品增值低关系很大。资金不足,农业技术水平落后。农业是一个弱质产业,投入不足一直是制约农业发展和农民增收的一个重要因素。一是由于农业比较效益较低,绝大多数农户的收入仅够维持基本生活和简单再生产,对于发展前景好、增收快的项目无钱投。二是多数乡村集体经济薄弱,债务包袱沉重,本身正常开支都难以维持,更无资金投入到农业生产中去。三是虽然各级财政部门对支农资金的投入不断增加,但远远不能满足农业发展的需要,而且由于农口部门及乡镇保工资、保稳定的压力大,致使仅有的支农资金使用效益不高。四是国家四大国有商业银行收缩了在农村的信贷业务,贷款条件硬化,使资金成为农民增收的制约"瓶颈"。农业生产技术水平落后阻碍着农民收入的增加,有的时候甚至成为农民减收或返贫的主要原因。

2.5.2　促进我国农民增收的基本思路

此起彼伏式的中国农产品价格过山车的出现并没有得到广泛意义上的经济自觉,各地的"看得见的手"并没有在农民的利益上投入应该有的热情,单纯靠农民组织起来的"经济合作社"的力量还无法达成稳定全国价格市场的能力,有必要依靠中央一级的宏观调控部门建立真正意义上的市场价格保障机制,从而最大限度地保障农民利益。

(一)稳定发展基础农业,持续增加种粮收益

确保国家粮食安全,是保持国民经济平稳较快增长和社会稳定的重要基础。

首先国家要科学制定粮食生产规划,确立一个稳定而合理的粮食生产总量。对于规划目标内的主产区、基地、定向品种应给予政策支持,其他的则由市场去调节,这样才能做到既保住总量,又降低政策成本。第二是积极推进农业结构调整。按照高产、优质、高效、生态、安全的要求,加快建设优势农产品产业带;发展多种经济作物,提高种植业收入;在粮食生产上,继续扩大优质稻的种植面积,提高粮食优质率,同时为满足消费者多样性的需求,大力发展多品种、多用途的粮食。第三是要发展大宗农产品期货市场和"订单农业",减少市场风险,让粮食生产者获得最大的收益。

(二)大力发展民营经济,提升农村产业层次

加快推进农业和农村经济结构战略性调整,促进种植业、养殖业等优势产品的合理区域布局,推进优势农产品生产基地和产业带的建设。要充分发挥民营经济的作用,大力发展民营经济,积极鼓励和扶持农村有一定经济实力的能人兴办各种类型的私营农业企业和组织,彻底打破所有制界限,广泛吸引民营资本进入农业加工流通领域,使农业企业投资主体和经营方式多元化。要以市场需求为导向,根据各地的资源优势和农产品的区域化布局,大力发展一批周期短、门槛低、见效快的增收项目,重点培育一批规模大、起点高、带动能力强的农产品加工贸易企业,形成具有国际国内市场竞争力的产业化龙头企业和名牌产品。

(三)加快农村社会事业发展,健全农业社会化服务体系

建立健全社会化服务体系要从三方面着手:一是要借乡镇体制改革之机重建农技推广队伍,切实加强农技推广服务工作,促进农业和农民科技水平的提高。实施农业科技入户工程,提高农技队伍的服务水平和质量。二是要建立和完善农村经济合作组织,鼓励、引导、支持、帮助农民组建各种专业合作社、专业

协会、同业联合体等,或通过经纪人和能人牵头兴办中介组织,创建专业服务组织等方式,提高农民进入市场的组织化程度。三是要推广"三电合一"农村信息综合服务,建立并规范生产资料供应,农产品销售市场信息服务机构。四是要努力提高农业机械化水平,减轻农民劳动强度。

(四)控制农业生产资料价格上涨,确保农民收入稳定增长

从我国几次上调农产品价格的社会效用来看,农民最终的获利并不大,因为农产品价格上涨,在市场价格互动的情况下,农业生产资料的价格也相应地上升,农民增加的收入与上涨的成本两者相减,所剩无几。因此,要确保农民收入稳定增长,必须采取有效措施,使农业生产资料的价格控制在一个合理的范围内,确保农民能增加收入。一是要大力扶持农业生产资料工业发展,提高其社会生产效益,增加生产资料供给量,平抑其市场价格。二是要进一步规范农业生产资料市场管理,加强对农业生产资料供应、价格、质量等问题的监管,严厉打击囤积居奇、哄抬物价、制假售假等行为。三是要提倡测土施肥、科学用药,减少不必要的浪费,从而降低农民的经营成本。四是建议对农户实行一定程度的化肥或其他农资补贴。

(五)实施新型农民科技培训工程,以发展劳务经济促增收

发展劳务经济是农民增收最直接、最重要的途径。一是要进一步加强对农民的培训,提高农民外出就业的能力。二是要继续积极推进劳务输出。各级政府特别是经济欠发达地区的县乡政府要把劳务输出作为最快的富民产业来办,提高工资性收入对农民收入增长的贡献率。三是要促进城市劳动密集型产业向农村的转移,同时,加快发展农产品加工业,增加农民的就业机会。四是要建立并完善农村劳务市场服务体系,加强劳务市场中介主体建设,尽快建立农村劳务市场信息服务网络,建立统一、开放、规范、有序的城乡劳动力市场。

(六)促进农民专业合作组织的发展

中共中央、国务院《关于促进农民增收若干政策的意见》已经明确提出了"积极推进有关农民专业合作组织的立法工作"的要求,全国人大常委会关于农民专业合作组织的立法工作已经启动,现在已经进入立法调研阶段,国家应大力促进农民专业合作组织的发展。农民专业合作组织作为弱势群体的农民在作为弱质产业的农业领域建立的组织,国家必须承担起支持、扶持和促进的责任。

03 我国鲜活农产品市场流通现状

农产品市场流通具有非常重要的作用。这首先是由市场流通的重要性决定的。在市场经济条件下,市场流通的主要作用可以概括为四个方面:空间效用、时间效用、形态效用和产权转移效用。空间效用,是指在市场流通中,产品的空间位置发生了变化,从生产者手中转变到了消费者手中,这是通过运输实现的;时间效用,是指产品的时间存在发生了变化,在产品生产出来的时间与最后实际被消费的时间之间,有一个时间的间隔,这是通过储备实现的;形态效用,是指产品在生产出来之后被最终使用消费之前,要进行一定的形态的变化,这是通过加工来实现的;产权转移效用,是指即便产品不发生以上变化,但是为了从生产者手中转移到消费者手中,也要进行产品的交换,产品的所有权和使用权要发生转变,这是通过各种方式的销售实现的。

3.1 我国农产品加工产业链的模式及特点

为便于分析,按照农产品加工程度,在此将农产品加工产业链模式划分为浅加工模式、中加工模式和深加工模式。

(一)浅加工模式及特点

浅加工模式生产的农产品主要包括:新鲜蔬菜、鲜肉、鲜鱼、鲜蛋、鲜奶、鲜果、普通大米、面粉、普通食用油、茶叶等。当前我国农产品浅加工产业链模式的特点:

(1)产业链链条长度短;

(2)加工工艺一般很简单,而对保鲜、运输要求高;

(3)原料供应包括基地和农户,而更多的是分散的广大农户;

(4)加工企业规模小;

(5)市场需求量大;

(6)产品安全控制薄弱;

(7)产业链组织化程度低;

（8）产业链整体效益低下。

浅加工、保持产品鲜活的生物特性是健康营养的需要，同时也是农产品加工区别于其他加工制造业最明显的特征。特别值得一提的是，浅加工食品是市场需求的永恒主题。

（二）中加工模式及特点

中加工模式生产的农产品主要包括：优质粮油、脱水蔬菜、普通奶制品、普通方便食品、大众服装、普通家具用具、中档饮用茶等。当前我国农产品中加工产业链模式的特点：

（1）产业链链条长度中等；

（2）加工工艺要求较高；

（3）原料供应基地和农户并存，分散农户较多；

（4）加工单位规模中等；

（5）市场需求量大；

（6）产品安全控制一般；

（7）产业链组织化程度中等；

（8）产业链整体效益一般。

中度加工的农产品主要集中在传统产业，加工工艺和技术亟待创新和升级。随着技术进步以及现代人生活质量的提高，中度加工农产品将会向浅加工和深加工两端发展。

（三）深加工模式及特点

深加工模式生产的农产品主要包括：高档方便食品、高档奶制品、保健食品、高档服装、高档家具用具、卷烟、高档饮用茶等。当前我国农产品深加工产业链模式的特点：

（1）产业链长；

（2）加工工艺要求很高；

（3）原料供应主要来自生产基地；

（4）加工企业规模大；

（5）市场需求量较大；

（6）产品安全控制较好；

（7）产业组织化程度高；

（8）产业链整体效益高。

农产品深加工的发展是技术进步和市场需求双向驱动的结果。随着国家经济的发展、人们收入水平的提高以及生活节奏的加快，市场需求会越来越旺盛。

但是,目前我国国内市场主要被发达国家的产品所占领[①]。

3.2 我国农产品物流发展现状

中国物流采购与联合会前常务副会长丁俊发认为,我国建立农产品配送组织要达到三个目标:一是使农民生产的产品能够实现价值和使用价值;二是使农产品在物流过程中增值;三是降低农产品生产与流通成本,提高农业生产的整体效益。要实现这三个目标,首先要了解农产品物流有什么特点。

3.2.1 农产品的物流特性

(一)品类多,储运形态各异

日常农产品按品类分为粮食、油料、肉类、棉麻、瓜果、蔬菜、茶叶、水产品、乳制品、竹木制品等十个类别。各类别农产品因为各自特性不一,导致物流储运单元及条件差距很大。其中,粮食基本上是散储散运为主,油料产前以散装为主,产后以桶、罐装为主,肉类和乳制品以冷链为方向、常温为主,棉麻以成捆打包为主,瓜果蔬菜以常温自然形态为主,茶叶以纸箱为主,水产品以活体运输为主,竹木及制品以自然形态为主。

(二)地域差别大,季节性强,需求不均衡

农产品生产存在地域分散和季节差别的特征,而需求具有全年性和普遍性,这样就存在着供需矛盾。为了平衡农产品供给与消费之间的偏离,要求物流服务商提供缓冲和储存的作用。

(三)物流操作要求较高

农产品不同于工业品,它是有生命特征的动物性或植物性产品,其在运输、储藏、加工和装卸过程中有特殊的要求,需要充分考虑形态、腐变性、串味性、通风透气性和吸湿性等特点,以保证在物流过程中不变质、不污染,这些都需要专门的设施设备和配套的操作要求。

(四)价格承受能力比较低

大部分农产品自身的价格都比较低,因而其对物流费用的负担能力也比较差,要求物流服务商尽可能地做到低成本运行[②]。

---

① 王化峰.我国农产品加工产业链管理研究.农业经济[J],2011(3):35—36.
② 李明.湖南省农产品物流现状分析.江苏商论[J],2011(2):73—76.

3.2.2　国内农产品物流模式分析

我国现有的农产品流通体系都从属于农业企业,如龙大、鲁花建立的物流链是为其公司、产业服务,只是第二方物流,却没有独立运营的第三方物流。

专业化分工,是一个产业规模化、现代化的标志。目前,诸多行业大佬、社会资金涌入种植领域,但资本都在自建销售渠道,鲜有投资者专门投资物流体系。

长期以来,我国农产品流通链条不畅、缺失大企业的原因,正是根源于我国"小生产、大市场"的现有农业格局。

（一）自产自销型物流模式

自产自销型是指农民在以生产地为中心的一定区域范围内自行销售自己生产的农产品。

目前,浙江省的多个地区、县市、乡镇都存在不同规模的农产品集市,农民将自家生产的农产品直接运送到集市进行销售。自产自销型存在的问题主要就是在流通过程中缺乏加工、保鲜、包装等技术处理,商品的附加值较低,利润空间较小。再就是农产品的单位物流成本高,即单位产品的运输成本、销售时间成本和交易成本都很高。

（二）多级分销物流模式

在该模式中,生产者与消费者时空分离,并不能直接见面,由分销商(个体私营农产品商贩)负责农产品的收购和销售。分销商一般直接去农村向种植户收购农产品并运送到农贸市场,出售给消费者,赚取其中的差价,或者再以较高的价格批发给其他分销商,这种模式下交易的农产品的流通范围也有限。另外,这种多级分销商或者叫多级商贩的交易存在"电阻理论",中间分销商瓜分了大量的利润。

（三）契约型物流模式

公司与农户或合作社之间通过契约形式加以联结,农户提供农产品,由合作社或加工企业负责进入市场。产品可以直接进入市场,也可以经过加工再进入市场。与自营物流模式比较,契约型模式克服了自营物流流通范围小、辐射面窄的不足。同时,为加工企业、大型连锁超市或农贸市场的批发商提供了较为稳定的货源,也为农户解决了销售渠道的问题。

（四）企业主导型物流模式

这种模式类似于"批发市场为中心的物流模式"。但是,在该模式中,不一定是批发市场为主导型企业,也可以是以其他某一龙头企业为主导者,带动农户、批发商、零售商、运输商、加工保鲜企业等,通过利益联结和优势互补组成战略联盟,形成较完善的产供销供应链系统。

(五)第三方物流模式

该模式的特点基本与前文提到的第三方物流模式相同。第三方物流是相对第一方发货人和第二方收货人而言的,由第三方物流企业来承担企业物流活动的一种物流形态。它通过与第一方和第二方的合作来提供专业化的物流服务,它不拥有商品,不参与商品买卖,而是为顾客提供以合同约束、结盟为基础,系列化、人性化、信息化的物流代理服务①。

3.3 我国农产品流通渠道模式分析

截至 2009 年,全国已累计建成 41.6 万个农家店和 1467 个配送中心,覆盖了全国 85% 的县、75% 的乡镇和 50% 的行政村。"双百市场工程"实施以来,累计支持 903 家农产品批发市场、农贸市场和农产品流通企业完成 1419 个建设项目。此外,随着新型交易方式和流通业态蓬勃兴起,超市逐渐成为大中城市的农产品重要零售渠道,一些大中城市农产品超市销售量已占到当地农产品零售总量的 20% 以上。同时,随着信用系统、结算支付系统和验货配送系统的建立健全,农产品电子商务已开始向网上交易支付的高级形态发展。"农超对接"试点范围进一步扩大,在引导大型连锁超市和农产品流通企业建设农产品直接采购基地方面发挥了重要作用。在流通主体方面,近年来,农业农村经济的多元化发展,使农村经纪人、个体运销户、农民合作经济组织和农业产业化龙头企业等逐渐成为农产品市场流通的主力。据不完全统计,目前从事农产品流通、科技、信息等中介服务活动的农村经纪人已经达到 600 万以上,农民合作经济组织达到 15 万个,农业产业化龙头企业超过 4300 家,成为农产品市场流通中强大的新生力量②。

目前,我国的农产品流通呈现一种网状结构,各个主体相当于网络组织的结点。结点(网络成员)和联结是网络组织的基本构成要素。在农产品流通网络组织中,结点就是各个流通主体,包括农户、农民合作社、农产品经纪人、农产品加工企业、农产品批发商、零售商以及物流企业等。正是这些流通主体通过各种不同形式的联结,才构成了农产品流通网络组织。

农户是农产品的生产者,是农产品流通过程的起点,是农产品流通网络组织

---

① 唐洪雷,张长森.浙江省农产品物流模式优化探讨.商业时代[J],2011(3):21—23.

② http://www.foods1.com/content/941949/.

最基本的组织成员。分散的农户可以组成专业合作社(或者农业协会),一方面可以促进农产品生产和加工,另一方面也有利于农产品销售和流通。

农产品经纪人是把农产品买卖双方联结在一起的中间人,他们为买卖双方提供农产品信息和交易服务。农产品加工企业是从事农产品加工制作的经营实体。通过对初级农产品进行加工处理,改善了农产品的性状和用途,进一步提高了农产品的商品化程度,延长了农产品产业链条,增加了农产品的附加值,从而有利于农产品竞争能力和盈利能力的提升。

农产品批发商依托农产品批发市场(包括产地批发市场和销地批发市场),通过合约等方式与农产品流通网络组织中的其他成员进行互动。农产品零售商直接与消费者交易,是农产品流通的终点。

农产品零售商承担着向消费者传递市场信息,并向上游结点(农产品批发商、加工企业和农户等)反馈市场信息的职能。农产品零售商主要包括个体商贩及各种业态的零售企业(如超市)等。

农产品物流主体主要是自营主体和第三方物流企业。农产品现代物流包括农产品的运输、仓储、装卸、包装、加工、整理、配送、信息处理等活动,形成整合的结构[①]。

自改革开放以来,我国农产品流通模式在自身实践的基础上,借鉴国外的经验,形成了具有中国特色的农产品流通模式。主要有"农户＋批发商"模式、"农户＋龙头企业"模式、"农户＋合作社＋龙头企业"模式、"农户＋供应商＋超市"模式。其中以批发商为重心的渠道模式在我国当前农产品流通模式中仍然是主导地位,但呈现下降趋势;而其他三种模式处于发展中,还有待进一步的完善与发展。同时,各种模式在渠道关系上表现出不同的权力结构、相互依赖性、渠道的冲突程度、信任度和承诺水平。

在上游,随着合作社力量的不断加强和壮大,通过合作社销售农产品将会成为一股不可忽视的力量。但也应该看到,目前全国各地拥有各类合作组织1.7万个,却仅有10%左右的农民加入了合作组织[②]。

在中游,则是大量的中间商和批发市场。大的经销商和批发市场可以向上游延伸,打造一个完整的农产品流通产业链。目前,新希望集团和北京新发地农产品有限公司合作,3年内将在北京建设1000家便利店。

---

① 夏春玉,薛建强,徐健.农产品流通:基于网络组织理论的一个分析框架[J].北京工商大学学报(社会科学版),2009(7):1—5.

② http://finance.aweb.com.cn/2011/7/20/22520110720100357330.html.

在下游,主要是超市渠道进入到上游。超市具有强大的物流体系,而唯一缺乏的就是上游稳定的农产品供应,比如沃尔玛已经在大连等地建设了自己的供应基地。而另外一种模式则是超市与上游的合作社进行对接,即"农超对接",也是未来农产品流通发展的主要趋势。

总体而言,我国农产品流通模式的关系相对不稳定,主要表现在农产品流通模式中的权力不平衡性,渠道权力严重向批发商和龙头企业倾斜。导致渠道中权力失衡的主要原因在于农户分散且实力很弱,营销水平低,在农产品销售上对批发商和龙头企业存在很大的依赖。因而,我国现有农产品流通模式中的冲突时常发生。这种冲突体现在两方面:一方面,农户与批发商或龙头企业的相互不信任,存在投机心理和机会主义;另一方面,农户与批发商或龙头企业的相互承诺水平低,双方都面临着较大的毁约风险,特别是在农产品价格波动幅度较大时。可见,我国现有的农产品流通模式中存在诸多的问题(如表 3-1 所示),如渠道权力失衡、渠道冲突经常发生、信任度和承诺水平较低等,这些都严重影响了农产品的流通,制约着我国农村经济的发展,因此需要对我国农产品流通模式进行优化[①]。

表 3-1　我国主要农产品流通模式特点比较

	权力结构	依赖度	冲突程度	信任度	承诺水平
农户＋批发商	低度均衡	很低	较低	很低	很低
农户＋龙头企业	低度均衡	很高	高	较低	较低
农户＋合作社＋龙头企业	相对平衡	较高	一般	一般	一般
农户＋供应商＋超市	低度均衡	高	较高	较高	较高

注:有的批发商和供应商是同一主体。

3.3.1　农户＋农产品批发商

批发市场作为农产品交易的主要载体,目前在中国农产品流通中发挥着重要作用。在批发市场体系中,农户直接进入市场交易的是产地批发市场。它通常位于某种农产品的产地,农户作为农产品的专业生产者直接进入市场与农产品批发商进行交易。由于批发市场的开放性,农户通常能够以较低的成本进入或退出市场,与批发商的交易也是一次性的,交易完成之后双方的权利和义务关系即告完结,交易双方都在寻求每次交易的利益最大化,并不着眼于长期交易关

---

① 梁海红.渠道关系视角下我国农产品流通模式优化研究.改革与战略[J],2011(4):88—90.

系的建设,交易对象频繁转换。因此,在农户—农产品批发商这一渠道中,渠道关系中的权利结构是低度均衡的,交易双方彼此之间的依赖度均很低,交易进入与退出的壁垒也很低,并且由于市场的开放性,双方对市场价格的影响均较小。

此种渠道的权利结构决定了这一渠道运行的相对低效率:首先,农户作为市场交易主体规模小而数量多,这就增加了交易的次数和交易成功的难度,每一次交易都需要寻找、确定交易伙伴,进而达成交易,增加了交易成本;其次,由于单位交易主体的交易规模偏小,增加了作为市场价格的被动承受者——农户的市场风险;最后,位于农产品产地的批发市场作为交易的载体无法提供农产品加工、处理等功能,在分散的农户加工处理能力有限的情况下,农户只能得到农产品价值的一部分,无法实现农产品的增值。

在此举例,作为农产品批发商又存在什么困惑?

中小流通商无法起到稳定市场的作用,但大型农产品中间商在国内却少之又少。2003年,济南金王食品有限公司总经理王怀清投资500万元,建立自己的农产品流通体系,向超市配送蔬菜。但很快该公司就意识到,单纯经营第三方物流难如登天。

与国外农产品种植多是大型农场不同,国内蔬菜种植却是一家一户分散经营,即使部分合作社,种植规模也只有数百亩。一旦向超市供货量达到一定的规模,如何约束农户少用农药化肥,如何保证每天蔬菜供给的数量、质量,如何确保蔬菜安全、可追溯,都成了棘手的难题。

王怀清意识到,蔬菜的季节性强,成熟期较为集中,但物流公司在全年的供给却要求均衡,如果无法形成种植、物流一整条产业链的话很难保证对下游客户的供应。无奈之下,金王食品有限公司不得不分散人力、物力和财力,在济南商河县建起基地,自行种植绿色糯、甜玉米及西兰花、洋葱等。可这一来,流通体系的扩容大大减缓。

最初,济南金王食品有限公司主要是向国内超市、商场供货,但王怀清很快发现,国内的终端卖场数目众多、规模弱小,市场散乱。与之相反,单个出口订单往往要比国内客户大数十倍。

与国外客户相比,济南金王食品有限公司在国内市场的位置与之十分相似。许多国家的农产品物流的主力都是实力雄厚的流通企业,这些国外流通业的同行将农产品进口后,再分销给当地大型连锁超市。可反观我国,不仅上游种植是一家一户,下游终端市场也缺少跨区域的大型连锁卖场。这也制约了大型专业农业物流企业的发展。目前,济南金王食品有限公司70%以上的产品外销,内销只占不到30%。

国内农产品流通市场的散乱，更是增加了流通环节和成本。如西兰花总成本每斤只有1元左右，可超市价格却高达三四元一斤；菠菜收购价每斤一般不超过两三毛，可超市标价却常常在每斤2元以上。即使白菜、土豆在原产地价格一降再降，可终端卖场的售价仍然居高不下。

王怀清有着自建销售专卖店的想法，希望通过直销进一步降低蔬菜的成本，可自建店投入巨大、成本太高。济南金王食品有限公司每年的营业额不到1亿元，即使在局域内形成专卖店网络，也很难进一步扩大规模。

3.3.2 农户+龙头企业

"农户+龙头企业"这一组织形式通常也被称为"订单农业"。龙头企业通常由农产品加工和销售企业充当，因而它们也是直接与农产品生产者进行交易的流通组织。在这种渠道关系中，按照双方签订的契约界定权利与义务，农户按照契约生产指定品种和数量的农产品，而龙头企业则按照契约专事农产品的收购、加工和销售，并为农户生产提供相应的服务。相对于批发市场中农户与农产品批发商的交易而言，这种渠道关系相对稳定，在维持农户作为农业生产基本组织单元的独立性与自主性的同时，发挥了龙头企业加工、销售农产品的优势，联结农户进入市场，从而与农产品加工和销售的规模性相适应，在某种程度上缓解了"小农户"与"大市场"之间的矛盾。

但是，在这一渠道关系中，理论上渠道权利结构是严重向龙头企业倾斜的。首先，从农产品的交易额来看，农户与龙头企业之间的农产品交易额几乎是农户的全部收入，而单个农户提供的农产品在龙头企业收购的全部产品中所占的比例却是非常小的，这导致了农户对龙头企业的强烈依赖。其次，从交易对象的稀缺性来看，由于农产品的同质性，生产相同产品的农户在龙头企业看来是完全可以相互替代的；而对于农户而言，对特定农产品收购和加工的龙头企业却是相对稀缺的，这再一次造成了农户对龙头企业的强烈依赖。但是，在现实运作中，由于农产品价格受诸多因素的影响而多变，因而出现了在履行交易契约时总会有一方采取机会主义的违约行为的现象：当市场价格高于协议价格时，农户存在着把农产品转售给市场的强烈动机；而当市场价格低于协议价格时，龙头企业则更倾向于违约从市场上收购。有调查显示，中国订单农业的履约率仅为20%。

3.3.3 农户+合作社+龙头企业

这种渠道结构是对"农户+龙头企业"这一结构的完善与矫正。在这一结构中，仍然由农户分工负责指定农产品的生产，龙头企业分工负责农产品的收购、加工与销售,只是农户与龙头企业之间不再直接订立契约,而由农户自己组织的农产品流通合作社充当农户与龙头企业交易的中介,由合作社代替分散的农户与龙头企业签约。合作社在这一渠道结构中所起的作用表现为以下几个方面:一是通过契约与龙头企业约定农产品的生产数量及主要的品质和技术指标,并将生产任务分配落实到各个农户;二是在农产品生产过程中为农户提供各种服务;三是在农产品收获后(与龙头企业一起)进行农产品的验级、收购,并将企业的收购款分发给各个农户。由合作社作为农户与龙头企业交易的中介组织进一步提高了交易关系的稳定性,并提高了渠道的运行绩效。

3.3.4 农户+供应商+超市

"农户+供应商+超市"这一组织形式通常也被称为"农超对接",它是推进统筹城乡市场发展的具体实践,其实质是农产品供应链条的优化。在这个模式中,超市利用自身在市场信息、管理等方面的优势参与农业生产、加工、流通的全过程,为农业生产提供技术、物流配送、信息咨询、产品销售等一整套服务,从而成为农户与市场的纽带,将农户的小生产与大市场有效连接起来,发挥流通带动生产的作用,促进农民增收。"农超对接"从形式上突出了农商产销职能的进一步分离,但更强调了内在机制上关联度的统一和资源的整合,是农副产品流通体系的一种创新,有助于构建适合我国基本国情的农产品现代流通体系。

3.4 鲜活农产品主要流通渠道特点比较

3.4.1 农产品超市

"农超对接"成为近几年发展起来的现代农业新引擎。通过它,清晨摘下的新鲜果蔬,几小时后就可摆上超市货架。这种产销对接形式在大江南北迅速发展,并不断派生出农校对接、农企对接、农批对接等多种形态。2008 年,商务部、农业部发出《关于开展"农超对接"试点工作的通知》;到 2011 年底,中央财政总共安排 7 亿元,在 19 个省市支持 1000 多个农超对接试点项目,对接合作社突破1.56 万个。加上"全国农产品金秋展销行"等形式,实现了全国联动,有效联结。仅农业部每年举办对接活动就达 700 多场,实现贸易成交额 3000 多亿元。

(一)保质期引发的自然损耗大

鲜活农产品是有生命的有机体,除少部分有后熟作用的农产品外,其他的自从被采摘离体后,就开始走向腐烂,所以鲜活农产品上架寿命短,特别是一些多汁鲜嫩的菜蔬,自然状态下,堆放在货架上不到半天,就失水,开始腐烂;而且对于鲜活农产品来说,其不比工业食品,有特定的保质期,在保质期内,工业食品基本不会发生自然的损耗。鲜活农产品的保质期并不固定,就是同一产品一同采摘上架,保质期也并不固定,有长有短,取决于采前生理和采后保鲜。人们买鲜活农产品,主要凭感官判断,也就是平常所说的新鲜度,而对于鲜活农产品的新鲜度,目前尚无统一确定的标准;但是,只要从表面上看,鲜活农产品一旦出现失水、打蔫,货架期就开始快速缩短。

(二)人为过度挑选造成的损耗多

因为超市售货的特点,顾客在货架上自由挑选,对于包装好的商品,损耗不大,但对于大多处于散装状态的鲜活农产品,损耗却表现得很突出。有部分顾客,在超市买鲜活农产品时,喜欢用手掐、捏,然后选嫩去老,甚至去根、去叶、去皮。这类顾客虽然数量不多,但也会造成较大损耗。一方面,被剔下的部分无人再买。另一方面,没被剔下枝叶等的农产品,也因遭受了摸捏掐翻折等,而加速腐烂,老化变质。另外,这种现象如果不及时制止,那么就会影响其他顾客,产生两种心理:一种是不喜欢购买被挑选过后剩下的产品,从而放弃购买该商品;另一种是觉得自己不这样挑选就不合算,因为付同样的钱,过度挑选的人买的是极鲜极嫩的产品,而自己买的却是平均产品或被挑下的掐嫩去尖的产品,有吃亏的感觉。所以,不要因为过度挑选的人并不占多数,而忽略它的不良影响。

(三)屡禁不绝的超市偷盗行为多

虽然现在监视安保措施越来越严密,但新的手法往往层出不穷,特别对于鲜活农产品偷盗,更有特色,往往令人防不胜防。对于鲜活农产品的偷盗行为,主要有这两种。一是采用更换称重标签的形式,用量少价少的标签,替换量多价高的标签,但商品却一样,让人不易察觉。如先挑选 0.1 克姜或蒜,称好重量打上条码之后,再去挑拿更多的同类产品,将以前打的标签贴在后选的货物上,堂而皇之地进行偷盗。二是夹带。因为鲜活农产品多是没有包装,需要顾客自己选好商品自己装进塑料口袋,有少部分顾客会在自己装好的一大包菜品里,夹杂一些少量的其他价高的产品,如在一大堆叶菜里放一些价高的芫荽等。

(四)积压损耗鲜活农产品因其货架寿命极短

一般是数天甚至一天半天销售不出去就会造成积压,只好降价销售,甚至降价也无法销售出去。只要在它的货架期未销售出去,这部分积压的产品就损失了。这部分损失占的比重相当大,可以说是超市鲜活农产品的主要损耗之一。对于没做到精细管理的普通超市里,会很容易看到货架下堆放着一堆堆散发着腐败气息的过时菜蔬。而在农贸市场,这种成堆的因未及时卖出而损失的菜蔬,更是常见。

(五)鲜活农产品的物流链不完善

从田间到超市,鲜活农产品的供应链有很多不科学的地方。首先在采摘时,不同的产品应该选择不同的环境条件进行,每种产品要有它合适的温度、湿度和光照等,否则,在不恰当的时候采摘,会影响它的采后生理。但在这条供应链的源头,很多情况下都没有认真考虑采摘生理,较多的是考虑运送货物时间上的方便,从而在不恰当的时间采摘,造成采后损耗加大。在运输过程中,大部分采用的是常温普通物流,没有进行冷链运输,更没有进行采后及时预冷。而且,在运输工具和路线等方面的选择上,喜欢选择超载,少交费的路线,装载量大的运输工具,这样往往因为路况不佳或装运不合理等造成运输途中的损耗。而一些运输途中的损耗,在产品进超市后才迅速表现出来,如压伤等。另外,装卸过程往往简单粗暴,造成伤害。这些在进超市之前的供应链的不科学不完善,虽然不是在超市里造成的,但是,它却不仅造成直接的该条链上的损耗,也大大增加了产品在超市里的损耗。

(六)观念制约管理效能

鲜活农产品进超市是近几年的新鲜事物,过去几十年的习惯都是在农贸市场买卖蔬菜,所以大家已习惯在时时充满污水、烂菜叶、一堆堆腐败变质的菜蔬里购物,长期形成习惯,觉得鲜活农产品损耗是很正常很自然的现象。殊不知,超市和农贸市场是不同的两个系统,它们的基本盈利方式都不一样,超市若以农贸市场的心态来经营超市农产品,在农贸市场很可能会获利,生存下来,但在超市则不行。所以,实际上,很多超市的鲜活菜蔬,并不图利,大多数图吸引人气。但这种状况决不能长久,必须改变,以不同于农贸市场的情况来经营超市农产品。而且超市经营管理人员经验不足,毕竟在我国才几年的时间,还没积累足够的经营超市农产品的经验,有的都是照搬农贸市场的经营方式,但这不适应农超的发展[①]。

3.4.2 农产品批发市场

目前,我国"农超对接"等新型的农产品流通模式已经起步,但与小农经营模式仍不相适应。在农产品流通渠道中,批发市场仍占主导地位。据商务部的调查数据显示,目前我国共有农产品批发市场4500多个,承担起70%以上的农副

---

① 施浩然,杜文.超市鲜活农产品的损耗控制.安徽农业科学[J],2011(11).

产品流通任务[①],在部分大中城市,这一比例超过 80％[②]。农产品批发市场作为农产品流通的主要渠道,对保障城市供应、解决农产品"卖难"问题起着重要作用。据资料显示,目前我国农产品经过批发市场进行流通的比率高达 70％～90％,而日本为 60％～70％,欧洲为 50％,美国只有 20％。

（一）缺乏全国统一规划,管理有漏洞

目前,我国尚无全国性的农产品批发市场发展规划。整体上看,我国批发市场布局不尽合理,部分地区市场重复建设、恶性竞争严重和部分地区网点不足、"有场无市"的现象并存。但今后相当长时期内,我国小宗农产品产地批发市场的"集货"功能和销地批发市场的"散货"功能仍将是不可或缺、不可替代的。

行业主管部门多,导致多头管理。目前国家各部委对农产品批发市场发展都比较重视,出台各项政策扶持农产品批发市场建设。但是管理部门多,各部门管理一方面存在交叉,同时又有空白点。比如,市场存货量不透明,价格信息不公开;没有严格的市场交易规则,市场主体既无市场参与资格的审定,也无业务领域范围的明确规定,欺行霸市现象时有发生,假冒伪劣甚至带毒的商品难以清除[③]。

（二）缺少准入、退出机制,市场实际运营负担沉重

由于缺少农产品批发市场的准入、退出机制,我国农产品批发市场恶性竞争事件频发,不仅给竞争双方造成较大的经济损失,而且对农产品的稳定供应产生不利影响,从市场波及上下游农产品经销商、消费者、生产者等多个环节。同时,也带来了土地资源的极大浪费,有些房地产开发商以建设市场的名义圈地,经营几年、甚至根本不经营就转营其他。

目前,我国农产品市场建设以民营投资为主,虽然近几年国家和一些地方政府加大了扶持力度,出台相关政策,积极投入支持资金推动农产品批发市场升级改造,但仍然不够。

（三）交易设施及交易手段落后,市场供方的议价能力低

我国很多农产品市场交易设施简陋,交易手段落后,管理水平低下,很难充分发挥商品集散、形成价格、传递信息、保障安全等市场基本功能,只是承担着交易场所的功能。

我国产地批发市场中的买方主要是长途经销商,他们从产地市场长途贩运到销地市场销售;城市销地批发市场中的买方主要为二级批发商、零售商贩和一

---

① http://www.farmer.com.cn/zt/sbd/bd/201208/t20120820_740600.html.
② http://news.xinhuanet.com/fortune/2012-02/29/c_111585873.html.
③ 樊端成. 对我国小宗农产品市场建设问题的探讨. 农业现代化研究[J],2011(3):184—186.

些大型超市。批发市场中的长途贩运商、二级批发商和零售商贩以个体为主,目前数量较多,但其正逐渐向公司化、规模化、正规化发展,未来数量上会有所减少,经销规模会逐步增大;购买量大是大型超市作为买方的主要特征。农产品批发市场是一个公开的交易场所,通过信息及时发布,所售产品和价格一目了然,买方很容易了解市场行情。此外,现在买方越来越成熟、越来越理性,其忠诚度也较低。所以综合上述因素,我国农产品批发市场中买方的议价能力总体较强。

在农产品批发市场的供方中,数量众多,规模相对较小,但随着供方发展及其组织化程度的提高,供方能力在逐渐增强,数量有减少趋势。在产品标准化方面,我国农产品标准化程度低,缺乏统一公认的等级划分标准,产品质量主要凭借经验判断,主观因素胜于客观标准,继而降低了供方的议价能力。此外,我国已经有很多农产品批发市场开展了与农产品生产基地的合作,其中一些批发市场还发展了自己的农产品品牌,市场供方的议价能力会日益降低。

同时,供方和市场之间的交易是公开的,从这方面讲供方的议价能力较弱。综合上述因素,我国农产品批发市场中供方的议价能力总体较弱。

(四)面临新的替代品,存在竞争压力

一般来说,在一个行业中,竞争对手之间的合作可以产生超额利润,激烈的竞争会导致整个行业利润下降,而在一个行业中存在大量的竞争者会降低合作的机会。截至2007年底,我国农产品批发市场总数已经发展到4150个,总体上已经处于饱和状态。同时,从全国范围来看,规模相近的批发市场很多,分布也较为集中,并且经营方式基本相同,批发市场之间竞争比较激烈。

对于农产品批发市场来说,其替代品主要为连锁型生鲜食品超市、农民专业合作社和电子商务网站等。近年来,随着农民专业合作社的发展和农民组织化程度的提高,其已有能力在农产品交易中跨越批发市场,直接与超市或其他零售终端实现"农超对接",继而对农产品批发市场构成了一定的竞争威胁。

目前,很多连锁超市仍然从农产品批发市场采购农产品。随着连锁超市等零售终端的发展,通过建立自己的配送中心、生产基地、签订订单农户或寻求自己的专业批发商,连锁超市等零售终端也将有能力摆脱对农产品批发市场的依赖。所以,连锁超市等零售终端作为农产品批发市场的替代品之一,具有中等偏上威胁等级。另外,近几年农产品电子商务交易市场也在全国各地兴起,尽管目前交易品种有限,交易制度也不甚规范,但农产品电子交易市场的地区辐射范围大,可由局部市场向全国、甚至全球的市场发展。

综合上述分析结果可以发现,目前我国农产品批发市场行业的吸引力较强,行业内竞争激烈程度中等并呈上升趋势。但农产品批发市场进入门槛并不高,所以未来行业内批发市场的竞争将主要在批发市场与替代品之间展开,并且可以预见随着替代品的发展完善,竞争会日益激烈①。

3.4.3　农村社会中介组织

社会中介组织可以定义为:依照法律规定或根据政府委托,遵循独立、公平和公正的原则,在社会生活中发挥服务、沟通、协调、监督、鉴定、公证、评估等中介作用的社会组织。关于什么是农村社会中介组织,可以从狭义和广义两个层面来理解:狭义上说,农村社会中介组织可以简单地理解为农村社会中的中介组织。从社会空间的角度来看,社会中介组织包括两大类:一类是农民在农村建立的社会中介组织,而另一类是城市市民在城市建立的社会中介组织。而从广义上说,农村社会中介组织可以理解为涉农的社会中介组织,也就是说,不管这些社会中介组织在空间上在不在农村,只要它们所提供的服务直接与农业、农村和农民有关,就可以称为农村社会中介组织。因此,农村社会中介组织可以定义为连接农户与农户、农户与市场、农户与政府、企事业单位,并按照法律规定或根据政府委托,遵循独立、公平和公正的原则,为农业、农民和农村经济社会发展提供服务的社会组织②。

(一)中介或经纪人

中介是由经纪人或中间人组成的主要以向客户提供中间代理服务的一种机构。农村中介是涉农企业与农民合作组织、农村个体户及农民联系的"桥梁"。在农产品流通领域,农村中介能为农民和农产品经销商提供准确的市场信息、及时的买卖商机,有效地促进农副产品的交易。农村中介和经纪人是市场经济在农村发展的产物。目前,我国农村经纪人已发展到 600 多万人。正是这些曾被称为"农产品贩子"的购销大军,成了搞活农产品流通的重要市场中介,全国80%的农产品是经他们的手迈开流通环节第一步的。

在北京新发地,有"精品水果第一人"之称的赵跃升,是我国改革开放后的第一批农村经纪人。从 2001 年进驻新发地开始,他的生意越做越大。2003 年,台湾水果首次走进新发地,他成了第一个代理商,如今他的合同已签到国外。

2003 年始,国家进一步重视农村经纪人的培育。当年 8 月,国家劳动和社会保障部颁布职业标准,为农产品经纪人职业培训提供依据;同年 12 月 23 日,农业部下发《关于加强农村经纪人队伍建设的意见》;2005 年 8 月 2 日,回良玉

---

① 丁建吾.我国农产品批发市场竞争状况及发展趋势.中国经贸导刊[J],2011(10):36—38.

② http://www.studa.net/xueke/110616/14563289.html.

副总理作出批示："农村经纪人是市场经济发展的必然产物,是繁荣农村市场的重要力量。"

其实中介或经纪人的角色也并非像想象中那么简单,在此举例。

林金龙是山东金乡一家规模较小的贸易公司老板,以往大蒜生意总能让他每年赚个二三十万元。可如今,他却感叹道,蒜价越来越离谱,风险越来越大。

金乡县有着"中国大蒜之乡"的美誉,是我国最大的大蒜生产和交易中心,占全国产量的20%,占全国出口量70%。"金乡,金乡,大蒜如金,致富全乡。"这里的蒜农把大蒜当作"金疙瘩",看成是致富的希望,想从他们手中承包土地,成本很高。至今,金乡蒜农守着家里三五亩地,具备规模的种植大户凤毛麟角。

种植的分散给林金龙这样的贸易商收购大蒜增加了难度。每到收获的季节,林金龙总是走街串巷、挨家挨户上门收购,磨破了嘴皮,一天也只有上千斤的采购量。

从2008年开始,金乡蒜价经历了几度大起大落,每当牛市到来,总有蒜商一夜暴富;每当暴跌,总听到有老板血本无归。

大起大落的行情,让林金龙心惊肉跳,他手里的资金不多,每年收购大蒜不足百吨。稍有闪失,多年的心血就会付诸东流。在他眼中,暴涨暴跌行情并不是供求关系的真实体现。金乡是大蒜的主产区,直接影响着全国的蒜价。一旦金乡产量较之往年有所增减,就造成局域内形成一种供需失衡的错觉。但他坚信,即使不把出口考虑在内,在全国范围内来看,农产品很难产生真正的过剩。

大蒜分销体系向其他农产品一样存在明显的分层。规模稍大的流通商都追逐于出口订单,在国内打拼的则是像林金龙这样规模较小的流通商。大的贸易商抗风险能力强,希望市场稳定地增长,而中小流通商投机者多,反而会加速市场的震荡。

(二)农业合作社

农民专业合作组织是从事同类农产品生产、经营的农民,以不改变农民财产所有权为前提,以"民办、民管、民享"为根本目的,根据参加自愿、退出自由、民主管理、盈余返还等原则,按照参与者共同制定的章程共同从事生产经营活动的经济组织。专业合作组织成员通常按股加入,实行民主管理。专业合作组织与成员的交易是不以营利为目的的,而与其他经济主体的交易才以营利为目的。专业合作组织的盈余,除了一小部分留作合作社共有财产外,要按照各种方式进行二次分配。

农民专业合作组织对于农民增收的积极作用主要体现在以下几个方面:

第一,既有利于中小农户规避风险、增加收入,也有利于农村大户的发展生产、规模经营,因而深受广大农民的欢迎,具有强大的生命力。许多农民专业合作组织经营效益良好,组织形式比较规范,农民增收显著,并吸引越来越多的农户积极参与到合作社中来。

第二,推动了农业经济质量的全面提升。通过专业合作组织实现农产品的标准化生产,降低了生产和交易成本;通过试验、应用新品种、新技术,农民产生了学习和掌握先进农业科学技术的强烈需求,形成了从根本上转变农业增长方式的重要条件;通过注册商标,制定生产和安全质量标准,提升了农产品品牌和市场竞争力;通过一部分具有较强经营能力的合作社领导者的努力,使农产品成为具有较高附加值的商品,从而给农民带来较高的经济效益。

第三,农民专业合作组织是在家庭联产承包制度基础上的一次农村体制创新,是把分散经营的小生产性质转化为社会化生产的尝试和进展,有效地促进了农村自然资源和人力资源的整合,提高了农民组织化程度,必将成为我国在全社会建设完善的社会主义市场经济体制的重要条件。

许多农村地区的实践已经证明,中共中央、国务院颁发的《关于促进农民增加收入若干政策意见》写进关于鼓励发展农民专业合作组织的这一政策措施是完全正确的,也必将成为从根本上解决"三农"问题的重要途径。

相比经纪人和农产品运销专业户构成快车的基础部件,农民专业合作社、供销合作社及龙头企业,则当仁不让成为农产品流通的主力军。2004 年中央 1 号文件鼓励发展各类农产品专业合作组织,搞活农产品流通;2007 年《农民专业合作社法》实施,助推合作社蓬勃发展。我国农业产业化也由点及面,推进到持续发展提高的崭新阶段。其中龙头企业提供的农产品及加工制品占到了主要城市"菜篮子"产品供给量的 2/3。

邮政物流企业、粮食流通企业、大型商贸企业是流通主体的有益补充。政府及各行业协会作为政策制定者和体系保障者,发挥了重要作用。农业部党组成员张玉香全程组织了从 2003 年开始的九届中国国际农产品交易会,这一国家层面的交易会已成为展示发展成果、实现交流合作的农业会展经济标杆。她说,去年第九届农交会成交额 602 亿元,再创历史新高。除此之外,农业部每年支持各地举办 30 多场农业会展,已初步形成国际性、全国性、区域性相衔接,综合性、专业性相补充的会展营销体系。

3.4.4　农产品电子商务

我国的农业正处于传统农业向现代农业转变,从计划经济向市场经济的转变,其突出矛盾是农户小生产与市场大流通之间的矛盾。但随着我国加大对"三农"政策的投入,农业电子商务有了长足的进展。据相关资料,目前全国涉农网站超过了3万家。总体看来,我国农业电子商务还处于起步阶段,农产品电子商务正向个性化、专业化、区域化以及移动化的趋势发展。但诚信体系建设、客户关系管理、信息安全保障等问题突出,尚有许多问题需要深入研究和探讨。目前,我国农产品电子商务存在的一些问题有:

(一)农民对于电子商务的认识落后

中国作为农业大国,农村人口众多,农村人口大约占总人口的60%,相对发达国家人口素质低,农村人口相比城市人口教育程度低,城市教育的发展远远超越了农民教育的发展,从事农业生产的人口文化素质更低,这样就造成了农民对于电子商务的认识比较落后,同时也受传统思想的束缚,转变传统观念还需要一段时间。

(二)农村互联网基础设施落后

作为一个发展中国家,城市的建设占据了大量资金,对农村建设的投资相对较少,农村的信息化建设资金投入更少,目前农民获得信息主要是通过手机和固定电话,及其他口头方式,农村的信息化程度特别低,现有的基础设施落后。虽然在一些经济发达的农村加快了网络通讯设施建设,但难以适应农产品电子商务发展的需要。

(三)农村上网人数较少

中国互联网络信息中心调查数据显示,截至2009年12月底,我国农村网民规模达到10681万人,较2008年底增长2220万人,年增长26.3%,虽然增幅较大,但是城乡之间网民数量及普及率差异巨大,农村网民仅占相应农村人口的2.6%,不到全国平均水平的35.0%。我国农村网民数量只是城市网民数量的20.0%,而农村网民普及率仅是城市网民普及率的15.0%。而且农村网民中绝大部分是农业管理与技术人员及年轻人,真正从事农业生产的农民上网的非常少。使得广大从事农业生产的农民不能从信息时代的主干渠道获取信息,还停留在传统的电视、广播方式上。

(四)农民对于网络电子结算认识不足

当城市市民在享受网上银行、电话银行带来的便利的时候,农民却对此知之甚少,甚至觉得网上销售是天方夜谭。在广大农村,农民还是应用传统的结算方式,实时性非常差,花时间,花精力,如依靠农村信用社等金融机构进行资金的结算。实现农民网络结算方式还要经过很长一段时间的引导、教育和体验,让他们真正了解到网络结算的便利、结算速度快等优点。

(五)农村电子商务人才缺乏

中国农民的文化素质在不断地提高,但相对于城市化发展,从事农产品生产者的教育程度还是较低,对于新事物、新信息的接受程度和理解能力较为有限,更不具备对农产品电子商务的操作能力。

农村有知识和具有创新精神的年轻人一般选择经济发达地区打工,留在农村进行农产品生产的很少。当代大学生,不论是本科还是高职毕业的电子商务专业人才都不愿意去农村,使得农村电子商务人才奇缺[1]。

我国农产品电子商务技术发展的制约因素有几方面:

一是由于经济地域等原因,农村的互联网普及率较低,农民上网困难,同时他们对网络本身的认识不足、接受和应用能力较差,对电子商务的商机与所带来的利益认识不够。

二是我国农业生产模式大多是一家一户的小农经济的生产经营,导致农民的组织程度分散、生产加工能力不高、效率偏低、产业的集约化程度不足,质量标准体系难以形成。

三是我国的农业发展远远滞后于工业的发展,政府职能的转变落后于农产品流通发展的需要,同时受计划经济思想观念影响较大,缺乏着眼于长远考虑的农产品流通发展的整体规划,不能很好地建立促进农产品流通的政策体系。

四是农业生产涉及大量信息,包括自然环境和社会经济等,而我国幅员辽阔,地区差异大,缺乏大型实用数据库用以分享信息。

五是由于电子商务涉及资金安全、信息安全、货物安全以及商业秘密等众多问题,很难建立起良好的商业信誉。

3.5　我国农产品流通存在的问题

据了解,我国传统的农产品流通模式经过多级批发、多级零售,每一个环节均至少加价 $5\% \sim 10\%$,这些成本最终都会转嫁到零售价格中。而且,近年来农产品流通"最后一公里"现象不仅没有缓解,还有愈演愈烈之势。

在北京新发地市场,农产品从批发市场到城市超市、菜市场等零售终端,这一过程价格可上涨近 1 倍。近几年,批发市场摊位租金和普通生活用房价格节节攀升,加上人工费用、油价等成本也不断上涨,这些都推高了农产品价格。

造成目前这种尴尬局面,主要出在四"低"上:一是产销衔接比重低,产销双方没有形成长期稳定的供销合作关系,"结果农产品生产不是少了,就是多了"。二是产销组织化程度低,"农产品生产主体是农户,经营商户也多是自然人,产销

① 张党利,李安周,李海平.农产品电子商务模式创新.湖北农业科学[J],2011(7):2974—2978.

双方难对接,必须通过中间环节,流通效率当然低"。三是农产品流通现代化水平低,"多数农贸市场、批发市场基础设施仍然落后,在电子结算、信息整理、检验检测、仓储物流、冷链运输、加工配送等方面不完善"。此外,农产品流通公益性地位低,"农产品流通服务理应是一个微利经营的准公益性行业,但实际情况是一般的社会资本不愿投入,投入要求高回报,从而抬高农产品价格"。

3.5.1 北运果菜产区实例分析

在此对一个实例进行分析——全国重要的北运果菜产区,来了解我国农产品流通的现状。

广东省湛江市,由于其具有得天独厚的自然资源条件,冬季种植的蔬菜种类不仅单产高,而且品种多、质量好,在北方市场上具有较强的竞争力,其中九成外销,一成自产自销,成为名副其实的"南菜北运"生产基地,以辣椒、茄瓜、香蕉、菠萝等为主要品种的湛江蔬果,行销北方、长江流域及港澳地区冬春淡季市场,为保障全国蔬果均衡供应发挥了重要作用。

湛江地处中国大陆最南端,蔬果主要销往北方,因此流通成为必须考虑的重要因素。那么,每年数百万吨的蔬果是如何从湛江流向全国各地的呢?

贮藏保鲜和加工,被称为农产品再生产过程的二次经济。美国、荷兰等农业较为发达的国家,都把产后加工放在了农业首要位置,在农产品贮藏保鲜中多用气调库冷藏保鲜,减少损失率,提高产值。而从目前湛江农业领域来看,这一块少有企业涉足,且规模都很小,并不能满足市场需求。

其实,不光是加工保鲜和收储环节力不从心,在湛江,作为现代市场经济血脉的流通业整体处于初级发展阶段。目前,湛江全市共有 14 个北运菜专业批发市场,但大多设施简陋、配套不全,只是提供固定档口,每年经营时间仅 4—5 个月,每个档口年租金为 0.6 万～1 万元,损耗大,回报率低;产区和专业批发市场产品检测率不足 30%,溯源体系不健全;自有品牌少,包装杂乱,多用外地客户指定的包装;流通环节投资严重不足,流通体系不健全,标准化水平低。如何"活血化瘀",是摆在湛江农业面前的一道难题。

农产品流通环节的利益各方,也对构建现代流通体系充满期待。对于外地客商来说,通过中介人或中介组织进行田头交易,方便快捷,但缺乏安全感,无法与产区直接建立长期稳固联系,货源不稳定;产品未经检测,质量安全无法保证,加上没有加工冷冻设备,增加了流通成本。因此,他们普遍希望有一个具有配套齐全的市场服务功能的交易平台。

对于菜农和果农来说,田间地头交货的流通方式虽然方便,但主动权在中介人手中,基本上是买方市场,容易造成"卖难"和"菜贱伤农"的现象。如果有交易市场,价格可以公开透明,卖主可以自由选择交易。

对于本地从事外运的业主来说,既有人担心流通专业市场的出现会冲击现有业务,但也有不少人认为,市场建立起来后,更有利于企业规范化运作和业务拓展。因此,危与机并存,有丰富的物产做资源保证,有迫切的现实需要提供契机,发展流通专业市场或可为湛江现代农业发展打开一条新路。

与种植领域聚集着大量社会资金相比,农产品流通环节的投资显得比较冷淡。受上游种植和下游终端渠道分散的制约,注入湛江农产品流通领域的资本并不多,鲜有规模流通企业或平台诞生。

专业化分工,是一个产业规模化、现代化的标志,流通行业也不例外。以日本为例,在流通环节唱主角的批发商大多是资金雄厚、规模庞大的株式会社。即使农产品价格有波动,流通链也可弱化或消化市场压力。反观自身,目前全市从事蔬菜运销的企业有 500 多家,中介服务机构 2000 多家,从业人员超过 26 万人,在全国 20 多个省市设立了近千家营销网点,但小而分散是普遍特征,有的企业构建了从属于自己的农产品流通体系,但规模小,无法抵御市场波动的风险。

因此,面对数以百万吨计的庞大蔬果市场,湛江需要一个实力雄厚、功能齐全、高效运行的专业流通平台,将农业生产和市场消费更合理地连接起来。

3.5.2 农产品供应链构建中的几个误区

误区一:在管理理念和方法选择方面——农产品供应链由"推式"转变为"拉式"。

推式供应链是以农产品生产为中心,以农产品生产商为驱动源点,逐渐向下游分销商、批发商、零售商一直到消费者推进的一种运作模式。拉式供应链是以消费者为中心,通过对市场和消费者的实际需求以及对需求的预测来拉动产品生产和服务的运作模式。

工业产品供应链构建不同于农产品供应链,只要具备一定的技术、资金等条件,根据市场需求情况,在预定的时间内即可完成生产并销售。而农产品供应链尤其是蔬菜、水果、粮食等农作物的种植、收获有季节性、地域性和时间性,与市场需求存在一定的时间差,同时,农产品需求波动性不大,且"拉动模式"对供应链上各节点企业的灵活性要求较高,而农产品不易储存且季节性强。因此,实现完全的"拉动模式"是不现实的,也是没有必要的。而只有在农产品供应链的环节插入"拉式",如在农产品流通环节,根据市场情况提供适当的增值服务,如清洗、加工、采摘、切片等,从消费者的需求出发,采取推拉相结合的供应链驱动模式,才能提供丰富、安全、多样化的农产品。

误区二:在供应链组织方面——偏向发挥大型流通企业在农产品供应链中的主导地位。

一条供应链上核心企业的确定由产品生产特性、市场流通方式、企业的实力等多种因素决定。核心企业对供应链上其他成员具有吸引、辐射等作用,在供应链上具有重要的影响力。由于核心企业的高素质性——协调能力、信息交换、调度能力、竞争力等,加上我国农业生产中农户个体经营的分散性、信息缺失性等,因此,各类专家学者提倡发挥大型流通企业的主导作用,而忽略了将农户发展成供应链主体的可能性和重要性。

(1)农产品企业和农户作为供应链主体的重要性。

农产品不同于其他商业产品,属于菜篮子工程,关系农民利益与广大消费者利益。因此,供应链的构建过程中仅仅依靠市场机制是不公平的,它将背离供应链利益分配机制的本质,大大影响了农户收入以及农村经济发展,挫败了农户的生产积极性。因此,必须多渠道构建农产品供应链,打破垄断结构,更多地关注农户利益。

(2)农产品企业和农户作为供应链主体的可能性。

某些农产品企业和农业种植大户,掌握着农产品种植和养殖的特殊技术,具有独创性、稀缺性,成为供应链企业上不可缺少的主体环节。如四川攀枝花与台湾丰本生物科技公司成功开发的营养价值极高且具有延缓衰老、增强体质、美容养颜等功效的"村坡"蚂蚱鸡、蚂蚱鸭,顺利通过了美国绿色食品协会的认证,并与美国卡尔夫公司签订了供应合同,由其向美国高层宴会餐厅供应产品。因此要大力发展精品农业、特色农业、技术农业,推出新品种,创新农产品,引导供应链企业的发展。

大型生产组织(农场、牧场、农业协会)等具有一定实力的企业,引入质量标准和管理体系,增强竞争力,保证农产品质量和安全,并通过"订单农业"、"合同农业"等方式建立稳定的渠道关系。在条件允许的情况下,渗透加工、销售、物流、信息等增值环节,提高自身的影响力和利润率。山东寿光就是典型例子。其"公司+基地带农户"的生产模式,实现了"农业农场化、农民职工化、生产基地化、产品标准化"的农业产业化的"四化"发展模式,在蔬菜生产和经营上实现了新的突破。寿光市场把农场化经营作为推进蔬菜标准化生产的根本,积极探索土地集约经营的路子,他们采取反租倒包、招标承包、使用权拍卖等方式,依托龙头企业、技术能人、涉农部门等创办农业园区,鼓励农民以技术、资金等入股,激活各种生产要素,集聚各类资本,大力发展种养加、贸工农、科研开发及观光旅游为一体的集约经营,在寿光市场的带动下,寿光市形成了500多个特色鲜明的现代农场。

误区三:流通中市场机制方面——过分强调利用市场化的手段来完善农产品供应构建。

部分学者将农产品供应链的不成熟原因归于市场不成熟,提出建立批发市场、发挥行业协会的协调功能等市场化手段来完善供应链。这种观点有失偏颇。原因可以从以下三个角度来分析:

(1)从农业生产与农村经济发展的角度考虑。

从农产品供应链的生产环节考虑,我国农产品生产以小农用户为主,基本实行手工操作,机械化程度不高,经营规模小、并且大多直接依赖于农业产出维持生存需要。其自身文化水平低,在销售过程中处于被动地位,讨价还价能力很弱。因此,必定成为供应链上的弱势群体和环节,不足以与市场经济中大型流通企业抗衡。

从农村经济的角度考虑,农业是关于农村经济的大事,而我国农业生产零碎、经营分散,没有集散平台,通过市场无形的手分配价值无疑影响了小农用户的利益及农村经济收入。因此,必须提高农业生产组织化程度,建立农民合作组织,并大力发展农业技术,依靠优质农产品,增强话语权,改变与大公司博弈中的弱势地位,使农户真正成为供应链上的主体。

因此,我国农业生产的特点和农村经济发展的要求决定了不能将农产品完全放手于市场经济的大风大浪中。

(2)从农产品流通的角度考虑。

我国农产品流通从计划经济下的统购统销到市场经济下的自由流通,整个格局发生了很大的变化,也出现了一些新鲜事物,如批发市场。批发市场在流通中起着重要的作用,也暴露出很多问题,如产品质量、价格缺陷以及批发市场的定位、政府的功能等问题。

农产品是入口食品,质量安全尤为重要。批发市场里传统的眼观、鼻闻、口尝、手摸的方法不足以判断农产品的真实质量;另外,批发市场虽然作为农产品形成价格的平台,但效果却不理想,广大农户对农产品价格影响力较弱;市场价格机制作用难以充分发挥,不能真实反映产品质量的差异和其真实的价值。而由于农产品的普及性、基础性地位,需要农产品价格稳定并反映其真实价值,因此,农产品价格形成机制目前仍存在较严重缺陷。另外,批发市场作为一个营利组织要求承担质量安全检测责任,并不现实,其本身不会主动承担监督食品安全的责任,再者检测需要可观的费用,这批费用最后的埋单者又是谁?因此,对批发市场的一些公共服务的本质要进行法律定性,确定其公益性地位。

（3）从农产品消费的角度看。

农产品是人们日常生活离不开的必需品，是居民的菜篮子、果篮子中的主要内容，关系国计民生的大事。"菜篮子、果篮子"工程不仅是安全工程、绿色工程、放心工程，更重要的是"买得起"工程和"满足"工程，农产品消费的普及性和根本性说明建立农产品供应链并不能完全依靠市场，更需要政府的投入、引导、规范和建设力量。需要指出的是，农产品流通在国际上本身就没有哪一个国家完全将其放在市场上自由发展，因为它不仅是关系民生安全稳定的基本要素，在某种程度上可以确定其战略地位。所以，农产品批发市场不能彻头彻尾地市场化。

3.5.3 农产品流通领域存在的主要问题

从有关调查和分析得知，当前农产品流通领域存在的主要问题有：

（一）农民被隔离在农产品商业环节之外

在农产品价格连番上涨的过程中，农民并没有因为农产品价格的大幅上涨带来明显的收益。在农村，每公斤玉米农民可获得 1.2 元的收入，这个收入当然已经比过去提高，但相比起城市居民购买时付出的每公斤 5 元的价格，我们可以发现，其中的大部分增值与农民无关；再如，2009 年大蒜价格飙涨到平均每公斤16 元时，从农民手中收购也仅为每公斤 8 毛钱，价格相差 20 倍。这些数字表明，农民被隔离在了农产品商业环节之外，不仅在农产品消费价格上涨时无法获得商业利益，还要在价格下跌时成为市场风险的最终埋单者。其根本原因在于，作为商品生产者的农民小、散、市场势力弱的状况没有得到有效改善。事实上，农民组织化程度过低造成小生产与大市场之间矛盾的问题早已受到重视，政府主导或引导、各方参与的提高农民组织化程度的行为也从未停止过，但遗憾的是效果有限。

究其原因，一是参与到各种组织中的农民仍然是一小部分，二是即使这一小部分也并非能够主导组织利益的分配。以合作社为例，政府持非常鼓励态度，颁布实施了《农民专业合作社法》。但统计显示，截至 2009 年底，共有入社农户2100 万户，占全国农户总数的 8.2%，与美国、德国等国家几乎全部农民都参加了合作社相比，我国农民的组织化程度仍然很低；同时，根据我们调研，发现真正属于农民自己的、一人一票制的合作社数量十分有限。由此，依靠合作社改变农民市场弱势地位，使其融入农产品商业环节并且能够获得商品流通增值的合理份额，就成为政府的一厢情愿。农民既然被隔离在商业环节之外，那么他们对商业环节的增值也就漠不关心，所谓从地头到餐桌的产业链条实际是断裂的，而自生产领域开始的农产品质量良莠不齐、安全隐患丛生就不足为奇了。

(二)农产品物流环节浪费严重,效率不高,增值空间拓展不力

目前我国农业的市场化程度在不断提高,其中 80％的农产品通过批发市场、农贸市场流通,但薄弱的农产品物流环节造成流通中的极大浪费,水果蔬菜等农产品中间环节损失率高达 25％～30％,而国外农产品运输的损耗率只有 3％。这样的物流状况如果不能改变,必将带来两个方面的直接后果。第一,部分农产品成为无效供给,不仅不能补偿物流成本,还产生了额外的逆向物流费用。目前,农民是不得不以低价出卖农产品的形式承担着大部分物流费用。第二,物流活动创造的增值无法适应需求的变化。随着城镇居民消费水平的提高、消费分层的细化,越来越多的食物消费表现出对品质、安全、方便、营养等食物附加价值的追求,特别是对食品安全的重视,对流通渠道、流通方式创新以及物流增值提出了新的要求。

近年来,政府在增加流通基础设施投入、开通农产品绿色通道等方面做了很多努力,包括从 2010 年 12 月 1 日开始,所有收费公路对运输农副产品的车辆免收过路过桥费,但不能从根本上提升物流水平。从行业发展的角度来看,现代物流的实现必须依靠现代物流企业,第三方物流以其专业性、综合性和功能统筹战略成为提升物流水平的绝对主体。而农产品物流因其主体、客体的特殊性,并且受到现有农产品流通渠道状态的限制而非常复杂,从事农产品第三方物流的企业几乎不存在,即赖以提升物流效率、拓展增值空间的组织协调和专用资产投资主体是缺位的。

(三)农产品供应链远未形成

一条成功的农产品供应链应该是将所有涉及物流的功能和工作综合起来的链条,从最初的供应商采购获取,到最终的消费者接受,致力于所有物流作业的一体化管理,使渠道安排从一个松散的联结着独立主体的群体,变为一种致力于提高效率和增强竞争能力的合作力量。供应链运行的典型特征是整个链条产生增值,但单个节点的个体目标不一定能实现,这就要求供应链的核心企业与各节点之间的合作关系必须是紧密的、顺畅的,并且保证整个链条的增值能在节点间进行合理分配。虽然农产品因其鲜活易腐性,要求整个流通过程比工业品更连贯,从理论上来讲更适合进行供应链管理,但是从目前实践看,有一个重要原因致使农产品供应链难以形成,即缺乏具备供应链核心企业特征的流通主体。

在农产品流通渠道上,与小规模的农户相连接的主要是小规模的贩销商、小规模的批发商以及农贸市场上小规模的零售商,这些主体承担着 80％农副产品的流通,但是过小的规模致使主体间的合作与分离都表现为明显的随机性,任何环节的主体都缺乏与链条上其他主体长期合作的动力,也没有协调管理整个链

条的能力。近年来,随着连锁超市的快速发展及其对生鲜农产品的经营,各方面都寄希望于新型零售商作为农产品供应链的核心企业,但是由于其他环节主体的组织化程度过低,零售终端的拉动作用有限,频发的零供矛盾更是让这个希望变得十分渺茫[1]。

(四)目前农产品市场信息系统存在问题

我国各级政府对农产品市场信息系统的建设非常重视,每年都投入大量的人力、财力和物力来维护和提升农产品市场信息系统;与此形成鲜明对比的是,已建成的农产品市场信息系统却没有发挥出应有的作用,农民难以利用。造成这种局面的主要原因有:

第一,信息资源开放共享程度不够,信息部门分割,缺乏信息资源共享机制。我国有多个部门同时收集农产品市场信息,例如发改委收集农产品各种生产成本、出售价格等信息;农业厅(局)和统计部门收集播种面积、农作物品种、平均单产、总产等信息;粮食部门收集粮油的即时价格信息。然而由于部门之间互不隶属,部门所有与信息资源开放共享的矛盾较为突出。不少部门坚持多年以来的信息垄断,片面强调自己的特殊性,不愿意将信息资源开放,也不愿意其他部门共享,导致信息资源不能及时传递,不能有效开发利用、相互共享,这阻碍了农产品市场信息系统的利用。

第二,信息的加工程度低,不能满足用户信息需求。现有的农产品市场信息系统提供的信息多是为了应付上级的需要而收集的原始信息,由于种种原因这些原始信息得不到加工。而对政府宏观决策和农民生产经营有参考价值的信息是需要加工甚至是多次加工的,故此政府和农民的信息需求得不到满足。我国农民由于综合素质低,信息的加工能力更差,繁杂的原始信息对农民来说是一种负担而不是信息支持。

第三,向县级以下传播信息的渠道没有建立。我国农产品市场信息系统通过电脑联网已辐射到县一级,然而由于农民收入少、知识水平低等原因,中国农民电脑的占有率很低,并且拥有电脑的农民绝大多数居住于城镇或离城镇较近的地段,另外广播、电视、报纸等传统媒体很少传播农产品市场信息,所以各部门费了很大力气收集的信息传递到县一级后就静止不动了[2]。

---

① 纪良刚,刘东英.农产品流通的关键问题与解决思路.中国流通经济[J],2011(7):18—20.

② 王军,宋岭,梁晓玲,李季刚.关于农产品市场信息系统促进农民增收的机理分析.农业经济[J],2006(7):65—66.

3.6 我国农产品流通效率评价指标

中国特色农产品流通现代化不仅是农业现代化的重要组成部分,更是实现我国特色农业市场化和现代化的关键。美国农业经济学家盖尔·约翰逊(Gale Johnson)认为农业现代化仅仅决定生产的组织方式是远远不够的,必须实现向农村提供充足的生产要素和农产品自由流通,保证农民自由利益选择。因此,中国特色现代化之路必须体现生产技术发展规律和农产品流通的市场规律。现阶段我国已初步形成了覆盖全国的农产品流通体系,但仍然存在一些问题。主要表现在:一是流通渠道的结构"两端小中间大"的不对称,导致农产品流通不畅,流通时间过长,效率低下;二是农产品流通的组织化程度低,市场信息闭塞,交易方式单一,物流技术落后,不能满足"大市场、大流通"的需要;三是农产品流通中市场主体素质整体较低,农产品生产的规模小、技术水平低,且仓储运输、市场营销都处于很低的档次,大部分农产品没有按照标准进行生产、深度加工及分类包装,农产品质量难以保证。这三个方面的问题严重制约了我国农产品流通效率。

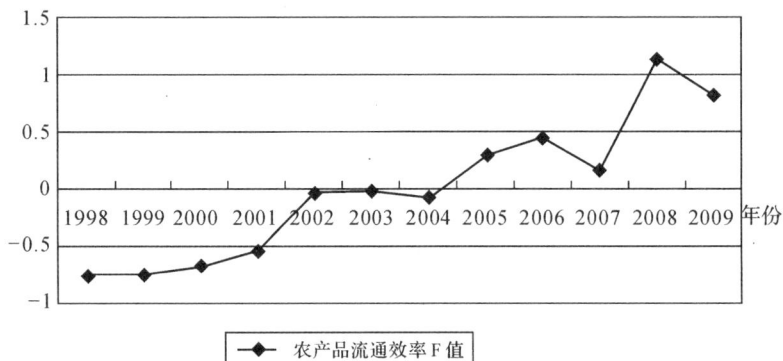

图 3-1 我国农产品流通效率演进趋势

根据图 3-1 可以将 1998—2009 年间我国农产品流通效率的演进趋势分为三个阶段。第一阶段:1998—2001 年;第二阶段:2001—2008 年;第三阶段:2008—2009 年。总体来看,我国农产品流通效率在第一和第二阶段呈现上升态势,第三个阶段有所下降。其中第一阶段我国农产品流通效率小幅度上升,但仍处于无效率状态,F 值都小于 0;第二阶段我国农产品流通效率大幅度上升,开始进入效率有序状态,F 值都大于 0。这个阶段出现了两个调整期,2003—2005年间为调整期 1,2006—2008 年间为调整期 2。其中,2007—2008 年的上升幅度最大,其次为 2001—2002 年;调整期 1 中的 2003—2004 年,我国农产品流通效率出现轻微下降,2004—2005 年又继续大幅度上升;调整期 2 中的 2006—2007年,我国农产品流通效率下降幅度较大,是 1998—2009 年最大下降幅度,效率水平下降到接近 2004 年;第三阶段,我国农产品流通效率较大幅度下降。

瑟莫玛德瑞(Semrmadevir R. Subramanian)等人用两种方法来评价生鲜农产品流通效率:一种是生产者所得占零售价格的比重;另一种是用技术效率、物理效率和价格效率三个指标。周应恒、卢凌霄采用流通层次及费用、损耗率、生产者分得率等指标对南京生鲜蔬菜供应链效率进行了分析。福井清一采用 S-C-P 法,从各流通环节的买入和卖出的价格比、流通差价的结构、市场进入的限制和市场信息的传递等四个角度,分析了菲律宾马尼拉首都圈蔬菜市场和泰国曼谷蔬菜市场的蔬菜流通效率的结构。库莫(Kumar)等通过调查各流通环节的差价,分析了北方邦哈密尔普尔地区鹰嘴豆不同流通渠道的流通效率。查赫(Chahal)等通过调查发现,随着流通成本和流通价差的增加,流通效率呈下降趋势。

从以上国内外学者的研究分析中可以发现,国内对农产品流通的研究很多,但是其中绝大部分集中在农产品流通中存在的问题与对策、农产品流通的影响因素、农产品流通体制改革、农产品流通成本与费用、国内外农产品流通比较等方面。对农产品流通效率的研究欠缺,并且定性分析居多,定量分析很少。有些文章虽然提出了衡量农产品流通效率的指标体系,却没有进行相应的实证分析。对农产品流通效率的实证分析,很多集中在流通渠道单个环节、流通模式等中微观层面的效率分析上,缺乏对整个流通行业宏观层面的研究。

流通效率是指农产品流通业的整体运行节奏,是衡量流通整体质量的概念,指商品在单位时间内通过流通领域所实现的价值量与流通费用之差。其大致分为两类,一是技术效率或营运效率,二是定价效率或经济效率。关于流通效率的衡量指标没有权威而统一的阐述,各学者也众说纷纭。洪涛、郑强构建的中国城市流通力综合评价指标体系中,关于流通效率的有劳动生产率、流通企业连锁化程度及组织规模化程度。宋则、张弘构建的流通现代化指标体系,在流通效率方面,主要包括流通速度、库存率和社会物流总成本占 GDP 比重。李飞、刘明葳建立的商品流通现代化评价指标体系中,与流通效率有关的指标是流通业总资产报酬率、流通业固定资产周转率。在此,将采用这种观点:衡量流通效率主要体现在流通速度、流通效益和流通规模等三个层面。含义为:(1)流通速度是指单位商品一定时期内的平均周转次数,流通速度越快,商品周转时间越短,流通效率越高;(2)流通效益是指商品在整个流通过程中所实现的销售额和价差利润,流通效益越好,流通效率越高;(3)流通规模是指流通产业规模的大小,流通规模越大,流通成本越低,流通效率越高(如表 3-2 所示)。由于农产品具有季节性、鲜活易腐蚀性等特点,笔者认为农产品流通效率的衡量还应增加一个层面的指标,即农产品品质保持,指保持农产品在流通过程中的数量与质量,损耗越少,品质保持越好,流通效率越高[1]。

表 3-2　我国农产品流通效率测度的指标体系

准则层		指标层	指标含义	变量
农产品流通效率测度指标体系	速度指标	农产品批零业总资产周转率	限额以上农产品批零企业主营业务收入/美元总资产	X_1
		农产品批零业流动资产周转率	限额以上农产品批零企业主营业务收入/平均流动资产	X_2
		农产品批零业固定资产周转率	限额以上农产品批零企业主营业务收入/平均固定资产	X_3
		农产品批零业存货周转率	限额以上农产品批零企业主营业务成本/平均存货	X_4
		农产品批零业库存率	限额以上农产品批零企业库存总额/销售总额	X_5
	效率指标	农产品批零业利润率	限额以上农产品批零企业主营业务利润/主营业务收入	X_6
		农产品批零业购销率	限额以上农产品批零企业购入额/销售额	X_7
		单位营业面积销售额	亿元以上专业农产品交易市场销售额/营业面积	X_8
		每摊位农产品平均销售额	亿元以上综合市场农产品销售额/摊位数	X_9
	规模指标	农产品批零系数	限额以上农产品批发业销售额/限额以上农产品零售业销售额	X_{10}
		农产品批零业集中度	限额以上农产品批零业销售额/限额以上批零企业销售额	X_{11}
		农产品零售业集中度	限额以上农产品零售企业销售额/全社会消费品零售额	X_{12}

---

[1]　孙剑.我国农产品流通效率测评与演进趋势——基于 1998—2009 年面板数据的实证分析.中国流通经济[J],2011(5):21—25.

04 国内外农产品流通及质量管理现状

发达国家的农产品流通体系的共同特点,就是按照现代化大生产的要求,在纵向上实行产加销一体化,在横向上实行资金、技术、信息、人才的集约经营,实现产业布局区域化、生产专业化、产品商品化、管理企业化和服务社会化。总体说来,比如,法国的合作制一体化模式、日本以农协为主的一体化模式、美国的合同制一体化模式、澳大利亚以行业协会为主的一体化模式、韩国的"产、学、管、研"一体化模式、泰国的"政府+公司+银行+农户"一体化模式,如表4-1所示。

表 4-1　世界农产品流通渠道模式类型与特点

	代表国家或地区	流通主体	流通成本	效率	渠道结构	法规建设	产品特性
东亚模式	日、韩	批发市场	较高	高	中心型	健全	非标准化
西欧模式	法、英、意、德	合作社	低	高	上游型	规范健全	标准化
北美模式	美、加、澳	超市、连锁店	低	高	两端型	规范健全	非标准化

注:渠道结构中的中心型、上游型和两端型分别指以哪个流通主体为重心进行的分类。中心型指东亚模式中"以批发市场为主渠道"这个特点;上游型是指西欧模式中将"产前、产后相关企业建在农村"这个特点;两端型是针对北美模式中"产地市场集中和销地批发市场主要分布在大城市"这个特点。

4.1　美、日农产品流通模式特点

4.1.1　美国农产品流通模式

美国模式最显著的特征是农产品营销渠道较短,大型超市、连锁经销的零售商左右着农产品的交易体系,粮食类期货市场发达。美国农产品的78.5%从产地通过配送中心直接到零售商,而经由批发市场流通销售的仅占20%左右。由于渠道环节少,农产品流通速度快、成本低,从而大大提高了流通效率。同时,批发市场内部交易方式主要以拍卖、代理销售和期货交易为主,使农产品市场价格充分反映市场供求的变化,批发市场主导农产品市场价格的形成和信息的传播。

据估算,我国每年粮食流通损耗 2550 万吨,损耗率高达 15%,发达国家仅为 1%;水果蔬菜损耗 1.5 亿吨,损耗率高达 25%,美国仅为 1%~2%。

美国的农产品流通渠道在城镇化、工业化、国际化进程中,逐步建立了一套很成熟的模式。主要体现在:

（一）流通渠道以产销直挂为主

规模化农业生产的出现,农产品生产者按照购销合同,将大量农产品直接卖给大型零售商和超市,或者通过集配中心分级包装后出口,或者直接销售给产地加工企业,而经由批发市场流通的农产品比例渐趋下降。目前,果蔬产销直挂的比例约占 80%,经批发市场销售的仅为 20% 左右。

（二）新兴零售方式所占比重高

20 世纪 40 年代,超级市场零售方式在美国诞生,随后连锁经营迅速崛起,不仅使传统商店基本上被淘汰,也让小型零售店联合"合作批发部"和农产品专业批发商逐渐退出。这些大型超市建立连锁经营网络,在城市近郊设立中央食品配送中心,把从产地市场采购过来的农产品集中到配送中心,备齐所需的品种后再分送到各个连锁店销售。这一方式减少了流通环节,节省了成本费用,提高了流通效率。1963 年,美国 7 大超市零售额占全国农产品零售总额的 47%,目前已占到 85% 以上。

（三）农民合作组织成为流通主体

20 世纪中叶,美国农民开展现代合作运动。美国的合作社专业性强,一个合作社只围绕一两种农产品展开业务。在农产品生产环节上的合作社数量很少,在销售、加工、储运和生产资料供应等环节的合作社数量最多。合作社实行跨区域经营,一些大的合作社发展成为跨国集团,在美国甚至世界都占有重要地位。例如,兰德莱克奶制品合作社的黄油年销售额占美国市场的 1/3。

（四）现代信息技术被广泛应用

20 世纪 60 年代,美国的信息革命推动零售商向大型化和集团化方向发展。20 世纪 90 年代以来兴起的网上采购、网上销售等电子商务,对美国农产品流通影响深远,其农产品流通步入信息化时代。随着互联网应用和电子商务发展水平不断提高,业务流程改造,传统商务提升,极大地提高了农产品流通效率和经济效益。

（五）国际化成为农产品流通驱动力

在世界各国日益密切的经贸交往中,农产品国际贸易具有特殊地位和作用。

美国利用其农产品比较优势和竞争优势,形成了具有特色的农产品国际贸易地位。目前,美国是世界上最大的农产品出口国,25％的农业总收入来自出口。在一系列农产品国际贸易谈判中,特别是关贸总协定乌拉圭回合谈判中,美国都是起关键作用的因素。

(六)政府强化农产品流通调控

20世纪90年代以来,美国进一步完善农产品流通法则,1990年美国制定的新《农业法》,对生产标准、产品库存、价格、补贴等提出明确的规定,形成了标准化、规范化、有序化的农产品市场体系。同时在农产品流通基础设施方面增加公共财政投入,支持或帮助私人公司发展运输、批发市场、仓库以及电力供应等设施,促进了农业商品经济和现代流通的发展[①]。

4.1.2 日本农产品流通模式

在资本主义经济极为发达的日本,小农经济在农村占绝对的优势,与欧美国家完全不同,这与日本的自然、社会条件有关。日本是个岛国,自然资源贫乏,其耕地面积仅占世界耕地面积总数的0.4％,人口却占世界人口的2.2％左右,加上农田的零星分散,土地经营的规模就难以扩大。土地的稀有使得土地价格昂贵,资本家嫌投入的成本过高而不愿投资于农业生产,广大农户受传统观念的影响,不愿出卖自家的土地,因此造就了日本小农经济的主导地位。可以说,日本的农业现代化,是建立在小农经济基础上的现代化。

日本工业发达,农产品主要依赖进口,农产品流通渠道复杂。日本农产品流通是一种渠道环节多、以批发市场为主、以拍卖为主要手段的模式。批发市场是日本农产品流通的主渠道,包括中央批发市场、地方批发市场、中间商批发市场。全日本共有87个由中央财政和地方财政投资的中央批发市场,1513个多元化投资的地方批发市场。在日本,果蔬类农产品经由批发市场的比例高达80％以上。这种多级批发市场的交易,提高了流通成本。尽管流通环节多,但日本批发市场的交易方法以拍卖为主,甚至同一产品有两家机构同时拍卖,形成的价格公开、公正[②]。

其渠道特点如下:

(一)渠道环节多,流通成本高

日本农产品一般通过两级或两级以上批发渠道后,才能把农产品转移到零

① 陈万卷.中美农产品流通渠道之比较.对外经贸实务[J],2011(5):49—51.
② 梁海红.渠道关系视角下我国农产品流通模式优化研究.改革与战略[J],2011(4):88—90.

售商手中。日本《批发市场法》规定禁止中间商从事批发业务,使极少数批发商(如株氏会社等)从产地市场进货,因此绝大多数农产品要经过多级批发市场的交易,因而提高了流通成本。

（二）利润分配不均

日本较早制定了《零售法》,对从事零售的组织给予利益保证。批发商收取4%的管理费,中间批发商10.9%,零售商43%,农协等43.6%,生产者仅占28.5%,零售商为保证43%的利润往往把终端价格抬得较高,因此,日本农产品市场零售价格是世界农产品市场最高的。

（三）渠道流通规范化、法制化、效率高

尽管流通环节多,但日本批发市场采用拍卖、投标、预售、样品交易,甚至同一产品两家机构同时拍卖,形成的价格公开、公正。日本《市场法实施规则》规定,到达批发市场的农产品必须当天立即上市,以全量出售为原则,禁止批发商作为中间商或零售商直接采购农产品,禁止拒绝农产品委托,禁止场内批发商同场外的团体或个人展开批发业务等,使农产品批发市场流通效率高。同时,对收费作出规定,批发商除手续费以外不能接受其他任何报酬。

（四）形成以批发为主导的市场功能

如集散功能、价格形成功能、服务功能、结算和信息功能等。

（五）大型连锁超市大量进入鲜活农产品零售业

大型连锁超市基本上在上市之前就对需采购的品种（或等级）、数量等预先有所指定,非常强调确保采购。大型连锁超市的采购行为同一般零售店比,计划性强,而弹性较差。批发市场上,大型连锁超市的采购行为在很大程度上是对中间批发商交易行为的约束。

（六）生产者团体规模大型化

近年来随着日本农协合并,农协广域化、大型化,这就使日本国内主要生鲜农产品的生产者团体也出现了大规模化及鲜活农产品上市批量大型化的倾向。在这一背景条件下,主要生产者供货团体的谈判能力增强,从而对批发市场与批发商有了选择的要求,希望能满足其所提出的价格要求。于是,产生了"无条件委托销售"向"有条件委托销售"转化的趋向。这样,那些不能满足产地方所提要求（如交易批量、期望价格等）的批发公司,要继续从事由产地的直接集货就变得很困难,或根本不可能,于是,部分批发市场及入市的批发公司开始从事转送业务。

4.2　东西方农业合作组织

目前,发达国家绝大部分农户都参加了流通合作社,农户的产品也大多数由合作社销售。如在日本,90％的农产品由农协销售,80％的农业生产资料由农协采购;在欧盟国家中,合作社奶制品、肉制品的国内市场份额达到了80％～90％以上。

国外农民合作组织一般都按照"平等、自愿、互利"的原则创办,尊重农民的意愿和选择,进入与退出自由;实行"民办、民管、民受益"的运行机制,自主经营、自我管理、自我发展、自我约束,对内以服务为宗旨,不以营利为目的。国外农民合作组织还具有管理现代化、制度紧密化、服务专业化、政府支持的体系化和经营的规模化、一体化、跨国化等特点。特别是欧美等发达国家的农民合作组织,经过100多年的发展,形成了不同的类型。根据它们的显著特征,可以划分为以下三种类型:

4.2.1　以美国、加拿大为代表的跨区域合作社

第二次世界大战后,为了适应技术服务现代化、经营管理现代化和农业一体化的需要,为进一步增强在市场上的竞争力,美国、加拿大农民专业合作组织逐渐走上内涵式、质量型的发展道路,越来越多的小型合作社进行了合并。合作社的主要特点是跨区域合作与联合,以共同销售为主。

美国的农场主合作社中,销售合作社的历史最长,数量多,规模大,在牛奶、水果、蔬菜等领域占有较大的市场份额,涌现了不少国际驰名品牌,在农业中的作用也最重要。如1945—1946年平均每个农场主合作社拥有社员493.5人,营业额59.8万美元;而1986年每个增加至819.9人和1087.6万美元,分别增长66.1％和17.2倍。销售合作社经销的农产品几乎覆盖所有的农产品品种。但大多数销售合作社一般只经营一种农产品,经销两种或两种以上农产品的合作社为数极少。销售合作社并不仅仅从事销售,许多合作社的业务范围涉及农产品的收购、运输、储藏、检验、分级、加工、包装以及最终产品的销售等多个环节。

在合并合作社的同时,地区联社和全国性的联社得到了发展。这些联合机构通过向社员提供信息、教育多方面的服务,使社员与市场联系得更加紧密和有效。与此相适应,美国农场主合作社在合作社数目与合作社员人数减少的情况下广泛开展了一体化服务活动。农场主合作社除了通过合作社之间的联合、合并外,还通过与外来合作社签订预购合作等各种方式,为社员提供产前、产中、产

后等一体化服务。比如美国著名的阿格书合作社。阿格书的前身是纽约州中部的"格兰其联盟合作社贸易公司"。1964年,该公司与"东部各州农场主交易所"合并,成立"阿格书合作社有限公司"。翌年又合并了"宾州农场局合作社"。通过合并联合与建立新厂等办法,逐渐形成了一家从事多种经营的大型农场主合作社。这家合作社除在各州设有许多商店外,还拥有饲料加工厂、肥料加工厂、农药厂、制种站、油井、石油加工厂等,直接生产农用物资,供应农场社员。它的业务几乎包括产前、产后的所有服务。1984年,这家巨型合作社销售额达41亿美元,成为美国第二大农场主合作社。

美国的农业合作社,其运作遵循三个原则:一是使用权拥有原则,即拥有所有权的人必须享用合作社的服务;二是使用者控制原则,合作社实行企业化运作,由全体成员民主管理和控制,在管理活动中,所有成员都只有一票的权利,人人平等;三是谁交易谁得利原则,也就是合作社赚的钱,要根据会员与合作社的交易额来返还给会员。

4.2.2　以日本为代表的综合性合作社

这类合作社的主要特征是以综合性为主,日本、韩国等所建的合作社都属于这一类型。日本农协是一个拥有强大经济和组织力量,机构遍及全国的农民合作组织,几乎所有的农户都参加了这个组织。日本农协是半官半民的组织,它既是农民为保护自身利益而自发建立的群众机构,又是日本政府借以推行农业政策的中介机构。

从中央到地方,农协有一套完整的组织系统,共分为三级,即全国农协、县级农协和基层农协。基层农协又分为以农户为服务对象的综合农协和以特定农业生产者为服务对象的专业农协。县级农协组织主要包括县级农协中央会、县级供销联合会、县级保险联合会、县级信用联合会、县级专业农协联合会等组织。各种县级联合会是基层农协通过入股方式而联合组成的组织,农协的中央级组织由基层农协和县级联合会入股组成。

与欧美国家不同,日本的农村合作金融组织依附于农协,是农协的一个子系统,其内部也由三个层次组成:基层农协的信用组织,县级信用联合会,农林中央金库和全国信联协会。农户入股参加农协,农协入股参加信用联合会,信用联合会又入股组成农林中央金库。信用联合会是农村合作金融体系的中层机构,主要为基层调节余缺,指导基层工作。农林中央金库是协调信用业务的最高机构,主要职责是协调全国信用联合会的资金活动,按照国家法令运营资金,同时负责向下级提供信息咨询,指导信用联合会的工作。

日本农村合作金融体系的特点是：(1)政府给予大力支持,带有极强的官办色彩。目前农林中央金库虽已改成民间组织,但仍受政府很大制约。(2)体系内的三个层次,独立核算、自主经营,相互间只有经济往来和协作关系,并不是行政隶属关系。(3)立足基层,方便农户,坚持以农村社区和社员为服务中心。(4)利润和分红,既照顾社员利益,又兼顾集体利益。(5)设立农村信用保险制度、临时性的调剂和相互援助等制度,以保证农村合作金融安全健康地运行。

4.2.3 以德国、法国为代表的专业合作社

这类合作社的主要特点是专业性强,即以某一产品或某种功能为对象组成合作社,如奶牛合作社、小麦合作社,或销售合作社、农机合作社等,特别是信贷合作和互助系统。合作社一般规模都比较大,本身就是经济实体。为形成规模优势,保障合作社利益,合作社之间的联合或合作逐步增强,已涉及农业产、供、销、信贷、保险和社会服务等各个环节,不仅大多数农户和农业企业进入不同类型的合作社,许多城镇居民也加入合作社,形成了比较完整的合作社体系。如法国农村合作经济包括农业互助组织、农业合作社和信贷合作三方面。法国的农业合作社主要指流通、服务和生产领域的合作社。法国流通领域的合作社在农村合作经济里占有主要地位,对于增加农民收入,减少农业生产成本,提高农民素质,实现农业现代化,推动农村经济的发展等起着巨大作用。德国合作社基本上都是在国际合作社原则基础上组建和运行的,为了更好地为成员提供服务,维护成员的利益,合作社都建有区域合作社联盟和全国合作社联盟。

德国、法国最具代表性的合作组织是德国合作银行系统和法国的农业信贷互助银行系统。

德国合作银行系统:德国合作银行是世界上最大的 50 家银行之一,其组织结构由三级构成:第一层是全国合作金融组织的中央协调机关——德意志中央合作银行;第二层是 3 家地区合作银行;第三层是基层地方合作银行。基层地方合作银行是由农民、城市居民、个体经营企业、合作社企业和其他中小企业入股组成,目前全国共有 2500 家,直接从事信用合作业务。

三级银行都是独立的经济实体,不存在隶属关系,仅仅是空间范围的不同。但相互间在业务上存在着关联:一是从下而上地存放资金,自上而下地融通资金。基层合作银行要将吸收存款的 70% 上存到地方银行,地方银行再将其中的 4% 上存到中央合作银行,中央合作银行则对地方合作银行提供再融资服务。二是从上至下逐级管理和服务。合作银行体系设立贷款担保基金,由各合作银行按风险资金的一定比例存入,对风险进行补偿。体系内上层机构还需要提供下

一级机构所需的各种服务,如资金清算、员工培训、业务咨询和代理业务等。

法国的农业信贷互助银行系统:该系统是法国最大的银行系统,同德国合作银行一样,也有三个层次。即地方农业信贷互助银行,省农业信贷互助银行和中央农业信贷银行(法国农业信贷互助银行总行)。由省级农业信贷互助银行组成的全国农业信贷联合会,与总行不存在隶属关系,而是作为省级农业信贷互助银行在国家一级的代表,参与决定农业信贷政策,但不从事任何银行和金融活动。银行的各层次间财务独立,自负盈亏,业务范围划分明确,如中长期债券、证券及部分特殊贷款和国际业务由总行经营。

除上述国家之外,我国的台湾省农业合作也有较大的发展,农会(协)组织在农产品销售中起到了非常重要的作用,拉动了农业经济的快速发展。合作社是一个弱者群体的组织。通过合作社,小宗农产品可以直接进入批发市场、超市,甚至进入期货市场,进一步减少流通环节,降低物流运输费用,实现农产品生产基地和消费者直接对接的终极目标,而且能形成强大的力量与强大的经销商进行谈判,保障农民的利益[①]。

4.3 美、日、荷兰等国农产品物流情况

4.3.1 美国

美国农业生产和贸易居于世界领先地位,农产品物流量大且非常频繁,拥有规模庞大、科学、高效的农产品物流体系,农产品物流的基础设施和设备发达。美国的交通运输设施十分完备,公路、铁路、水运四通八达,高速公路遍布城乡,公路呈网状结构,能够直接通往乡村的每家每户。美国的通讯设施和网络发达,储运设备的机械化水平高。例如,粮食的装卸输送设备就有螺旋式输送机、可移式胶带输送机及低运载量斗式提升机等等。

农产品物流服务的社会化程度高。美国连接农产品供需的物流主体主要是农场主参加的销售合作社、政府的农产品信贷公司、农商联合体、产地市场或销地市场的批发商、零售商、代理商、加工商等。据统计,全美近 1/3 的农场主通过合作社出售谷物。各种行业协会如谷物协会、大豆协会等为农民提供有力支持,代表农民与政府交涉,在农产品产销中发挥着积极作用。

政府发挥积极的调控作用。农业部有 10 万人分布于全国各地,农业统计系

① 樊端成.对我国小宗农产品市场建设问题的探讨.农业现代化研究[J],2011(3):184—186.

统对各农场每一块耕地上所种植的作物品种、面积、长势、产量都了如指掌,所获取的信息经过汇总处理,由政府定期发布,指导农户生产经营。

4.3.2 日本

日本农产品主要以小单位生产为主,虽然资源有限,但是在农产品物流方面却非常先进。

物流基础设施完备。日本采取了一些宏观政策导向,从本国国情出发,大力进行本国物流现代化建设,在大中城市、港口、主要公路枢纽对物流设施用地进行了合理规划,在全国范围内开展了包括高速公路网、新干线铁路运输网、沿海港湾设施、航空枢纽港、流通聚集地在内的各种基础设施建设。

农产品市场硬件设施齐全、先进。日本农产品批发市场的开设实行严格的审批制度,中央批发市场、地方批发市场以及其他批发市场必须根据《批发市场法》和各种条例进行建设。批发市场配备有完善的保管设施、冷风冷藏设施、配送设施、加工设施等,并灵活运用计算机信息处理技术,已实际演化成农产品物流中心。

农业合作组织发挥着积极作用。日本各大中小城市都有由农协直接参加或组织的农产品批发市场,农产品生产总量的 $80\%\sim90\%$ 是经由批发市场后与消费者见面的。农协利用自己的组织系统,以及拥有保鲜、加工、包装、运输、信息网络等现代化的优势,将农民生产的农产品集中起来,进行统一销售,担当了生产者与批发商之间的中介。

4.3.3 荷兰

荷兰位于欧洲的中心地区,它充分利用这一有利条件发展农产品物流。荷兰的公路上的货运车中大约有 30% 的车辆是载运农产品和食品,向世界各地提供及时的物流服务。其中最大的特点,就是建立了电子虚拟的农产品物流供应链,通过网络连接农业生产资料供应商、生产商、种植园主、批发商、零售商,形成农业供应链,以便对供应链上的各个环节进行实际操作,向商界和消费者提供品牌农产品供应商和零售商,完成客户网上订货所需要的物流活动。信息透明、准确和及时。为了提供质量可靠的、品种多样化的货物,荷兰人在农产品市场附近建立集成保鲜中心、配送中心,在收到农产品后根据交易的具体情况、条件和要求,对农产品进行分类、分割、包装和储存,并且及时配送到各个客户。荷兰的冷冻行业非常发达,这一行业的公司大都具有现代化的制冷和冷冻技术设备,工作效率高,能够充分保证高质量的农产品运输、储存和配送服务①。

4.4 美、中农产品电子商务案例比较

4.4.1 美国 Freshdirect

Freshdirect 于 2002 年创建,是美国纽约地区很受欢迎的网络买菜服务商,可以让消费者足不出户就买到菜(公司网址是 www. Freshdirect. com)。通过 Freshdirect,消费者可以买到常见的蔬菜、水果、肉食、芝士、咖啡、酒水和杂货。除此之外,消费者还可以选择要纽约本地的货品,还是外地的货品;要有机的食物,还是普通的食物。目前已有 180000 人使用过这一服务,而且其中很多是回头客。随着业务规模的日益扩大,纽约长岛地区大多数街区已经成了 Freshdirect 的送货区,其自身也成为了为数不多的几家业务持续较长时间的在线零售商。Freshdirect 的价值主张是:以低于食品店和超市的价格为顾客提供优质食品,并且送货到户或办公室,便利顾客。盈利点为:以专业化的食品加工技术和源头产品的采购,保证低成本运作。

---

① 王莉.国外农产品物流发展对河北省的启示.中国物流与采购[J],2011(8):76—77.

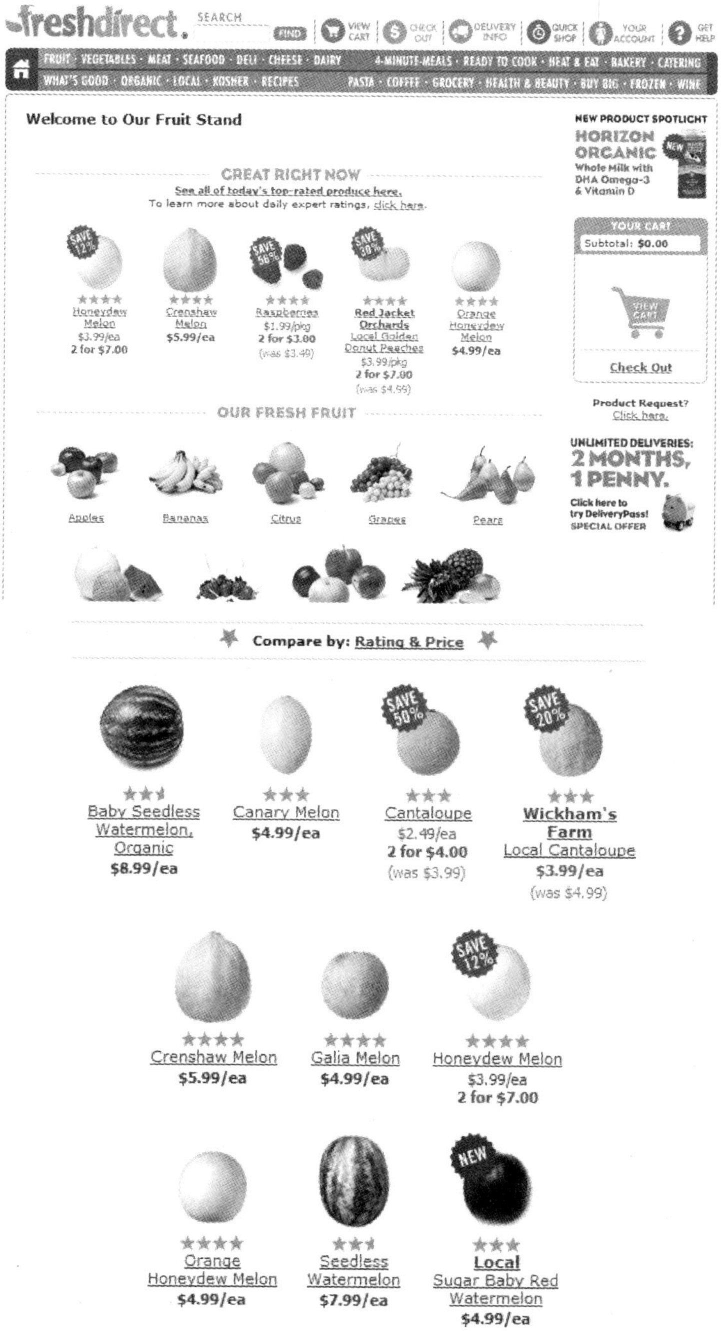
freshdirect.
SEARCH
FIND
VIEW CART
CHECK OUT
DELIVERY INFO
QUICK SHOP
YOUR ACCOUNT
GET HELP
FRUIT · VEGETABLES · MEAT · SEAFOOD · DELI · CHEESE · DAIRY
4-MINUTE-MEALS · READY TO COOK · HEAT & EAT · BAKERY · CATERING
WHAT'S GOOD · ORGANIC · LOCAL · KOSHER · RECIPES
PASTA · COFFEE · GROCERY · HEALTH & BEAUTY · BUY BIG · FROZEN · WINE
Welcome to Our Fruit Stand
NEW PRODUCT SPOTLIGHT
HORIZON ORGANIC
Whole Milk with DHA Omega-3 & Vitamin D
GREAT RIGHT NOW
See all of today's top-rated produce here.
To learn more about daily expert ratings, click here.
Honeydew Melon $3.99/ea 2 for $7.00
Crenshaw Melon $5.99/ea
Raspberries $1.99/pkg 2 for $3.00 (was $3.49)
Red Jacket Orchards Local Golden Donut Peaches $3.99/pkg 2 for $7.00 (was $4.99)
Orange Honeydew Melon $4.99/ea
YOUR CART
Subtotal: $0.00
Check Out
Product Request? Click here.
OUR FRESH FRUIT
Apples
Bananas
Citrus
Grapes
Pears
UNLIMITED DELIVERIES: 2 MONTHS, 1 PENNY.
Click here to try DeliveryPass! SPECIAL OFFER
Compare by: Rating & Price
Baby Seedless Watermelon, Organic $8.99/ea
Canary Melon $4.99/ea
SAVE 50%
Cantaloupe $2.49/ea 2 for $4.00 (was $3.99)
SAVE 20%
Wickham's Farm Local Cantaloupe $3.99/ea (was $4.99)
Crenshaw Melon $5.99/ea
Galia Melon $4.99/ea
SAVE 12%
Honeydew Melon $3.99/ea 2 for $7.00
Orange Honeydew Melon $4.99/ea
Seedless Watermelon $7.99/ea
NEW
Local Sugar Baby Red Watermelon $4.99/ea

DAILY QUALITY RATINGS FOR FRUIT & VEGETABLES
OUR EXPERTS RATE EVERY ITEM FOR NEXT-DAY DELIVERY.
Click here to learn more.

★★★★★ **Never Better** – The best we've seen.
★★★★ **Great** - Delicious.
★★★ **Good** - Reliably decent.
★★ **Average** - Inconsistent quality, generally okay.
★ **Below Average** - Expect wide inconsistency in quality.

对产品质量进行星级评价与推荐。

4.4.2　上海菜管家

"菜管家"是目前国内最大的优质农产品订购平台,由上海农信电子商务有限公司建设运营,从2008年开始为企业提供农副产品团购服务(公司网址是www.962360.com)。2009年7月菜管家网站改版上线试运行,推出个人在线订购服务。目前,"菜管家"提供涉及人们饮食的8大类37小类近2000种涵盖蔬菜、水果、水产、禽肉、粮油、土特产、南北货等全方位高品质商品,为3000多家大中型企业提供节日福利与商务礼品服务,为近20000个人提供网上订购和电话订购服务。此外,"菜管家"还在上海青浦建立了符合GMP食品安全管理体系的物流仓储基地,建成了一套集ERP、SCM、CRM、OA等信息支撑平台于一体的IT支持系统,开通了COD货到付款和在线支付的结算体系,提供安全、便捷的支付体验。2009年"菜管家"获得年度中国农业百强网站、年度农副类网站用户投票第一名、迎世博2009九鼎杯上海市场诚信经营单位称号。

4.4.3 两家网站经营特点比较[①]

（一）服务定位分析

服务定位即企业向哪个群体的消费者提供何种服务。"菜管家"是面向上海的白领及企业，Freshdirect是面向纽约长岛的所有居民。对于白领及其家庭，"菜管家"提供了包月、包年及"两人份"、"三人份"等服务，可根据消费者的要求，每天按时送货。消费者还可以将自己及家人的身体状况输入网站的系统中，由营养专家分析后，按照每个人的体质对每年的膳食进行搭配。对企业而言，主要是以礼品券的形式进行交易的。企业一次性向"菜管家"团购一批礼品券，在节日期间发放给员工作为福利，员工可以凭券根据个人意愿在"菜管家"网站挑选自己喜欢的农产品。Freshdirect为纽约长岛居民提供粗加工后的农产品以及各类杂货，目前有3万多个品种。

对于目前的农产品消费而言，去超市、菜市场采购仍是消费者普遍采用的方式。此外，虽然我国网民数量仍然在不断地快速增长，网上交易额也在不断增加，但多是年轻人进行交易，并且多集中在服装、3C产品（计算机、通信、消费类电子产品）等方面，对于网购农产品的认知和支付意愿还处在初级阶段。在开展电子商务时，盈利模式目前是两种：

一种是通过完善的服务赚取附加值；另一类是通过直接采购的方式降低价

① 赵苹，骆毅.发展农产品电子商务的案例分析与启示——以"菜管家"和Freshdirect为例.商业经济与管理[J]，2011(7):19~23.

格,聚集人气,通过销售量的增加来赚取利润。由于农产品,尤其是生鲜类农产品本身易腐、附加值低等特点,将电子商务应用到农产品销售时,一方面可以采取直采的方式来降低采购成本,一方面又要通过提供各种完善的服务来增加价值。这些因素都使得"菜管家"在最初的战略定位时将上海中高收入的年轻白领锁定为客户群。在进行宣传时,将直采、有机、可追溯等作为重点推广,同时提供完善的售后服务来达到增加附加值的目的。

(二)采购、加工流程分析

"菜管家"在采购方面与农户、农民专业合作社、龙头企业合作。在与农户的合作方面,公司员工凌晨上门,帮助农户进行分拣并取货;提供免费包装并包销;同时联手农信通与农户及时进行信息交流。与农民专业合作社的合作主要集中在良种场。"菜管家"通过与良种场的合作进行品种的保护,并且负责对品种的宣传和包销。这里比较典型的就是上海南汇纯种浦东鸡定点养殖基地的合作。浦东鸡为国家级畜禽遗传资源保护品种,通过与"菜管家"的合作,该基地整个生产管理过程采用了全程安全监控,每只鸡上都有专门的 RFID 标签,全程记录鸡的整个生长过程,以保证鸡种的纯正。同时,通过"菜管家"的网络宣传,扩大了浦东鸡的销售量,使得整个基地的效益得到了提升,"菜管家"也从中获得一定的收益。与龙头企业的合作主要是龙头企业提供一定数量的农产品供"菜管家"在网上销售,由于"菜管家"目前的网上销售量还不是很大,龙头企业的产品占的比重较低,因此龙头企业与"菜管家"合作的意愿并不强烈,交易量也较小。

此外,"菜管家"还通过与全国较有特色的种植基地如"新疆哈密大枣"、"陕西核桃油"建立联系,实现部分特色农产品的全国直采。"菜管家"在加工方面拥有自己的加工厂和冷库,可以对采购的农产品进行一定程度的粗加工和简单包装,并且可以存储一段时间。

Freshdirect 拥有自己庞大的加工厂和采购队伍。Freshdirect 在长岛运营着一个 30 万平方英尺的营业机构,其中包括分属于 12 个可控温区域的 4 万平方英尺的生鲜食品专区,实行保鲜度优化管理,提供鲜肉、家禽、乳酪、咖啡、烤制品和其他食品。该公司主要与纽约周围的大农场进行合作,实现农产品的直采。在加工方面,Freshdirect 的加工厂拥有各种设备可以满足消费者的个性化定制,例如肉片的厚度、烤焙过的咖啡豆的辗制类型。为了保障食物卫生安全,每一生产阶段都要进行全面的消毒。营业机构原设计能力为 24 小时全天候运行,现在每天营业 10 小时,有 200 个雇员。Freshdirect 进货都进行了严格的检验。有专门的计算机分类系统对进货进行分类,并按照顾客订单的要求把每单货物打包归整完毕。Freshdirect 的分拣和传送系统是 Spring Lake 的 Ermanco 提供的,立体旋转货架是 Lewiston 的 Diamond Phoenix 提供的。另外,它采用了 Pyramid Systems 的库房控制系统,实现在生产和分装车间的自动化作业。

(三)配送流程分析

"菜管家"在农产品配送方面通过与第三方物流公司合作,实现当天订货当天送达。消费者在网上提交订单后,客服人员会通过电话与消费者确认并商讨送货时间。然后客服人员会通知第三方物流公司取货时间,由第三方物流公司将农产品送到消费者手中。若是一次性购买低于 300 元,每次配送收取 10 元的快递费,超过 300 元则免快递费。Freshdirect 方面,消费者通过网站提交订单。他们从 15000 多种新鲜食品和日用品中挑选货物,然后放入"购物箱"。订单货物在当天下午 4:30 以后开始陆续送到,周日可以提前至早上 9:00。运输费用是每票 3.95 美元,不向司机支付小费。为了应付不断增大的运货压力,Freshdirect 有 30 多辆租赁来的卡车和 38 个专职司机来负责运货,运货区域覆盖纽约长岛。总体而言,整个配送过程如下:在纽约长岛的营业机构,定购的产品通过总长数英里的传送带把货物输送到分拣区;计算机分拣系统(偶尔也略微借助人力)根据订单的要求把每宗货物组装在一起;当一个货箱装满以后,雇员们安排里面的货物,避免在运输途中的磕碰损毁;货箱封口以后,传送到装运区域;在装运区域对货物进行扫描,确认它们将发往正确的目的地;将货物装上冷藏车;送货到户或顾客办公室。

(四)品牌建设分析

"菜管家"销售的农产品中,部分由自身进行粗加工和包装,并贴上自己的标签,有些是对已有品牌的网上代卖。例如,大米就有"锦菜园"、"美裕"等四五个品牌同时在网上销售。Freshdirect 也具有类似的模式,除生鲜类农产品由自己进行加工、包装,其余的杂货均为其他品牌商品在网上由 Freshdirect 代卖。

4.5 我国农产品质量问题分析

"民以食为天,食以安为先"。农产品质量安全问题越来越受到人们的广泛关注。近年来,国内食品安全事件频发,如 2006 年 6 月的"福寿螺"事件、上海的"多宝鱼"药物残留严重超标事件、河北红心鸭蛋含"苏丹红四号"事件、2008 年 9 月河北的"三鹿奶粉三聚氰胺"事件、2010 年 2 月"海南水胺硫磷有毒豇豆"事件等。这些事件直接影响了人民群众的身体健康和生命安全,也关系到经济健康发展和社会稳定。在此,以湖南大米作为典型案例进行分析。

4.5.1 从"鱼米之乡"变"毒米之乡"

湖南镉大米是中国信用市场劣质化的缩影。湖南镉大米超标,当地政府部门揣着明白装糊涂。湖南是中国重金属污染高发地,大米重金属污染早已是公开的秘密,广州食药监局此次检测成为了喊破皇帝新衣的孩子。

原长沙铬盐厂 15 万平方米的厂区内岩土、地表水、地下水均形成了污染。2010 年 11 月《中国经营报》报道,以湘江(株洲)霞湾港段为例,排污口下游底泥的镉、铅等重金属含量超标 1800 倍、52 倍。霞湾港只是湘江流域诸多重点排污口的一个,株洲清水塘、湘潭竹埠港、衡阳水口山等区域是重点排污点,这些地方化工、冶炼、采矿企业密布。统计数据显示,湖南全省受到"矿毒"及重金属污染的土地面积达 28000 公顷,占全省总面积的 13%。湖南 14 个市、州中,有 8 个处在湘江流域,超过 4000 万人的生产、生活用水受到污染,这一流域已经不太适合人居,人口与资金能逃则逃,逃到污染不那么严重的地区,现在湖南大米深加工基地益阳兰溪米市一度有 70% 的企业关门,农民不安,民生不稳。

传统的"鱼米之乡"转变为"毒米之乡"。2011 年 11 月 3 日,湖南省人民政府召开加强全省有色金属行业环境保护和可持续发展新闻发布会,指出湖南省铅、镉的排放在重金属污染物中所占比重达到 80%、90%,致使一些河流、土壤存在环境安全隐患。当年 9 月 25 日,省政府出台《关于促进有色金属产业可持续发展的意见》,提出治理污染的具体指标[①]。

4.5.2 我国农产品质量安全存在的隐患

(一)农业投入品存在安全隐患

农民科技知识匮乏,不能合理使用化肥、农药。与传统的高温堆肥、沤制绿肥、秸秆还田等技术相比,施用化肥成本更低,因此成为农业增产、增收的重要手段,但如果不能合理使用就会造成严重的负面影响。

(二)管理体制不够完善

农产品质量安全是一项综合性的工作,农产品的流通、销售、质量监督管理等环节归属不同的部门管理,容易造成职能交叉和管理上的缺位。

(三)农业标准化水平低

目前,我国已基本建立起了以国家和行业标准为骨干、地方标准为基础、企业标准为补充的农业标准体系框架,但与发达国家相比,仍然存在较大差距。

---

① http://forum.home.news.cn/thread/120135152/1.html.

（四）农产品质量安全信息体系不健全

随着现代通讯技术和互联网技术的发展，使得各种信息的传递速度大大提高。而农产品质量管理部门仍然依靠传统的专业报刊杂志向外传递质量安全信息，虽然也有自己的官方网站，但更新却很不及时。这就造成了信息传递覆盖面过于狭窄、时效性差等问题[1]。

4.6 美、日、澳农产品质量管理体系

农产品质量管理体系，是指一国或地区各个相关部门或系统为完成农产品质量安全管理目标，所进行的分工合作的一体化工作网络。其主要的构成部分有：农产品质量监管体系、标准体系、检测体系、认证体系和法律法规体系。20世纪80年代以来，世界各国针对农产品质量安全问题频发的现实，不断加大农产品质量管理体系的建设。尤其是发达国家已建立起了能够适应市场经济发展要求的农产品质量管理体系，并对农产品质量安全管理发挥了积极作用。

4.6.1 农产品质量监管体系

发达国家在农产品质量管理体系建设过程中，特别重视建立健全农产品质量监管体系。目前，发达国家的农产品质量监管体系主要以农业部门为主体，包括渔业、食品、卫生、环境、工业、科技等部门组成，主要承担农产品生产过程中的质量标准政策的制定、质量监督和日常的行政管理等工作。各国在监管机构设置上主要有两种模式。

（一）相对分散的农产品质量监管体系

这种监管体系以美国和澳大利亚为代表。美国是联邦制国家，各州政府具有相对的行政独立性。为实现农产品质量监管的需要，在监管体制上，实行国家和州政府两级、多部门共同监管的体系。国家层面上有农业部、食物药品管理局、卫生与人类服务部和环境保护署，主要按照农产品类别进行分工监管。地方层面上有州和地方政府的相关对口部门。国家、州和地方政府责任明确，法律、指南和指令健全，人员配备专业性强，有些人员只能监管一种农产品。此外，很多部门在其研究、教育、监督、标准制订以及在处理突发事件的反应行动中都有其派出机构，这些机构按照各自的职责，共同维护美国的农产品安全。不仅如此，美国还通过总统食品安全委员会等机构，以加强国家、州政府，以及各职能部

---

① 李莉，李阳.对我国农产品质量安全问题的思考[J].农业经济，2011(7)：10—13.

门之间在农产品质量监管方面的联系和协调。除了以上的主要负责部门，美国食物安全组织管理体系还包括四个协助部门、两个支持部门和四个其他协调部门。四个协助部门包括卫生部的疾病控制预防中心、农业研究服务局、动植物健康检验局等其他农业部的机构、商务部的国家海事渔业局；两个支持部门是卫生与人类服务局的全国卫生所和美国农业部农产品推广服务局；四个其他协调部门包括风险评估协会、食品安全和应用营养联合研究所、联合研究所和国家食品安全系统工程。

澳大利亚的农产品质量安全管理部门，也主要有联邦政府和州级政府两个层面。联邦政府层面，有关农产品质量安全管理有两个部门。一是联邦农林渔业部总管全澳农业、林业、渔业产品的生产、加工、流通、市场、投入品使用等方面政策和法规制定以及推动实施，负责农产品的进出口管理；二是澳大利亚检验检疫局，归属于联邦农林渔业部，专门负责进出口农产品和食品的检验检疫政策和技术措施的监督执行。在州级政府层面上，以新南威尔士州为例，有三个部门。一是基础产业部，负责州内农业、渔业、矿业等基础产业的生产指导、贸易、安全和科研等事务。二是农产品安全局，成立于2004年4月，是澳大利亚第一家负责农产品从收获到消费者手中全过程安全监管的机构，隶属于基础产业部，但相对独立工作。三是健康部，出现食品安全事故时，如涉及流行病学调查，由健康部负责。

（二）相对统一的农产品质量监管体系

以欧盟和日本为代表。欧盟是多国组织，不能行使国家主权。但是，为了确保欧盟各国从农场到餐桌的农产品和食品的安全控制，欧盟各国不仅建立了自己的农产品安全监管机构，而且还根据欧盟统一农产品法的基本原则与要求，成立了专门的欧盟农产品安全管理局。欧盟农产品安全管理局由管理委员会、行政主任、咨询论坛、科学委员会和8个专家小组组成。欧盟农产品安全管理局的职责范围很广，主要任务是提供政策建议，建立各成员国农产品安全机构之间密切合作的信息网络，评估农产品安全风险，向公众发布相关信息。同时，这些机构可以对欧盟内的整个农产品链进行监控，再根据科学的证据做出风险评估，为各国政府制定政策和法规提供信息依据。

日本根据修订的农林水产省设置法，农林水产省将产业发展和安全管理职能分开，专门成立了消费安全局。主要负责：国内生鲜农产品生产环节的质量安全管理；农药、兽药、化肥、饲料等农业投入品生产、销售与使用环节的监督管理；进口农产品动植物检疫；国产和进口粮食的安全性检查；农产品品质、认证和标识的监督管理；农产品加工中危害分析与关键控制点（HACCP）方法的推广；流通环节中批发市场、屠宰场的设施建设;农产品质量安全信息(包括消费者反映)的搜集、交流;土地污染控制;转基因管理等。在管理措施方面,一是加强对投入品使用管理;二是推行全程质量控制制度;三是加大对进口农产品的检疫检测力度。

4.6.2 农产品质量安全标准体系

发达国家的农产品质量标准体系较为完善,包含了农产品种类标准、农产品生产经营环节标准等。比如,农作物生产标准、畜牧饲养标准、水产养殖标准、农产品生产环境标准、绿色食品标准、农产品和食品加工储运标准、农作物生产和畜牧饲养的基本要求等。这些标准有强制性和推荐性两种不同的类型。前者为政府部门的法律、法规,具有强制性,必须严格遵守;后者则由政府委托标准制定机构或行业协会制定和管理,由社会自愿采用。

美国的农产品标准有三个层次:一是国家标准,由联邦政府农业部、卫生部和环境保护署等政府机构,以及经联邦政府授权制定。二是行业标准,由民间团体制定。民间组织的标准具有很强的权威性,不仅在国内享有良好的声誉,而且在国际上被广为采用。三是农场主和贸易商制定的企业操作规范,相当于中国的企业标准。目前,美国有近 10 万个标准,约 700 家机构在制定各自的标准。

欧盟的标准体系分为两个层次:一是欧盟指令;二是包含具体技术内容的可自愿选择的技术标准。凡涉及产品安全、职业安全、人体健康、消费者权益保护的标准,通常以指令的形式发布。技术性强的规定或规范多以标准形式发布。

目前,欧盟拥有技术标准 10 多万个,涉及食品和农产品的标准共有 550 个。在农产品农药残留限量控制方面,欧盟已制定农药残留限量标准 17000 多项。

澳大利亚农产品质量安全标准统一由澳新农产品标准委员会(Food Standards of Australian and New Zealand,简称 FSANZ)组织制定。标准分为强制性和非强制性两类。农药残留、兽药残留、致病菌等安全方面指标由政府制定,为强制性标准;关于色、香、味等品质方面的指标由行业协会制定,为非强制性标准。

日本的农业标准体系也分为国家标准、行业标准和企业标准三个层次。主要分两类:一类是安全卫生标准,包括动植物疫病、有毒有害物质残留等;另一类是质量标准,日本的农业标准数量很多,并形成了比较完善的标准体系。不仅在生鲜农产品、加工农产品、有机农产品、转基因农产品等方面制定了详细的标准和标识制度,而且在标准制定、修订、废除、产品认证、监督管理等方面也建立了完善的组织体系和制度体系,并以法律形式固定下来。

4.6.3 农产品质量安全检测检验体系

主要发达国家非常重视本国农产品质量安全检测检验体系的建设,并通过检测体系对农产品的质量安全实施监督管理。美国根据农产品市场准入和市场监管的需要,建有分农产品品种的全国性专业机构和分区域的农产品质量监测机构;同时,各州也根据需要,建有州级农产品质量监测机构,主要负责农产品生产过程中的质量安全和产地质量安全。美国的检测检验体系还负责对农产品的风险评估、风险管理和风险通报。

欧盟各国根据欧盟及本国的法律法规,对农产品实行严格的市场准入和监管。其主要措施之一,就是依农业行政主管部门,按行政区划和农产品品种类型设立的全国性、综合性和专业性检测机构来实施执法监督检验。欧盟及各成员国一般设立了官方检测检验机构。私人志愿机构也起到了重要作用,但大部分得到认可的为官方检验机构。官方或官方认可的检测检验系统属于具有重要性而广泛使用的农产品管理手段。欧盟国家政府所进行的检测检验是围绕建立HACCP系统而进行的,检验检测可以在可能发生危害的任何环节进行。欧盟的检验检测体系除了具有共同特征以外,各国也有自己的特点。

澳大利亚有比较完善的农产品质量安全检测和监控体系、预警系统和进口农产品确认(注册)制度。在安全控制技术方面实行全过程质量控制、动物疾病控制、农兽药残留控制、环境和污染物控制、致病微生物控制以及进口农产品准入管理和管制,控制和管理体系运行规范、有效,深得相关贸易国(地区)认可。

日本农林水产省建有一个完善的农产品质量安全检测体系,以农林水产消费技术服务标准为依托,负责农产品的监测、鉴定和评估,以及各级政府委托的市场准入和市场监督检验工作。中央行政管理部门的主要职责是制定有关政策,起草有关法规,具体工作由独立行政法人和地方农业机构承担。独立行政法人农林水产消费技术服务中心承担主要的检测监督工作。地方农业机构及其他农林水产省的地方机关,也要与农林水产消费技术服务中心协作,进行情报收集和指导监督。

4.6.4 农产品质量安全认证体系

美国与农产品有关的认证类型有 10 余种,按照执行标准或技术规范的性质大致可以分为自愿性认证和强制性认证两大类。自愿性认证是为满足国内外消费者的需求或进口国农产品法规要求,美国政府、协会或其他组织开展自愿性认证,来提高农产品的市场竞争能力。在美国比较典型的自愿性农产品认证有有机农产品、公平贸易、安格斯牛肉和俄克拉荷马制造等认证。强制性认证是美国政府为满足各方面对农产品质量安全、环境以及员工健康和动物福利等方面的要求,在农产品生产、加工和流通领域实施强制性认证。比较典型的有农产品GMP(良好生产规范)、HACCP(危害分析关键控制点)、GAP(良好农业规范)和Dolphin Safe(海豚安全)金枪鱼标志认证。

欧盟的农产品安全在一般管制的基础上,比较鼓励农产品部门的自我管理。农产品安全管理部门制定一系列农产品企业通用管理规范,如 GMP 和 HAC-CP,由农产品企业自愿采纳并融合到自己的管理系统中,而且鼓励企业根据自己的产品和生产特性形成自己的农产品安全计划,作为强制性法规的补充或替代。这些管理大都是预防性和保护性的措施,通过认证获得承认。

澳大利亚农产品认证体系形式多样,注重本国特点,具有非常鲜明的特色。所有认证均按行业、市场、消费需求设置,突出专业性。很多的认证模式和农产品安全项目由行业组织(协会)或大的集团(公司)发起。认证工作大多不发证,只加注、加贴相应标识标志。所有的认证都非常注重生产过程控制的评定和确认。在农产品方面目前受官方认可和生产者、经营者、消费者推崇的成功认证模式有:新鲜农产品放心认证,粮食等级认定,质量保证,畜产品识别追溯系统标志,牛肉和羊肉的质量标准项目。

按照日本农业标准制度,日本有专门的认证体系负责推广和促进 JAS 标志的使用。JAS 标志制度是自愿认证制度。目前已实施认证的产品有 400 多种。农产品认证一般由中介认证机构承担,认证机构由农林水产大臣指定或认可。认证分为常规农产品认证和特殊认证,常规农产品认证主要是品质认证,特殊认证即有机农产品认证。此外,目前日本要求国内和进口的畜禽产品及水产品按照 HACCP 体系来生产、加工,企业必须要进行 HACCP 体系认证。

4.6.5 农产品法律法规体系

美国的农产品和食品安全监管以强有力的、灵活的、科学的联邦和州的法律为基础。如在农产品认证方面,一方面,在一些综合性法律中通过对农产品、农业投入品、包装和标签的调整,从而直接或间接地涉及对农产品质量安全认证的调整,如《联邦食品、药品和化妆品法》;另一方面,在单一性法律中专门就农产品(或农业投入品)的某一种类或某一环节的认证作出规定,如 1990 年的《联邦有机农产品生产法案》,从 1906 年美国第一部与农产品有关的法律——《食品和药品法》开始,近一个世纪来,美国政府制定和修订了 35 部与农产品安全有关的法规,其中直接相关的法令有 7 部。这 7 部法令既有综合性的《联邦食品、药品和化妆品法》、《公共卫生服务法》、《农产品质量保护法》；也有非常具体的《联邦肉类检查法》、《禽类产品检验法》、《蛋类产品检验法》、《联邦杀虫剂、杀真菌剂和灭鼠剂法》。目前，美国有机农产品的生产和流通各个环节都有法可循。

欧盟为统一并协调内部药品安全监管规则，30 年来陆续制定了《通用食品法》、《食品卫生法》等 20 多部药品安全方面的法规，形成了较为完整的法律体系。欧盟还制定了一系列药品安全规范要求，主要包括动植物疾病控制、药物残留控制、药品生产卫生规范、良好实验室的检验、进口药品准入控制、出口国官方兽医证书规定、药品的官方监控等。2001 年初，欧盟发表了《食品安全白皮书》，提出了 80 多项保证药品安全的基本措施，以应对未来数年内可能遇到的问题。白皮书包括药品安全政策体系、药品法规框架、药品管理体制、药品安全国际合作等内容，是欧盟及其成员国完善药品安全法规体系和管理机构的基本指导。

澳大利亚是由各州和直辖区政府负责执行农产品法，这导致各个地区有不同农产品法和农产品标准。为了协调各州的农产品安全管理工作和统一全国的农产品标准，在《国家食品局法》(National Food Authority Act)下成立了国家食品局(NFA)。20 世纪 70 年代以来，澳各州政府与联邦政府共同努力，力图实现全国食品标准及法规的一致性。各州在《食品样本法》(1980)的基础上，制定了各自的农产品、健康法案。各州法案分为两类，一类是农产品标准法规(针对制成品)，另一类是农产品卫生法规(针对农产品加工)。通过州与联邦政府达成的协议，成立各州卫生部长组成的《部长理事会》，由该理事会协调农产品标准法规的一致性。

日本以《农林物质标准化及质量标识管理法》为基础，建立起了包括农产品卫生、农产品质量(品质)、投入品(农药、兽药、饲料添加剂等)、动物防疫、植物保护等五个方面的较为完善的农产品质量法律法规体系。日本自 1948 年厚生劳动省颁布实施《食品卫生法》和农林水产省颁布实施《输出品取缔法》(即《出口农产品管理法》)，1957 年改为《出口检查法》，1997 年废止之后，农林水产省又相继出台了《农林产品品质规格和正确标识法》(JSA 法，1970 年颁布实施)、《植物防疫法》、《家畜传染病预防法》、《农药取缔法》、《农药管理法》等与农产品质量安全有关的法律法规。日本在 2002 年对 1957 年制定的《农产品卫生法》进行了修订[①]。

---

① 祁胜媚,封超年,郭文善,陆建飞.发达国家农产品质量管理体系的现状及借鉴.扬州大学学报(人文社会科学版),2011(1):55—60.

05　国内外农业相关政策情况

近年来,随着我国农业市场化和国际化的推进,对我国工业化发展已进入中期阶段认识的统一,政府已经按照"多予、少取、放活"的方针对农业政策逐步进行了调整。尽管有关农业支持的政策不少,但较为零散,没有形成一个宏观的农业支持政策体系。其中有关农产品价格补贴政策和农村土地征收制度是比较有代表性的,还有近年来在突出的农产品"流通难"引发的价格风暴下,我国在农产品流通方面也提出了专项政策。下文将对这些政策进行详细解读。

5.1　我国的农业相关政策

5.1.1　我国农产品价格政策的演进

从 1953 年第一个五年计划开始,到 1978 年改革开放前,我国实行计划经济体制,政府是农产品价格政策的制定者和实施者,国家对农产品实行统购统销,严格控制农产品市场,严禁个体经营农产品。

农产品的价格由政府根据国家经济发展状况和宏观经济目标而制定,农户的农产品收入仅受产量的影响。自 1979 年以来,随着改革开放的深入与社会主义市场经济的发展,农产品价格政策与生产产量逐渐走向市场化。大致上经历了以下几个阶段:

第一阶段:1979—1984 年,调整农产品价格,开放集市贸易,有限地引入市场机制这一阶段农产品价格改革的主要内容是不触动计划经济主体的情况下,在保持统购、派购政策的前提下,逐步让出部分农产品,有限度地引入市场机制。1978 年以前我国农产品价格中由市场机制决定的很少,在农产品总额中国家定价占 96.2%,国家指导价占 1.8%,市场调节价占 5.6%,到 1983 年计划价格的农产品为 81 种,1984 年计划价格的农产品仅为 60 种,农产品收购总额中国家定价只占 67.5%,国家指导价占 14.4%,市场调节价仅占 18.1%。在此期间,为了改变农产品价格偏低的状况,调动农民的生产积极性,增加农民收入,1979年国务院陆续提高了粮食、食油、生猪等18种重要农产品的收购价格,平均提价幅度为24.8％,从而极大地刺激了农业的更快发展,有力地推动了农产品价格形成机制市场化的进程。

第二阶段:1985—1991年,取消"统购"政策,保留统销价格,从统购统销走向计划流通与市场流通并存的"双轨制"。1984年我国粮食总产量出现供过于求现象,农民有余粮可卖,而国有粮食部门的收购能力却相对不足。1985年进行粮食购销体制改革,将实行了30多年的粮食统购制改为粮食合同订购制。合同订购的粮食品种为小麦、稻谷、玉米和集中产区的大豆,订购价格实行"倒三七"比例价(即30％按原统购价、70％按原超购价计价),统购价之外的粮食允许农民自由出售,价格随行就市;如果市场粮食价低于原统购价,国家按原统购价敞开收购。从此,合同收购与市场收购相结合的"双轨制"正式确立,即粮食商品总量中的一部分,其收购数量、渠道和价格由政府确定,另一部分的收购数量、渠道、价格则由市场供求来确定。此外,定购以外的棉花也允许农民上市自销。生猪、水产品和大中城市、工矿区的蔬菜,逐步取消派购,自由上市自由贸易,按质论价。到1991年,农产品收购价格中国家定价的仅为9种,指导价的为19种。农产品调拨价中国家定价的为8种,国家指导价的为4种。农产品销售价格中国家定价的为7种,国家指导价的为10种。可见,在农产品价格的决定机制上市场作用已经超过计划的作用,农产品价格形成的市场制度的雏形开始确立,农产品构成了我国农产品流通体制改革在特定时期内的"双轨制"。

第三阶段:1992—1997年,取消粮食统销价格,定购粮实行保量放价。农产品价格改革全面引入市场机制,这一阶段国家废除了实行40年的粮食统销制度,粮食供应和消费完全由市场调节,确立了粮食购销制度的基本框架,出台了几项对后来粮食流通体制影响深远的重大政策:一是建立粮食收购保护价制度和销售限价政策;二是建立粮食风险基金制度,支持企业按保护价收购农民余粮,维护国家粮食安全;三是为保证粮食收购资金的及时足额到位,1994年10月成立了中国农业发展银行,对粮食收购资金进行封闭式管理;四是1995年建立"米袋子"省长负责制,是中央为解决我国粮食总量平衡和地区平衡而采取的一项关键性改革措施;五是实行"两线运行"改革,即在粮食部门推行政策性业务与商业性业务分开的两线运行改革。

第四阶段:1998年至今,对市场议购粮食实行按保护价敞开收购的政策。大宗农产品流通体制逐步实现由国家调控下市场形成价格的机制。20世纪90年代后期以来,随着粮食市场的供求变化,中央在粮食政策方面及时提出了"三项政策、一项改革"(即敞开收购、顺价销售、收购资金封闭运行三项政策与加快国有粮食企业自身改革),实行政企分开、中央与地方责任分开、储备和经营分开、新老财务挂账分开,完善粮食价格机制。随着改革的深入,我国粮食流通体制的走向是放弃国有粮企独买地位,建立政府干预市场的现代机制,即有控制的竞争机制。此外,大宗农产品流通体制也逐步实现由国家调控下市场形成价格的机制①。

近年来,我国连续十年将农业问题作为中央一号文件,可见政府对这项工作的高度重视,确实也在不断加强管理,推出多项措施。一系列保障措施相继出台,为绿色快车提供有效补给,其中包括财税政策、金融支持、保障用地、强化监督、运输便利等多个方面。

第一,关于农产品质量安全。尽管我国已颁布实施了《城乡集市贸易管理办法》、《农产品质量安全法》等与农产品市场相关的法律法规,但这些法律法规目前已不适应农产品市场发展的要求,特别是很难用于调整和规范批发市场中各利益主体的行为。

第二,农产品物流收费。自 2010 年 12 月 1 日起,国家已将所有收费公路纳入鲜活农产品运输"绿色通道"网络范围,对整车合法装载运输鲜活农产品车辆免收车辆通行费。各有关部门应进一步严格执行,保证此项惠民措施的顺利实施。以绿色通道为例,2005 年国家七部门联合印发《全国高效率鲜活农产品流通"绿色通道"建设实施方案》;2010 年 12 月起,全国所有收费公路全部纳入"绿色通道"网络范围。有关部门统计,2005—2009 年,全国因此共减免通行费 277 亿元。

第三,信息化建设。2007 年我国已出台了《全国农业和农村信息化建设总体框架(2007—2015 年)》,全面部署农业和农村信息化建设的发展思路,政府应继续实施这一建设规划,重点是增强乡级信息服务网络的功能,加强村级农业信息网络建设,填补乡镇与农户之间的网络断层,解决农业信息传递"最后一公里"的问题。

第四,减免税费方面。2008 年 9 月 1 日,国家出台停止征收农产品集贸市场管理费和个体工商户管理费,每年为市场及经营户减轻负担约 300 亿元;2011年,国务院办公厅发布《关于促进物流业健康发展政策措施的意见》和《关于加强鲜活农产品流通体系建设的意见》;今年 8 月,国务院发布《关于深化流通体制改

---

① 邓水兰,周瑞辉.农产品价格政策演进的博弈及其政策目标.南昌大学学报(人文社会科学版),2009(11):51—53.

革加快流通产业发展的意见》,被业内人士称为改革开放以来扶持流通业发展含金量最高的一份文件,其中包括减轻流通产业税收负担和降低流通环节费用等一系列政策。

第五,收购保护。2004年5月23日,国家全面放开粮食收购和销售市场,实行购销多渠道经营,新一轮"粮改"拉开序幕;加快国有粮食购销企业改革步伐,转变企业经营体制,完善粮食现货和期货市场,严禁地区封锁,搞好产销区衔接,优化储备布局。之后,国家相继出台最低收购价、临时收储等政策。作为农产品价格政策核心的最低收购价政策,取代粮食保护价收购政策,实际上是给农民一个稳定的收益预期。通过控制最低收购价把握粮食拍卖节奏与投放量保证市场稳定,有效抵挡了近两年国际粮价大幅波动的冲击,极大调动农民种粮积极性,在一定程度上促进了我国粮食生产实现"八连增"。

临时收储政策在应对2008年国际金融危机中应运而生,政策支持企业参与,面向农民敞开收购,发挥市场"托底"作用。以大进大出的棉花为例,2008年籽棉一度跌破成本价,国家在当年10—12月连续三次下达收储计划,累计收储272万吨,第三次收储实行皮棉与籽棉相挂钩政策,有效保护了棉农利益。

针对重要"菜篮子"产品——生猪的价格调控预案也在这一时期出台。2009年1月,六部委联合发布《防止生猪价格过度下跌调控预案(暂行)》,并于当年6月第一次执行,收储强力拉升猪市。据国家发改委成本调查,2009年5月规模户出栏每头生猪亏损18.44元,而6月规模户出栏每头生猪转为盈利23.16元。

5.1.2 加强鲜活农产品流通的措施

2011年,《国务院办公厅关于加强鲜活农产品流通体系建设的意见》的出台,将我国鲜活农产品流通问题摆上了桌面。我国是鲜活农产品生产和消费大国。为加强鲜活农产品流通体系建设,建立平稳产销运行、保障市场供应的长效机制,切实维护生产者和消费者利益,是一项重要的民生工程。

该项政策的主要目标,是以加强产销衔接为重点,加强鲜活农产品流通基础设施建设,创新鲜活农产品流通模式,提高流通组织化程度,完善流通链条和市场布局,进一步减少流通环节,降低流通成本,建立完善高效、畅通、安全、有序的鲜活农产品流通体系,保障鲜活农产品市场供应和价格稳定。

政策主要突出几个方面:

一是加强流通规划指导,促进市场合理布局。制定全国农产品批发市场发展指导文件,明确指导思想、发展目标、主要任务和政策措施。地方各级人民政府要依据城市总体规划和城市商业网点规划,制定并完善本地区农产品批发市场、农贸市场、菜市场等鲜活农产品网点发展规划，逐步形成布局合理、功能完善、竞争有序的鲜活农产品市场网络。

二是加快培育流通主体，提高流通组织化程度。推动鲜活农产品经销商实现公司化、规模化、品牌化发展。鼓励流通企业跨地区兼并重组和投资合作，提高产业集中度。扶持培育一批大型鲜活农产品流通企业、农业产业化龙头企业、运输企业和农民专业合作社及其他农业合作经济组织，促其做大做强，提高竞争力。

三是加强流通基础设施建设，提升流通现代化水平。加强鲜活农产品产地预冷、预选分级、加工配送、冷藏冷冻、冷链运输、包装仓储、电子结算、检验检测和安全监控等设施建设。引导各类投资主体投资建设和改造农产品批发市场和农贸市场、菜市场、社区菜店、生鲜超市、平价商店等鲜活农产品零售网点。发展电子商务，扩大网上交易规模。鼓励农产品批发市场引入拍卖等现代交易模式。加快农产品流通科技研发和推广应用。

四是大力推进产销衔接，减少流通环节。积极推动农超对接、农校对接、农批对接等多种形式的产销衔接，鼓励批发市场、大型连锁超市等流通企业，学校、酒店、大企业等最终用户与农业生产基地、农民专业合作社、农业产业化龙头企业建立长期稳定的产销关系，降低对接门槛和流通成本，扩大对接规模。多措并举，支持农业生产基地、农业产业化龙头企业、农民专业合作社在社区菜市场直供直销，推动在人口集中的社区有序设立周末菜市场及早、晚市等鲜活农产品零售网点。

五是强化信息体系建设，引导生产和消费。加强部门协作，健全覆盖生产、流通、消费的农产品信息网络，及时发布蔬菜等鲜活农产品供求、质量、价格等信息，完善市场监测、预警和信息发布机制。联通主要城市大型农产品批发市场实时交易系统，加强大中城市鲜活农产品市场监测预警体系建设。

六是完善储备调运制度，提高应急调控能力。建立健全重要农产品储备制度。完善农产品跨区调运、调剂机制。城市人民政府要根据消费需求和季节变化，合理确定耐贮蔬菜的动态库存数量，保障应急供给，防止价格大起大落。

七是加强质量监管，严把市场准入关口。加快鲜活农产品质量安全追溯体系建设，进一步落实索证索票和购销台账制度，强化质量安全管理。建立鲜活农产品经常性检测制度，实现抽检标准、程序、结果"三公开"，对不符合质量安全标准的鲜活农产品依法进行无害化处理或者监督销毁。

应该说这些工作重点每一项都言之有理，十分重要，但如何来落实，是老百姓更关注的问题。

为了让政策有效落实，文件也提出了相应的保障措施。

一是完善财税政策。各级人民政府要增加财政投入，通过投资入股、产权回购回租、公建配套等方式，改造和新建一批公益性农产品批发市场、农贸市场和菜市场，保障居民基本生活需要。在农产品主产区、集散地和主销区，升级改造一批带动力强、辐射面广的大型农产品批发市场和农产品加工配送中心。发挥财政资金引导示范作用，带动和规范民间资本进入农产品流通领域。完善农产品流通税收政策，免征蔬菜流通环节增值税。

二是加强金融支持。鼓励和引导金融机构把农产品生产、加工和流通作为涉农金融服务工作重点，加大涉农贷款投放力度。合理把握信贷投放节奏，为农产品经销商等集中提供初级农产品收购资金，加强对农产品供应链上下游企业和农户的信贷支持。发挥地方各类涉农担保机构作用，着力解决农户、农民专业合作社和小企业融资担保能力不足问题。鼓励保险机构研究开发鲜活农产品保险产品，积极引导企业、农民专业合作社和农民投保，有条件的地方可对保费给予适当财政补贴。

三是保障合理用地。农产品批发市场建设要符合土地利用总体规划和商业网点规划，优先保障土地供应。对于政府投资建设不以营利为目的、具有公益性质的农产品批发市场，可按作价出资（入股）方式办理用地手续，但禁止改变土地用途和性质。

四是强化监督管理。加强对鲜活农产品市场进场费、摊位费等收费的管理，规范收费项目，实行收费公示，降低收费标准。对政府投资建设或控股的农产品市场，可以按法定程序将有关收费纳入地方政府定价目录，实行政府指导价或政府定价管理，并依据保本微利的原则核定收费标准。严厉打击农产品投机炒作。做好外资并购大型农产品批发市场的安全审查工作。

五是提供运输便利。严格执行鲜活农产品运输"绿色通道"政策，保证鲜活农产品运输"绿色通道"网络畅通，坚决落实免收整车合法装载运输鲜活农产品车辆通行费的相关政策。积极为鲜活农产品配送车辆进城提供畅通便捷有序的通行和停靠条件，鼓励有条件的大中城市使用符合国家强制性标准的鲜活农产品专用运输车型。

六是健全相关制度。加快农产品流通标准体系建设，推进农产品质量等级化、包装规格化、标识规范化、产品品牌化。抓紧研究完善农产品批发市场的准入、布局、规划、监管和政策促进等问题，为农产品批发市场健康发展提供制度保障。

七是加强组织领导。地方各级人民政府和各有关部门要把鲜活农产品流通体系建设作为重要的民生工程加以推进,在充分发挥市场机制作用的基础上,加大政策扶持力度。强化"菜篮子"市长负责制,切实提高大中城市鲜活农产品自给率。充分发挥农产品流通行业组织的协调和服务作用。商务部、发展改革委、农业部要会同公安部、财政部、国土资源部、住房城乡建设部、交通运输部、铁道部、税务总局、质检总局、银监会、保监会、供销总社等部门和单位加强督察和指导,及时研究解决鲜活农产品流通体系建设中的重大问题。

上述政策思路,可以说考虑得非常全面,甚至不光是解决鲜活农产品的流通问题,而是几乎可以解决整个"三农"问题。因为,目前各类专家意见和媒体报道,都比较一致地认为,我国农产品的价格不合理都是"流通"惹的祸。按此推论,解决了"流通难"问题,农产品的价格就正常了,那么市场也就平衡了。但现实情况下,上述的政策依然难以落实。仔细想想,在农产品产业链中的弱势群体,他们的利益是否真正得到解决或保障?换言之,如果不能对那些丧失商道的逐利者给予足够的惩戒,不能对那些勤于作业和创新的农业生产者予以充分的支持,那么,所谓的减税政策、贷款政策等,也只能是让农民望梅止渴,而政策最后还是成为老生常谈、千篇一律的一纸空文。

5.1.3 我国农产品价格补贴政策中的弊端

我国实行农产品价格补贴的目的之一是要稳定粮食价格,保障城镇居民的基本生活水平。多年以来,我国对农业的补贴主要采取的是农产品的价格补贴,这种方式在实际运行中虽然在一定程度上保护了农民的利益,稳定了粮食价格,保证了城镇居民的基本生活水平,但是也存在很大的弊端。归纳起来主要有以下几个方面:

第一,补贴流失严重。补贴的目的是保护农民利益,增加农民收入,但补贴通过国有粮食收购企业这个中间环节来实现。在实际运作过程中,大量的国家补贴在中间环节被截留或流失,农民从国家的补贴和保护中并没有得到很多的好处。根据财政部测算,我国价格补贴的效率仅为14%(发达国家为25%),即国家补贴100元,农民只能得到14元。据报道,安徽省财政以前每年要拿出40亿元补贴粮食,但只有4亿元能进入农民的口袋。也就是说,国家用于支持农业生产、保护农民利益的补贴只有1/10能够到农民手上,这使国家支持政策的效应大打折扣。

第二,补贴造成市场的扭曲。一些粮食品种因受到保护价的保护,生产脱离市场需求而盲目扩张,导致供过于求,库存积压严重。前些年南方地区的早籼稻,在保护价收购的保护下不断发展,造成严重问题,后来不得不从保护价收购范围退出,早籼稻的面积才降到比较合理的水平。近几年东北尤其是黑龙江省的水稻,也是在保护价的保护下,面积不断增加,不仅造成严重积压和损失,而且导致一些地方过度开发水田,带来生态问题。与玉米、水稻不同,东北地区的第三大作物大豆,因不在保护价收购的范围之内,没有得到相应的保护,在市场需求大幅增长的同时,生产发展缓慢,国外大豆趁机进入我国市场,进口量猛增,目前已超过了国内产量。保护价收购对粮食品质难以有明确的要求,致使品质较差的粮食大量流入国家粮库,而优质粮食难以做到优质优价,国家的补贴很多补给了质量较差的粮食,不利于提高粮食质量和我国粮食的市场竞争力。

第三,补贴削弱了国有粮食企业的竞争力。通过中间环节进行的补贴,不仅达不到应有的支持生产的正面效应,而且在粮食流通中产生了很大的负面效应,影响了粮食流通效率,不利于国有粮食企业深化改革。对中间环节进行补贴,增加了国有粮食企业对政策的依赖性,使企业出现"收粮靠贷款、储存有补贴、亏损就挂账"的现象。国有粮食企业储粮越多,得到的补贴就越多,只要把粮食收进来,就能靠补贴吃饭,至于收进来的粮食能否销售、能否有盈利并不很重要。因此,在一些粮食主产区,很多粮食企业不是积极从事粮食购销经营,而是热衷于扩大库存,以达到坐吃补贴的目的。这种机制使得粮食企业只要有库存,就可以拿到国家的补贴,而没有任何的风险。结果是,库存规模长期居高不下,库存粮食大量陈化变质,给国家造成巨大的损失,企业的资产也受到损失,结果国有粮食企业的市场占有率越来越低[1]。

5.1.4 我国农村土地征收制度存在的问题

我国长期以来实行的是二元城乡经济结构,城市实行的是高补贴、广就业的社会保障制度,即只要有了城市户口就可享受就业机会及养老、医疗等一系列社会保险与粮食、住房等补贴。而在农村,实行的是群众互助和国家救济为主的社会保障制度,其保障水平明显低于城市。在农村中实行的土地承包责任制,实际上把农地作为了保障农民基本生活需要的主要手段,并通过土地政策努力协调公平与效率的关系,使土地成为农民基本生活的保障,也是最后的保障。从这个意义上出发,农村土地为农民提供了最必要的基本生存资料和最简单而原始的就业途径。如果国家一定要从农民手中取得这些最基本的生活资料,将会给他们带来什么样的状况和后果呢?我国现行的征地补偿制度在"工业化"的利益需求下,以牺牲农民利益换取城市发展,对农民利益严重缺乏保护,存在着不少问

---

① 林天义,刘佳,吕洪波. 我国农产品价格补贴支出政策评析. 农业经济,2010(5):85—86.

题,主要有以下五个方面。

第一,土地征收权被滥用。我国《宪法》第 10 条规定:"国家为了公共利益的需要,可以依照法律规定对土地实行征收或者征用并给予补偿。"《土地管理法》第 2 条规定:"国家为公共利益的需要,可以依法对集体所有的土地实行征收。"然而,宪法和法律对"公共利益"的概念及范围均没有做具体的规定,这直接导致实践中"公共利益"被无限扩大解释,土地征收权被滥用。一些地方政府在发展本地经济与政绩工作的利益驱动下,凭借种种理由和手中的权力,打着"公共利益"的旗号,肆意征地。他们采取未批先占、少批多占、先占后批,或以耕地充荒地等手段,逃避法律监管,违规征收土地,极大地损害了农民权益,挫伤了农民生产性投资的积极性。大量的农用地转为城市建设用地,扩大城区,兴建各类开发区、旅游区、大学城等,使耕地面积大大减少。

第二,土地补偿费用过低。我国现行征地补偿制度是采用计划经济体制下形成的"产值倍数法"计算标准,这种计算方法存在着产值难以确定,实际变化幅度大,不能体现土地区位条件差异,预期收益体现不足等弊端。在征地过程中,由于存在征地前和出让后的过大收益差,使得农民利益大量流失,在某种程度上形成农村发展滞后和社会不稳定因素,政府公共设施建设行为也难以顺利实现。根据有关专家估计,改革开放以来,农村因土地征用所蒙受的损失超过了 200 亿,这一数字比新中国成立后前 30 年工农产品剪刀差金额总额的 2 倍还多。而在低价征用和高价出让所带来的土地增值收益分配中,农民只得到了 5%～10%,村级集体得到 25%～30%,而 60%～70% 为各级政府所得。

第三,补偿受益主体不明。受益主体不明主要是源于我国在立法上对农村土地权属界定不清。我国《宪法》、《民法通则》、《土地管理法》及《农业法》等都明确规定,农村的土地归农村集体成员共同所有,但到底什么是"集体",相关立法却没有明确指出。这样一来便造成了集体土地所有权主体的虚位,导致集体土地为人人所有,却人人无权。因为在农村实行家庭承包经营为基础,统分结合双层经营体制以后,农村集体经济组织大多解散,原来属于乡(镇)、村集体经济组织所有的土地已经分给各村内小组的农户承包经营,而且当初分地的时候土地权属登记手续大多不健全,在土地未被征收时这种潜在的权属不清问题一般不太引人注意,但当面临补偿问题时,潜在的问题就暴露出来了,三个主体都在争夺土地补偿金,补偿金真正落到土地权利人——农民手中时已经所剩无几,这也是导致实践中许多补偿纠纷发生的重要原因之一。

第四,补偿方式单一,安置责任不明确。我国农村土地征收补偿方式只有金钱补偿和劳动力安置两种方式。另外只在国土资源部《关于加强征地管理工作的通知》这一政策文件中规定了预留地和土地使用权入股补偿的方式。由于劳动用工制度发生了很大的变化,许多企业难以胜任妥善安置劳动力的重任,因此许多地方均采取货币安置的方式。单纯的金钱补偿无法使失地农民真正安置就业。农民失地后大量涌入城市,由于缺乏技能和知识,无法在城市激烈的竞争环境中生存下去。待仅有的一点补偿金用完后,失地农民就彻底失去了生存的依靠。此外,没有法规明确规定哪个组织来负责对失地农民的安置。

第五,补偿程序不完善,司法救济欠缺。补偿过程中虽有公告和听证的规定,但缺乏农民实际参与听证的保障渠道。法律规定征地补偿方案由市、县人民政府土地行政主管部门会同有关部门制定,补偿方案制定后才公告告知农民,对农民提出的意见只在确需修改的情况下才会改动补偿方案,极大地限制了农民的参与权。此外,发生纠纷后,法院往往以征地补偿案件不属于民事案件为由不予受理,司法保护不能实现。现有的土地征收补偿法律法规没有规定对裁决不服的救济途径。《土地管理法》第 16 条的规定主要是土地所有权和使用权的权属纠纷的救济途径,而不包括土地征收补偿纠纷的处理。根据现行《土地管理法》的规定,征收各方不能对征地补偿标准达成一致意见的,由征收部门裁定,而且该裁定为终局裁定,相对人不能向人民法院起诉。这种制度安排,给征收方以过大的权力,而被征收方连起码的司法救济权都没有。双方的攻防武器严重失衡,极易造成对被征收人利益的损害。

由上述分析可以看出,我国目前的农村土地征收制度是建立在损害农民利益的基础之上的,失地农民失去土地的同时也就失去了农民的身分,更失去了赖以生存的基本的保障,但又未同时获得市民的社会保障待遇。失地农民因土地征收失地失业,政府通过征地获得了大量的收入,但仍未能将失地农民纳入城市居民社会保障范围内。大批失地失业农民正持续不断地加入底层贫民的行列,成为城市进程中一个新的弱势群体。这些失地农民变得既不同于农民,也不同于一般市民,更不同于失业工人的"三无"人员,他们非但不能获得失业工人那样的社会保障待遇,反倒可能沦为国家、集体、社会"三不管"的边缘群体,丧失了基本的国民待遇。加强农民利益保护,完善农村土地征收制度,已日益成为摆在我们面前的一个严肃课题。

5.1.5 中央一号文件历史回顾

"一号文件"指的是党中央、国务院每年发布的第一份文件。"一号文件"的主题通常与当时的重要社会、经济问题相关,在党和政府全年的工作中具有重要的地位。经过多年的演化,"一号文件"这个词本身已经变成了一个与"农业"相关的具有特定含义的词汇。背后的原因，需要我们去考察当年的历史。

1982年1月1日，中央发布了当年的一号文件《全国农村工作会议纪要》，简称1982年中央一号文件，这是新中国成立以来第一次把农村工作作为一号文件签发。这是"一号文件"与农业第一次发生直接的联系。

由于当时中国农村正处于暗流涌动的改革前期，很多新做法、新事物在"姓社姓资"的争议中萌芽、生长。1982年一号文件的出台，从中央层面正式肯定了"包产到户、包干到户"，为"双包"制正了名，极大地调动了农民的积极性，开辟了农村经济体制改革的新局面。

据当年亲历者回忆，1982年一号文件在全国引起巨大反响，各地农民热情高涨，说中央这次把农业作为一号文件来传达了，头一回！可以说新浪潮是挡不住了。这样的反响也得到了时任党中央总书记胡耀邦同志的肯定，中央书记处便决定以后每年年末开会，年初发一号文件，以显示农业政策的连续性、重要性和权威性，"一号文件"也就慢慢成为惯例。

（一）20世纪80年代"一号文件"

20世纪80年代的"一号文件"可以说是当时农村经济体制改革的纲领性文件，对当时在农村已经出现的有利于提高生产率、但受到"姓资姓社"争议的做法进行了正名，使这些做法在当时的社会、舆论环境下获得了合理性、合法性，并得以大力推广，对上世纪八十年代农村经济体制改革起到了至关重要的作用。

改革开放初期，以安徽凤阳县小岗村的"分田密约"为标志，包产到户、包干到户、大包干席卷全中国。这种农业生产责任制在当时争议很大。1982年中共中央发布的第1份一号文件，明确指出"包产到户、包干到户"是社会主义生产责任制，同时还说明它不同于合作化以前的小私有的个体经济，而是社会主义农业经济的组成部分。

1983年的一号文件从理论上说明了家庭联产承包责任制是在党的领导下中国农民的伟大创造，是马克思主义农业合作化理论在我国实践中的新发展。

1984年的一号文件强调要继续稳定和完善联产承包责任制，规定土地承包期一般应在15年以上，生产周期长的和开发性的项目应当更长一些。

1985年的一号文件则取消了延续30年的农副产品统购派购的制度，对粮、棉等少数重要产品采取国家计划合同收购的新政策。1986年的一号文件肯定了农村改革的方针政策是正确的，必须继续贯彻执行，并出现了"无工不稳、无工不富"的提法。

八十年代的一号文件对推动农村经济体制改革、提高劳动生产率的效果也在统计数据上得到了明显的体现。从 1980 年到 1985 年,我国粮食产量经历连续五年的增产,这个纪录直到 2008 年才被打破。到 1984 年,我国粮食产量达 4.07 亿吨,为八十年代的最高点。另一方面,农村居民可支配收入增速在 1982 年曾经达到 20%,而当年城镇居民收入增速不到 10%。这个 20% 的增速纪录直到现在也没被打破过。

(二)2004 年以来"一号文件"

2000 年,时任湖北监利县棋盘乡党委书记李昌平给朱镕基总理写信,反映"三农"问题的严重性。在信中说:"农民真苦,农村真穷,农业真危险!"这封信直接引发了全社会对"三农问题"的关注,也使得社会关注点在农业生产的基础上,更广泛地包含了对农民、农村的关注。

2004 年,"一号文件"主题在时隔 18 年之后再次回归农业。当时的背景是:粮价连年低迷,农民收入停滞不前,粮食播种面积连续下降,粮食产量跌落到 4.3 亿吨,导致当年粮价上涨超过 30%。这份一号文件的主题非常突出,即促进农民增收,保障粮食供应。着重解决粮食主产区种粮农民和贫困地区未解决温饱及未稳定解决温饱的贫困农民问题,改善农民进城务工环境,搞活农产品流通。

从 2004 年以来的"一号文件"标题及关键词的变化,我们可以看出,中央农业政策的主要关注点逐步从"促进农民增收"、"保障粮食供应"等基础性、总量问题,逐渐转向"提高农业综合生产能力"、"农村全面发展"、"城乡统筹发展"等结构性、效率问题。

2005 年一号文件要求把加强农业基础设施建设,加快农业科技进步,提高农业综合生产能力,作为一项重大而紧迫的战略任务,切实抓紧抓好。值得注意的是,这一年的一号文件首次提到了农业科技。

2006 年一号文件涉及统筹城乡经济社会发展、推进现代化农业建设、促进农民增收、加强农村基础设施建设、加快发展农村社会事业、深化农村改革等。2007 年一号文件讲到发展现代农业是社会主义新农村建设的首要任务,加大"三农"的投入力度,提高农业水利化、机械化和信息化水平,提高土地产出率、资源利用率和农业劳动生产率,提高农业素质、效益和竞争力。

2008、2009 年一号文件主题重回"基础设施建设"、"农民持续增收"等基础性问题。加大三农投入,增强农业综合生产力。突出抓好农业基础设施建设,强化农业科技和服务体系支撑,逐步提高农村基本公共服务水平。关注发展现代农业和加快发展农村公用事业。数据显示,近几年国家财政三农支出中支持农村社会事业发展的比例在持续增加。

2010 年一号文件,"城乡统筹"首次进入标题。要求推动资源要素向农村配置;加快改善农村民生,缩小城乡公共事业发展差距;协调推进城乡改革,增强农业农村发展活力。与 2009 年相比,2010 年的文件中明确指出提高农业科技创新的工作重点应该放在良种培育上。

2011 年"一号文件"将主题确定为水利改革,表面上看脱离了农业主题,实际背景是 2010 年我国多地遭遇大旱,对农业水利设施进行"补课"被提上议事日程。从发达国家经验来看,农村水资源保护、可持续的水资源利用一直都是农业补贴的重要内容。

从上述回顾来看,八十年代的五个一号文件,重点是解决了农村体制上的阻碍、推动了农村生产力大发展。新世纪关于三农的一号文件的核心思想则是城市支持农村、工业反哺农业,通过一系列"多予、少取、放活"的政策措施,使农民休养生息,重点强调农民增收,给农民平等权利,给农村优先地位,给农业更多反哺。

2012 年"一号文件"聚焦于农业科技方面。主要体现在先进的育种技术、农业机械化、节水灌溉建设、科学配置化肥农药、农资流通等几个方面。

2011 年 12 月 26 日农业部发布了"农业科技十二五规划",可以说是 2012 年一号文件的前奏。2005 年一号文件中首次提到了农业科技。此后的几份一号文件中都提到了农业科技,强调加大三农投入,提高农业综合生产力逐渐成为主旋律。

最新的 2013 年中央一号文件提出,要推进农业科技创新,提高农产品流通效率,完善农产品市场调控,提升食品安全水平,增强农产品供给保障能力。

(三)2013 年中央一号文件解读

2013 年初,中共中央国务院印发《关于加快推进农业科技创新持续增强农产品供给保障能力的若干意见》。下面从几个方面进行解读:

1. 把"农业科技"摆上更加突出位置

文件表述:实现农业持续稳定发展、长期确保农产品有效供给,根本出路在科技。农业科技是确保国家粮食安全的基础支撑,是突破资源环境约束的必然选择,是加快现代农业建设的决定力量,具有显著的公共性、基础性、社会性。必须紧紧抓住世界科技革命方兴未艾的历史机遇,坚持科教兴农战略,把农业科技摆上更加突出的位置,下决心突破体制机制障碍,大幅度增加农业科技投入,推动农业科技跨越发展,为农业增产、农民增收、农村繁荣注入强劲动力。中央 1 号文件突出强调农业科技创新,把推进农业科技创新作为农产品生产保供和现代农业发展的支撑,在中国农业科技发展史上具有里程碑意义。

2.在政策设计上,明确"三大指向"强农惠农富农

文件表述:进一步加大强农惠农富农政策力度,奋力夺取农业好收成,合力促进农民较快增收,努力维护农村社会和谐稳定。在"三农"政策体系上,明确提出"三大指向"。过去一直提"支农",后来提"支农惠农",党的十七届三中全会科学地表述为"强农惠农",这次一号文件又提升到"强农惠农富农"。这是重中之重战略思想的丰富发展,是以工补农、以城带乡方针的细化实化,是强化农业基础、惠及农村发展、富裕农民生活的精炼表述和精辟概括。

3.在总体思路上,提出"三强三保"

文件表述:围绕强科技保发展、强生产保供给、强民生保稳定,进一步加大强农惠农富农政策力度,奋力夺取农业好收成,合力促进农民较快增收,努力维护农村社会和谐稳定。

中央采取的重大措施主要体现在三个大的方面:一是不断地强化强农惠农富农的政策体系,这是促进农业发展的一个最大的动力。二要不断地加强农业的基础设施建设,改造中低产田,提高防灾抗灾能力。三要不断地促进农业科技进步,使得农业科技的贡献率和劳动者素质的提高成为推动农业发展的持久动力。《人民日报》社论:党的十六大以来,中央制定了工业反哺农业、城市支持农村和多予少取放活的方针,强农惠农富农政策不断完善,农业农村基础不断夯实,粮食生产实现"八连增",农民增收实现"八连快"。

农业部总经济师、新闻发言人陈萌山提出,虽然我国农业科技取得了辉煌的成就,但我们也清醒地认识到,与建设现代农业的新要求相比,与国际先进水平相比,差距仍然较大,突出表现在"三个不足":一是创新成果供给不足。农业科技总体水平还不高,跟踪式、模仿式,甚至低水平重复式研究还较多,类似杂交水稻、黄淮海综合治理等重大成果多年少见,我国50%以上的生猪、蛋肉鸡、奶牛良种,90%以上的高端蔬菜花卉品种依赖进口。二是农技推广服务不足。基层农技推广体系还存在许多突出问题,如管理体制不顺、运行机制不活、经费投入不足、条件建设薄弱、人员素质不高等等,推广能力落后于生产和农民需要。专业化和社会化服务组织发展还相对滞后,不能满足现代农业发展要求。三是农业人才总量不足。农业科研缺乏领军人才,基层农技人员年龄老化问题突出。大量农村青壮年劳动力进城务工,农村"谁来种地"、"谁来养猪"已成为绕不过的严峻问题。

4.在农业科技定位上,界定"三是三性"

文件表述:农业科技是确保国家粮食安全的基础支撑,是突破资源环境约束的必然选择,是加快现代农业建设的决定力量,具有显著的公共性、基础性、社

会性。

在农业科技的定性上,文件明确强调,农业科技具有显著的公共性、基础性、社会性,要大幅度增加农业科技投入,保证财政农业科技投入增幅高于财政经常性收入增幅,逐步提高农业研发投入占农业增加值的比重,建立投入稳定增长的长效机制。这就进一步明确了在农业科技上,政府要发挥主导作用、财政承担主要责任的基本政策取向。

5.在提升农技推广服务能力上,集中出台"三大政策"

文件表述:对扎根乡村、服务农民、艰苦奉献的农技推广人员,要切实提高待遇水平,落实工资倾斜和绩效工资政策,实现在岗人员工资收入与基层事业单位人员工资收入平均水平相衔接。进一步完善乡镇农业公共服务机构管理体制,加强对农技推广工作的管理和指导。切实改善基层农技推广工作条件,按种养规模和服务绩效安排推广工作经费。2012年基层农业技术推广体系改革与建设示范县项目基本覆盖农业县(市、区、场)、农业技术推广机构条件建设项目覆盖全部乡镇,文件突出强调农业基层推广体系的能力。

中央农村工作领导小组副组长、办公室主任陈锡文提出,从总量来看,中国的粮食安全是有保障的,5亿7千多万吨的粮食在全球粮食总产量中大概占到22%,而上一年中国的总人口在全球总人口中大概占19%。中国人民大学农业与农村发展学院党委书记兼副院长孔祥智提出,尽管稻谷、小麦供大于求,但总体来看,我国粮食已经处于供求紧平衡状态。目前能够保证完全自给的主要是小麦和稻谷两种产品,其他产品的自给率逐年上升,尤其是大豆,基本上整个产业链条都掌握在国外企业手中,我们自己的发言权很少。

5.2 发达国家的农业相关政策

发达国家农业支持政策体系的主要目标是:稳定农产品价格,实现供需平衡,增加农民收入,缩小农村和城市的区域差距。主要从价格支持、收入补贴、税收优惠、开发投入、生态环保及农业保险等方面给予比较全面的扶持。

5.2.1 价格支持政策

价格支持政策主要是各国政府为稳定生产、保障农民收入而实施的相关政策。美国政府的价格干预政策起源于20世纪30年代经济大萧条时期建立起来的农产品价格支持计划,目的是在确保向城市人口提供价格可以接受的食品的同时,支持农民的收入。此后,美国政府通过支撑价格来应对供大于求的压力。

支持计划由农产品信贷公司实施,主要包括"直接收购"和"无追索权贷款"两项。①"直接收购"是当市场供给大于需求时,农产品信贷公司为了支持某些农产品价格,随时准备以最低保证价格(即支持价格)从市场上收购任何数量的剩余农产品,目标是把市场价格提高到支持价格水平。②"无追索权贷款"是指农户以农产品为担保从农产品信贷公司获得贷款,在贷款期限内(多为1年之内),如果农产品的市场价格高于贷款率,农户可以还本付息,重新得到他的农产品以投放市场。反之,如果市场价格低于贷款率,农民则可在贷款到期时用担保的农产品来抵偿,而不必归还本息;也可以按市场价出售,然后按市场价与贷款率之间的差额获得贷款差额补贴。贷款率是指单位农产品做抵押可以从国家获得的贷款额,在作用上相当于保护价格,实质上是由政府设置的支持价格或最低价格。政府通过价格支持政策,总可以让农户获得高于市场的售清价格(即长期均衡价格),获取利益。

欧盟的内部市场价格政策是另一种支持收购和差价补贴政策的结合。第二次世界大战之后,欧洲农业主体基本上是分散的小型农场,生产率低下,农民收入极少。欧盟共同农业政策的初期目标是:以内部市场为主导,支持农民收入。主要政策工具是目标价格、门槛价格和干预价格。其中,门槛价格是对欧盟以外的第三国设立的,是第三国农产品进入欧盟港口时的最低进口价。目标价格和干预价格是对内的价格干预政策工具。①目标价格作为最高限价,是依据某种农产品在欧盟内部最稀缺地区或供不应求的地区所形成的市场价格而定的,包括了贮藏费和运输费。如果市场价格超过目标价格,政府就要通过动用储备等措施平抑价格。②干预价格实质是一种支持价格或保护价格,是农民出售农产品时可以得到的最低价格,一般比目标价格低6%~9%。当某类农产品供过于求,市场价格低于干预价格时,农户可以在市场上出售农产品后从欧盟设在各成员国的农产品干预中心获得市场价格与干预价格之间的差额补贴;另外,农户也可以将农产品直接卖给农产品干预中心。干预价格保证农民回收生产成本并获得微利,稳定和支持了农民收入,提高了农民生产的积极性。

此外,欧盟还有生产和交易配额政策,是通过限制过度生产来帮助支撑价格。为了避免奶业生产总量过剩,保持区内价格的稳定,减轻沉重的财政补贴负担,欧盟在1984年建立牛奶生产配额制度,规定了牛奶生产总产量的上限,各成员国农场主根据所分配的配额进行生产。超过配额生产的部分,将遭高额税收惩罚。

日本为了稳定农产品价格和农民收入发展,也在不同时期针对多种农产品有针对性地出台了各种价格政策,如稳定价格幅度价格、最低保护价格、补助金制度和稳定价格基金等。

5.2.2 收入补贴政策

进入 20 世纪 90 年代以来,为了完成 WTO 农业协议的承诺,各国逐步将支持重点由价格支持向收入支付转移,政策目标亦旨在增加生产者收入,刺激生产。

欧盟于 1992 年对其共同农业政策进行了系统的改革。改革的主要内容是将其农业保护政策从以价格支持为基础的机制,过渡到以价格和直接补贴为主的机制。根据"2000 年议程",欧盟进一步降低农产品支持价格,通过直接补贴形式向生产者提供补偿,并且为欧盟扩大做好相关准备。2003 年 6 月,欧盟再次对其农业政策实施重大改革,目的是减少农产品剩余,确保农业财政平衡,以直接补贴替代支持价格作为主要的农业支持工具,从而增强欧盟农业的市场主导作用。欧盟现行收入支持计划包括:

①补偿性补贴。根据 1992 年改革方案而实施,在降低支持价格的同时,给农作物生产者提供补偿。补贴率以每公顷种植面积和历史上地区平均单产为计算基础。②其他直接补贴。主要是指"牲畜饲养按头数补贴",用于支持牛肉、羊肉、以及奶制品生产者的收入。该补贴与现实价格脱钩,但是与牲畜饲养头数挂钩。③单一农场补贴。根据 2003 年 6 月通过的共同农业政策全面改革方案,欧盟决定建立以单个农场补贴为主要形式的直接补贴体系,以替代上述两项收入支持计划,并且要求各成员国在 2005—2007 年加以实施。

美国政府为补贴农户农业经营收入的政策主要有直接补贴、特别灾难援助计划和反周期补贴。直接补贴是一种与农产品生产、价格不挂钩的固定补贴,农民可以自愿参加,政府以农民预先确定的作物面积和产量为基础对具体商品提供一个固定的补贴。特别灾难援助计划主要用于在发生恶劣天气、自然灾害或者不利经济形势(如农产品价格低落、特殊的经济事件)之时,向生产者提供部分经济损失补偿。反周期补贴是指当有效价格低于目标价格之时对生产者提供的收入支持,该计划覆盖的农产品包括小麦、饲料粮食、大米、陆地棉、油籽和花生。其中,目标价格由国家法规加以确定,有效价格是指生产者所得到的直接补贴再加上从市场价格或者交易贷款计划所获得的较高的一项收入之和。

日本的一项重要收入支付计划就是对山区、半山区等不利地区农户的直接支付。该制度于 2000 年出台,目的是补贴该地区和平原地区生产成本之间的差异。

随着国际农产品贸易的竞争加剧,农产品价格不断下降,为扭转农民收入下降的困境,发达国家政府致力于发展非农产业。例如,日本在 20 世纪 80 年代末期开展了"一村一品"运动,并大力发展农产品加工和流通业,增加农村地区就业机会,到目前已创出了北海道的"十胜葡萄酒"、秋田县的"田园火腿"、长野县的"信州黄酱"等品牌。通过大力发展非农产业,1994 年日本农户平均收入为909.1 万日元,其中,农业收入仅占 17.5%。非农收入占 60.5%,其他占 22%;以非农收入为主的"第二兼业农户"达 70%。

5.2.3 税收优惠政策

发达国家涉农税制与我国农业税制比较,有两个不同。一是不对农业另设税种,而是将主体税种延伸到农业。二是在城乡统一税制的前提下,对农业及相关行业制定了特殊的税收优惠政策,以减轻农民负担,促进农民增收。这些农业税收优惠政策主要包括:农业适用较低税率,甚至零税率;税收减免或延缓纳税;计税或纳税方法给予农业生产者更多选择权或便利。

在所得税方面,发达国家对农业收入或所得做各种额外的扣除,实行优惠税率或特别结算方法以及税收减免等措施。例如,美国联邦税法规定,农业中的资本支出可在付款当年的收入中一次性冲销;允许农场主按 3 年净收入的平均数申报个人所得税。

在财产税方面,发达国家普遍对农业用地和非农业用地进行区分,并对农业用地及其他不动产实施税收优惠。例如,加拿大安大略省对符合规定的"农场财产",按财产税率的 25%课税。

5.2.4 公共开发服务措施

发达国家还采取政府直接投资的方式,为农业和农村地区提供完善的基础设施和公共服务,通过生产生活条件的改善和农业劳动生产率的提高,增加农民收入。例如,日本在战后的农业开发中,采取了水改旱、土地平整、修建农村道路、水田排灌化等一系列措施,改善生产环境、降低农业生产成本,稳定国内农业生产,保证农民收入的稳定增长。

发达国家普遍重视农业科技研究和推广服务,建立了完善的农业教育和信息网络。发达国家对农业科技教育的投入,使农业技术进步贡献率由战后初期的 20%～30%迅速提高到 60%～80%。农业科技成果的推广极大地提高了劳动生产率,在农业种植面积逐年减少的情况下,保证了农产品产量的稳定和农民收入的增加。

发达国家还采取了一系列有针对性的区域补贴政策,支持落后地区的农业开发。例如,日本 2000 年出台的《针对山区、半山区等的直接支付制度》,对这些地区的农户进行直接收入补贴,补贴的标准是山区、半山区与平原地区生产成本差别的 80%,每个农户每年可享受的补贴上限为 100 万日元;全国补贴规模为每年 700 亿日元,补贴面积大约为 90 万公顷,相当于平均每公顷补贴 7.8 万日元。又如,德国政府设立了专项财政资金,帮助落后地区调整农业结构,全面更新农业机械,加快农村城镇建设。

发达国家采用政府补贴等公共财政措施,使不同地区农民的收入大体持平,有效地保护了地区间农业生产的持续和均衡发展。

5.2.5　生态环保补贴政策

生态环保补贴政策主要是各国政府为鼓励环保而实施的相关补贴政策。美国土地休耕保护计划是根据美国 1985 年通过的食品安全法案设立,1986 年起开始实施的一项全国性的农业环保项目。本着农民自愿参与的原则,由政府补贴,农民实施 10~15 年的休耕还林、还草等长期性植被恢复保护。

农场服务局每年向参与者提供补贴,提供的补贴主要由以下两部分构成:一是土地租金补贴,对于农民自愿退耕并纳入美国土地休耕保护计划的土地,农场服务局将根据这些土地所在地的土地相对生产率和当地的旱地租金价格,评估、确定一个年度土地租金补贴价格,农民获准加入美国土地休耕保护计划后,即可享受补贴。二是分担植被保护措施的实施成本,根据农民实施种草、植树等植被保护措施的成本,美国土地休耕保护计划向农民提供不超过成本 50% 的现金补贴。另外,还有可能提供特别维持责任的鼓励金等。

欧盟为改善和保护环境也有多种形式的环保补贴政策,如:对自愿在种植业中减少化肥、杀虫剂、灭草剂的使用而受到经济损失的农民,给予每公顷农田最高 250 欧元的补贴;对有利于环境保护方式休耕土地的农民,给予每公顷达 250 欧元的补贴等;根据畜牧农场的牲畜存栏密度、减少存栏等发放生态补贴。

日本也实施了“农业环保计划”,政府对土地上的生产活动有一些特殊要求,如其生产活动有助于减少或者避免撂荒,并且要求农业生产活动要促进农村的综合发展,包括防治水土流失、保护生物等。农民必须遵守相关环保规定,才有资格享受政府补贴[1]。

---

[1]　辛翔飞,王祖力,王济民.国外农产品支持政策对我国生猪补贴的借鉴,中国畜牧杂志[J],2011,47(8):13—15.

5.2.6 农业保险政策

促进农业保险与农村合作组织的发展为了保障农民收入的稳定。发达国家在对农业灾害进行财政补贴的同时,积极发展农业保险。例如,美国政府在上世纪 30 年代成立了联邦农作物保险公司,投入 5 亿美元股本金,并支付一切经营管理费用,对其资本、存款、收入和财产免征一切税收。除了政府的农作物保险公司外,1980 年后,美国政府对其他私营保险公司经营农作物和农场建筑、机械设备保险业务,也给予保险费补贴。目前,美国有一半以上的耕地实行了农作业灾害保险。

为了促进农业生产的发展,加速农业现代化进程,充分保护农民的利益,发达国家通过一系列措施,扶持为农民服务的各种农村合作组织,如给予办社投资津贴、提供优厚的纳税待遇及信贷补贴等。

06 我国农业产业化发展现状

长期以来,无论是理论界还是实际管理部门,对农业的认识,普遍存在着三种认识上的偏差:一是认为农业天生是弱质产业,是风险产业,是低效益部门,是财政支撑型行业。并未真正把农业作为一个产业来对待,仅仅视为国民经济中一个被动的、消极的支援部门。二是随着科学技术的发展,农业就业人口比重越来越少,农业产值在整个国民经济总产值中所占份额越来越低,因此有人断言农业是一个逐渐衰退的产业。三是从世界范围讲,人们认为经济落后的国家就一定是农业国,而经济发达的国家就一定是工业国。因而一个国家要实现由传统经济向现代经济转变,唯一的出路就是实行工业化。由于这些认识偏差的存在,一些人往往把中国经济的出路寄托在两个方面:一是从整个国民经济看,寄托在国家工业化上;二是从农村内部讲,寄托在非农产业上,而忽视通过农业内部来解决农业问题。

6.1 农业产业化发展的必要性

6.1.1 农业产业化的内涵与功能

农业产业化是一个复杂的系统工程,环节很多,就其内涵构成来说,主要有三个要素:一是农业产业化的基础要素,即主导产业。主导产业是指在一定区域范围内能充分利用当地资源优势和资源潜力,布局合理,产品市场需求旺盛,前景看好,在现有产业结构中处于主导地位并有继续开发潜力的产业。二是农业产业化的关键要素,即龙头企业。龙头企业是指基础雄厚、辐射面广、带动能力强的农副产品加工、销售企业或企业集团。它具有开拓市场、引导生产、深化加工、延长农产品销售时间、扩展农产品销售空间、增加农产品附加值等综合功能。三是农业产业化的依托要素,即商品基地。商品基地是龙头企业得以生存和发展的前提和条件,是农业产业化的一个重要环节。区域化的种植、养殖商品基地有利于宏观管理和指导,有利于主导产品的系列开发,有利于形成销售市场。

农业产业化的功能作用主要表现在六个方面:

一是有利于引导农户进入市场。农业产业化是引导农民进入市场的有效组织形式。它主要是通过农工商联合公司、加工企业、农业生产组织、供销合作社和农民专业协会等组织形式,为农业和农产品走向市场架起桥梁。

二是有利于优化农村产业结构,建立高效的农业体系,提高市场的竞争能力。

三是有利于增加农民收入,提高农业比较效益。农业产业化促进了农业专业化水平和技术水平的提高,并将生产、加工、运销融为一体,通过规模经营和多层次加工既提高流通效率又实现重复增值,提高了农业的比较效益。

四是有利于促进农业劳动力转移。农业产业化的发展,不但促使农业生产规模不断扩大,向深加工、精加工和系列产品开发方向发展,同时还使生产、加工、运输、仓储、销售等环节逐步配套,扩大了生产能力和生产领域,提高了对农村剩余劳动力的吸纳能力。

五是有利于促进传统农业向现代农业的转变。农业产业一体化经营通过提高农产品各个生产环节上的科技含量,使农业生产朝集约化、规模化、科学化方向发展,把传统的农业生产方式与现代化的科学技术融合起来,可加快农业现代化的进程。

六是有利于加快城乡一体化的进程。其主要表现在两个方面:一方面,农业一体化经营促进了农村经济一、二、三产业的协调发展,为小城镇的农村基础设施建设积累了资金和技术;另一方面,龙头企业集中发展,促进了资源、人才、基础设施等相对集中,带动了交通、运输、商业、文化等相关产业的发展,加快了城乡一体化的步伐[1]。

6.1.2 我国农业应当成为发达产业的依据

世界经济发展经验证明,农业并不是天生的弱质产业。发达的工业首先是建立在发达的农业基础之上的,农业与工业一样,都是发达的产业。农业是发达的产业可从以下几个方面得到体现:

一是在一些发达国家,从现代化一开始,城市与乡村、工业与农业发展就大致保持一种同步状态。如在加拿大是先有农业后有城市,而不是先有城市后有

---

① 严立冬.农业现代化与农业产业化[J].中南财经大学学报,2001(2):42—47.

农业。农业的兴起唤起了城市化的进程,所以在加拿大,高度的城市化是建立在农业高度发达的基础之上的。又如荷兰是发达国家,发达的农业在荷兰的国民经济中占有重要地位。

二是从世界范围看,农业是发达国家强大的输出产业。仅以农产品国际贸易为例,发达的工业国,同时是发达的农业国,也是世界粮食贸易的主要出口国。1994—1995年度,世界谷物国际贸易量共1.92亿吨,其中美国出口8960万吨,加拿大为2530万吨,欧共体为2100万吨,共占到了世界谷物贸易量的71%。相反,粮食输入国恰恰是中国、中东、北非等发展中国家和地区。在美国,其农业和宇航业可以说是并驾齐驱,成为两个最强大的输出产业。

三是在中国农业现代化进程中,农业之所以被看成为"弱质产业",主要是由于产业化程度低,比较利益低。其主要表现在:首先是产出水平低,如玉米,每公顷产量中国为4620公斤,美国为7440公斤;稻谷中国为每公顷5805公斤,朝鲜达到8205公斤;荷兰每公顷小麦产量已达8000公斤,是中国的2.5倍,土豆4500公斤,是中国的3.3倍,甜菜68000公斤,是中国的3.4倍;台湾省芒果种植条件远远不如海南省,但台湾省的芒果每公顷产量高达15000公斤,而海南省仅为1500公斤;以色列一公顷地可收获西红柿450吨,而中国仅为34.5吨。

其次是农业产品质量差。中国是世界第一粮食生产大国,但却拿不出可供出口的优质大米品种。国际上适销的大米破碎率规定在25%以下,中国则高达35%以上,即使出口也卖不出好价钱。在国际市场上,日本香菇每吨可卖到29377美元,而中国只能卖到8740美元,卖价不及日本的1/3。再次是产业化程度低,产业链条短。发达国家农业产值与农产品加工业产值之比为1∶3,甚至达到1∶5,而在中国仅为1∶0.5;食品工业产值比重占农业总产值比重美国为187%(1979年)、日本为240%(1980年)、英国为369%(1979年),而中国仅为30%;中国1元食用农产品原料只能产出1.6元的食品工业产值,而美国达到24元,荷兰为5元。

6.1.3 农业产业化和农产品流通体系的关系

经过多年发展,我国已初步形成以农产品批发(交易)市场为核心,以农贸市场、农产品超市为基础,农产品经销商队伍为主体,农产品加工企业销售为辅助,供应出口为补充的多层次、多形式、多渠道的农产品流通市场体系。农产品交易方式已由过去的集市贸易,对手交易,扩大到农产品跨区域物流、批发、基地直采、订单购销、期货交易和网上竞价等多种方式,促进了农产品物流配送,连锁经营、经纪人代理、电子商务等现代流通方式有了较快发展。

农业产业化经营的实质是农业市场化。一个区域内农村经济的发展,农业产业化和农产品流通体系的建设,两者是相互依赖、相辅相成、互相促进的联动关系。从实践来看,随着经济的发展,一个国家、一个地区的综合竞争能力越来越取决于现代流通能力。而农村经济的发展速度和水平,也不仅仅在于农业的产业化经营,更在于农产品流通体系能否发挥先导性作用,带动和引导按照市场需求进行农业产业化经营。因土质、气候、政府扶持等因素的影响,一个区域内有一个农业支柱产业,农产品流通体系就会不断得到发展,除了促进原有支柱产业的迅速发展外,还会产生正外部效应,带动其他产业的发展,如餐饮业、房地产业、旅馆业等。

(一)农业产业化是农产品流通体系建设的基础,而农产品流通是农业产业化经营的重要环节

农业产业化经营是以市场为导向,以家庭承包经营为基础,依靠各类龙头企业和经济组织的带动,将生产、加工、销售紧密结合起来,实行一体化经营。按照农业产业化经营这一含义,只有产业化才能促进农产品流通体系向更高层次的现代流通体系发展。

同时也可以看出,发展龙头企业和各种农业经济组织是推进农业产业化经营的关键环节。而一个企业生存的基础除了质量,最关键的就是销售。针对龙头企业和经济组织而言,影响销售的关键因素就是农产品流通体系。而扶持一批加工流通和外销型的龙头企业,增强其竞争、辐射、带动能力,则可大大促进农产品的流通。

(二)农业产业化经营促进农产品流通体系的不断完善,而农产品流通是农业产业化经营的必然要求

农业产业化是在农村家庭承包责任制的基础上,注重农业生产的区域化布局、专业化生产,并确立在市场经济条件下新的农业经营形式。这一形式的区域化生产、专业化生产则为农产品流通提供了原材料,同时也为一个区域内农产品流通体系的快速发展奠定了坚实的基础。其主要特征就是农业产业化经营必须以市场为导向,农业生产、加工、销售与流通各个环节都要根据市场机制来进行。同时,农业生产经营也要在国家产业政策的指导下,按市场需求进行。由于农业生产的产品最终是以农产品流通的形式进入市场,农产品在市场中实现价值的高低是农业产业化形成、巩固与发展的关键。因此,农产品流通是农业产业化和农业集约化经营的客观要求。

(三)农产品流通与农业产业化经营的联动优化关系

马克思在对资本主义生产方式的研究中,区分了生产领域与流通领域,并认

为社会再生产过程是生产过程与流通过程的统一,商品生产必定要以商品流通为前提,且商品化、社会化的生产过程必须要建立在流通的基础上。因此,农产品流通和农业产业化密不可分。一是二者具有共性。都是市场经济发展的产物,并以市场为导向、以追求经济效益为目的。二是农产品流通对农业产业化具有积极的促进作用。农产品流通的龙头和优化功能可促进龙头企业的发展,规模经济功能还可促进农业主导产品和支柱产业的区域化布局、专业化生产和基地化建设。三是农业产业化为农产品流通拓宽了空间。农业产业化有利于提高产品质量、扩大规模,有利于推动市场体系的发展,从而为农产品流通提供广阔的舞台。

可见,一个区域内农村经济的发展,农业产业化和农产品流通体系的建设,两者是相辅相成、互相促进的联动优化关系。农业产业化的实现离不开发达的农产品流通体系的支撑,农业产业化经营又能促进农产品流通体系向更高层次发展,两者可以实现联动优化发展。而农村经济的发展速度和水平,不仅仅在于农业的产业化经营,更在于农产品流通体系能否发挥先导性作用,带动和引导农民按照市场需求进行生产和经营[①]。

6.2 我国农业产业化发展中存在的问题

农业产业化为农业和农村发展带来了好处,为农民带来了实惠,这种按照工业规律发展农业的方法是社会主义市场经济条件下追求经济理性的结果。而理性必然是有限的,它反映在农业产业化上就是如下一系列的现实问题和安全隐患。

6.2.1 产业化下隐含的粮食安全问题

粮食生产是民生之本,是农业之本。我国有 13 亿人口,其中 9 亿是农民,由于国家在粮食销售上一直执行行政干预政策,使粮食的价格不能在市场上体现出其实际的价值。近年来,由于石油价格上涨、生物能源广泛运用,产生了世界范围内的粮食危机,并出现了 37 个国家因粮致乱,粮食安全问题一度成为一个热点话题,但是由于国家有巨大的仓储,可以轻易地平抑市场粮价的上涨。从2000 年到 2007 年,小麦价格上涨率仅为 558%,而仅 2007 年一年生产资料价格就上涨了 30%,劳动力价格上涨了 25%,几乎所有农产品价格都比上年贵 20%

① 岑丽阳.论农业产业化与农产品流通体系建设.山西财经大学学报[J],2011(4):83—84.

以上,国际米价在 2008 年前 3 个月累计涨幅高达 439%,而 2008 年国家出台的粮食保护价只比去年提高了 9%。国家在保障城市粮食供应的同时,实际上又在变相地牺牲农民的利益。普遍的物价和生产资料上涨很轻易地将每亩 80 元左右的种粮补贴抵消。相对于纯收入 300 元/亩的小麦、300~400 元/亩的玉米,其他花卉、水果、生姜等经济作物的种植能取得更多的经济效益。谷贱伤农,在比较利益的驱使下,农业生产的大量转型成为必然,而有些公司为了自身利益的需要也在这种转型中起推动作用。我国虽然有 18 亿亩的耕种面积红线,但是保障国家粮食安全并不是可用农用土地亩数的问题,而是实际耕种粮食亩数的问题。如果地方政府在大力发展龙头公司、公司加农户和大户种植等农业产业化模式中,如农民一样以农业产业化为契机,单一地从农业生产的经济比较效益出发,而不是从整个国家粮食安全的大局出发,不适当地加以限制和引导,农用土地的大量转产将成为必然,这将对国家的粮食安全不利。

6.2.2 农业产业化过程中的农业土地安全问题

农业产业化的前提就是在政策上允许农村土地在依法、自愿、有偿的原则下,采取互换、出租、入股、转包、转让、大户承包等多种形式实现土地的流转。农业产业化中的农业是一个大农业概念,涵盖了农、林、牧、渔等多个产业的发展。相对于传统散户经营的农田,畜牧业和渔业等则需要更多的基础建设投资,比如生猪养殖业需要建猪圈、渔业养殖需要挖掘鱼塘。并且现代农业的发展不同于传统农业的单一、低效运营,它是一种产业链式的发展。比如生猪养殖过程中除了建设猪圈外还需要建设沼气池,有条件的还要建设生猪屠宰间等设施,这将占用大面积的农用耕地,并且众多采用的是龙头公司或公司加农户的合作模式,这样就存在两个问题:一方面让农民发展农业产业化经营是为了规避市场风险,但是产业化运作过程中的公司虽然抵御市场风险的能力大些,但也同样存在一定的风险,如果公司在合同期内经营不善出现公司倒闭,那么被公司占用的土地由谁来复垦,是公司、集体还是农民个人,另外经过多年的施工建设后这些原先的耕地还能否复垦,如果农民没有能力或者这些土地已经不能复垦,那么当农民赖以生存的土地无法发挥其农业生产的功用后,农民以后应该怎么办?另一方面,我国的土地法规定 30 年的土地承包期,如果公司经营顺利,但是面临新一轮的土地承包和公司经营的丰厚利润,村集体应该怎样协调,是否会引发规模性的民事纠纷,这也将成为农业产业化发展的隐患。

6.2.3 在产业化过程中的"去农业化"现象

在三次产业中,农业是弱势产业。在社会阶层中,农民是弱势群体,农业的低附加值和低收益让农业生产越来越处于当地政府区域发展战略的边缘,而农业和农村的唯一优势就是土地。在有些地方政府以经济建设为中心和缺乏长远的制度规划前提下,公司企业只要是和农业生产有一点的关系都以农业产业化为掩护促进其发展,并在引入时制度和规约并不健全。由于地方政府缺乏长远规划和完善协议保障,这些所谓的为农业产业化服务的企业并没有为当地的农业发展做出很大的贡献,比如一些食用菌生产公司,他们的设备和生产基本与当地农业生产无关,他们在获得当地优惠政策和土地资源后,公司一方面会按照市场需要收购农产品加工;另一方面,他们有些农产品高端生产加工的形式无疑对当地的农业生产产生了影响,比如环境污染,这种做法不是推动农业的发展,而是变相地以牺牲农业为代价发展工业。在这个过程中,政府可以从税收中受益,企业可以从政策中受益,而农民并没有从这种形式上的农业产业化中受益。

6.2.4 农弱企强造成在产业化过程中农民利益受损问题

发展农业产业化的最终目的在于增加农民的收入,实现农业和农村现代化。公司在带动农户进入市场的产业化组织形式中,肩负着双重的责任:既要保证企业自身利益的实现,又要能够带动农户,并让利于农。但现实中大多数的公司与农户之间的利益关系还没有理顺,利益纠纷时有发生。特别是当前农企之间协议不健全或者不利于农民和农民素质比较低组织松散的条件下,容易出现农民利益受损。比如常见的订单农业,在市场行情低迷、农产品供过于求时,公司会出现压价损农的情况。在其他一些股份合作模式中,由于公司在合作中处于强势地位,分散和缺乏组织性的农民很难根据公司的收益获得合理的收入,虽然有些地方规定了最低保护价,但是如果在利益分配上不公平就是让农民的利益受损,这和发展农业产业化、让利于民的主旨相违背,同时也不利于农业产业化的长期健康发展[1]。

---

[1] 毛哲山,刘珍玉.对我国农业产业化现状的分析与反思.长春师范学院学报(人文社会科学版),2008(11):16—19.

6.3 农民专业合作组织发展的意义与难点

6.3.1 发展农民专业合作组织与农民增收

农民专业合作组织是从事同类农产品的生产、经营的农民,以不改变农民财产所有权为前提,以"民办、民管、民享"为根本目的,根据参加自愿、退出自由、民主管理、盈余返还等原则,按照参与者共同制定的章程共同从事生产经营活动的经济组织。专业合作组织成员通常按股加入,实行民主管理。专业合作组织与成员的交易是不以营利为目的的,而与其他经济主体的交易才以营利为目的。专业合作组织的盈余,除了一小部分留作合作社共有财产外,要按照各种方式进行二次分配。

农民专业合作组织对于农民增收的积极作用主要体现在以下几个方面:

——既有利于中小农户规避风险、增加收入,也有利于农村大户的发展生产、规模经营,因而深受广大农民的欢迎,具有强大的生命力。许多农民专业合作组织经营效益良好,组织形式比较规范,农民增收显著,并吸引越来越多的农户积极参加到合作社中来。

——推动了农业经济质量的全面提升。通过专业合作组织实现农产品的标准化生产,降低了生产和交易成本;通过试验、应用新品种、新技术,农民产生了学习和掌握先进农业科学技术的强烈需求,形成了从根本上转变农业增长方式的重要条件;通过注册商标,制定生产和安全质量标准,提升了农产品品牌和市场竞争力;通过一部分具有较强经营能力的合作社领导者的努力,使农产品成为具有较高附加值的商品,从而给农民带来较高的经济效益。

——农民专业合作组织是在家庭联产承包制度基础上的一次农村体制创新,是把分散经营的小生产性质转化为社会化生产的尝试和进展,有效地促进了农村自然资源和人力资源的整合,提高了农民组织化程度,必将成为我国在全社会建设完善的社会主义市场经济体制的重要条件。

许多农村地区的实践已经证明,如果农民能够组织起来,情况就不一样了。如浙江省临海市上游杨梅产业合作社,社员绝大多数是中小农户,成立仅两年社员已达 580 多户,覆盖 6 个自然村,栽种面积 1.1 万亩,年产量 1500 吨,年产值1500 多万元,产品销往全国各省市和香港等地。合作社中的农户,单杨梅一项,年收入就达 2 至 10 万元。

现阶段的农民专业合作组织有的是因为一些农产品加工企业需要稳定的、

质量可靠的农产品原料供应基地,而由这样的"龙头企业"牵头组织起来的,有的则是一些农村农产品销售企业发起组织的,还有的是在农村供销合作社支持下组织的,也有的是农民中生产或销售的大户联合起来的。它们中有的称为"合作社"、"专业协会"、"行业协会",有的被称为"合伙企业",也有的称为"股份合作企业"。专业协会或行业协会有的是一些合作社联合起来的,有的地方是供销社和农户组织的,有的是依托农技部门组建的,有的是依托农产品批发市场组建的,还有的是依托村级基层组织组建的。也有的专业协会或行业协会属于社会团体性质,他们从事行业代表、行业管理等活动,而不直接参与销售和购买活动,成员之间也不存在产权关系。

中共中央、国务院颁发的《关于促进农民增加收入若干政策意见》写进关于鼓励发展农民专业合作组织的这一政策措施是完全正确的,也必将成为从根本上解决"三农"问题的重要途径。

6.3.2 大多数中小农户增收的难点

据农业部农经司的调查,现阶段我国70%的农村人口是从事种植业的中小农户,他们的收入在农民人均纯收入的平均线以下,是收入增加最缓慢也最难的一部分农民。如果说到城市打工以取得工资性收入是农民快速增收的主渠道的话,那么,恰恰是大多数从事种植业的中小农户缺乏工资性收入。很明显,真正要解决农民增收问题,国家最需要做的工作是要帮助这部分农民增收,这是国家推动农民快速增收工作的重点和难点,也是解决农民增收问题的根本所在。

大多数中小农户农民收入增长较慢的原因很多,主要有这几个方面:

一是人多地少和家庭承包分散经营,使农民在市场竞争中始终处于劣势地位,加上农业本身就是弱质产业,农民不仅不具备快速增收的条件,也缺乏潜力和空间。

二是农村中人才资源极端匮乏。改革开放以后,市场发挥了在资源配置中的基础作用,城市凭借自身政治、经济和文化的巨大优势,通过各种渠道和方式,把农村中各类资源特别是人才资源尽可能多地吸引到了城市,迄今为止人才向城市流动的势头仍然十分强劲。于是,从事农业的基本上是我国人口中劳动力素质最差的群体,一些地方只剩下老人、身体不好的和少数妇女留在农村。

三是农产品市场准入条件越来越严格,市场竞争日趋激烈。随着我国市场经济的发展,消费者对农产品的品质要求越来越高,特别是加入WTO以后,提高农产品的质量、规格成为进入市场的前提,我国农民很难适应新的市场环境和现代农业发展的技术要求。

6.3.3 农民专业合作组织发展的瓶颈

现阶段我国农民专业合作组织已经形成了稳定健康发展的良好势头,也遇到了许多困难,最突出的是与农民专业合作组织的法律地位相关的一系列问题。由于我国法律还没有"合作社法人"这一特殊主体,所以尽管农民专业合作组织并不是以营利为目的的企业组织,却只能作为企业来登记,因而必须像企业一样纳税,这就使作为弱势地位的农民专业合作组织不能享受农产品销售时应有的免税待遇,而处于与工业企业同等地位,这对作为弱势产业的农业和作为弱势群体的农民都是不公平的。有的地方只好采取种种迂回的办法,把明明是合作社组织的农产品说成是个体农民自产自销的农产品,从而援引《中华人民共和国增值税暂行条例》第16条所列免税项目的第一项所称的"农业生产者销售的自产农业产品",税务部门只能采取"睁一眼闭一眼"的方式给予免税待遇。

同时,没有合法的经济组织的法人地位,也难以开展经营活动,既不能取得农业经济组织应该得到的低息或无息贷款,在与其他企业进行交易时,又因为不能提供发票而无法正常交易。名不正则言不顺。农民专业合作组织的法律地位问题,已经成为这一具有强大生命力的经济组织形式发挥应有作用的瓶颈。

6.4 我国农业科技发展中面临的问题与制约因素

6.4.1 我国农业科技发展主要面临的问题

伴随着入世后我国在农产品领域的日趋开放和市场经济的逐步完善,传统农业发展格局已不能适应新形势发展要求,农业发展受到来自各方面的挑战日渐增多,农业科技所肩负的任务也越来越重。目前,我国农业科技发展主要面临以下问题:

（一）科研领域

农业科研是农业发展的基础,是解决我国"三农"问题的重中之重。目前,我国农业科研面临诸多问题:一是研究经费不足。我国农业科研投资占 GDP 比重仅约 0.4%,相当于世界平均水平的 1/3。研究经费是农业科技开展的基础,我国科研项目经费来源渠道单一,主要靠政府财政划拨。沉重的经费负担迫使政府必须放弃或减拨对某些项目的投入,资金不足直接影响到相关课题研究的进展,局部地区就曾出现过因后续经费不能到位致使项目研究中途搁浅的情况,其结果不仅使政府或企业前期投入化为乌有,也使得一些即将研究成功的新型农业科技成果"胎死腹中",从心理上对研究者的后续工作积极性产生一定的负面影响。二是研究领域过于狭窄,固守陈规,未能突破传统格局。我国农业科研的重点一直局限于粮、油、棉、麻等大宗类农作物,全国从事大宗农业生产的技术人员占全部农技人员的90%以上,从事其他经济作物生产、畜牧水产养殖和多种经营等方面的专业技术人员不到10%。在研究环节上,注重产前、产中,而忽视农产品深加工、保鲜、贮运等产后环节。三是研究机制亟待改善。国内一直将科技人员的调资、晋升与其所参加的课题数目、级别等因子挂钩,较少顾及相关项目的推广成果、产品适用性等因素,导致部分科研人员盲目抢报课题,为科研任务而"科研",科研目标取向发生严重倾斜。在人员的薪金、利益分配上"干与不干差不多、干多干少一个样",致使人员懒散,工作积极性不高,科研工作压力不大,科研机构总体工作氛围不浓。在课题经费上,部分地区"专款不能专用"的情况仍时有发生。此外,一方面,课题主持人和主要参加人的学历和职称限制也制约了一些年轻人在科研事业上的发展;另一方面,人员配置上的干部终身制、带有"走过场"性质的人员评聘制等都严重制约了我国农业科技事业的发展。

（二）推广领域

推广是农业经济发展的中间环节,是使新型农业科技走向市场不可或缺的一步。目前,我国农技推广主要存在三大问题:一是推广人员和推广经费匮乏,推广力度不够。全国参与农技推广人员占农民总数的0.053%左右,与发达国家相差很大。推广度仅约25%,推广经费不足农业总产值的0.2%,而发达国家已接近1.0%。经费的不足严重制约了农技推广工作的发展。据统计,部分地区推广人员工资发放也较为困难,推广人员工作积极性普遍不高。二是推广设备陈旧,推广渠道狭窄,推广手段单一,推广群体单元化。受经费制约,各推广中心（站）设备配置陈旧,硬件设施差。报纸、杂志、黑板报、开办学习班等仍是不少地区推广农技的主要渠道,但这些推广方式的一大弊端是信息传播时间上的滞后性,而网络农技推广的准确性、即时性和方便性又尚未被充分利用。推广手段上以"示范基地＋农户"为主,"公司＋农户"、"科技人员＋农户"、"科技人员＋公司＋农户"等模式仍较少存在,忽视了科技人员和公司、企业、社会经济组织等因子在推广环节中所应起的作用。各推广主体在推广过程中也未能有机融为一体,相关环节衔接度不够。三是农业科技的时效性、地域性和不稳定性及农产品的外部性特征,导致了农户既期望能无偿获得最新科学技术,又不愿自己去承担采用新技术所带来的风险,形成一道"弹性屏蔽",无形中增加了推广难度。

（三）开发生产领域

将科技成果应用于生产是农业科技工作开展的最终目的。我国农业生产领域也面临一系列问题:一是投入资金不足。农业发达国家在其研究、推广、生产开发各环节的投资比例一般在1:10:100左右,我国在后两环节投入远远低于发达国家。加大对生产领域投入,政府不仅要在科技示范园上多做文章,更要给农户资金、设备、信贷、信息等相关方面支持。二是产与学、研、推广各环节严重脱节,削弱了农技整体工作效率。一直以来,农业科研、农业教育与农技推广相互独立、各自为政,是阻挠我国农业发展的一大障碍。如何突破传统模式,将三者有机融合为一体,使学、研、推广真正为生产服务,是发展我国农业所首先要攻克的一大课题。美国等西方发达国家之所以能创造出很高的农业生产率,恰恰就是做到了这一点。三是科研机构和人员对生产领域技术支持不足,重视不够。不少科技人员认为自己从事科学研究,产品生产与自身关联不大。由于科技产品在知识层面上的高水平性,导致少数农技推广人员在一些技术难题上也不甚了解,这就要求科技人员不能一味呆在实验室,而要走到田间地头进行相关技术指导,解决技术推广应用环节所遇到的各种问题,为促使科技产品能真正走向市场铺平道路。

6.4.2 制约我国农业科技进步的主要因素

（一）体制方面

目前,我国农业科技研发和推广依然是在政府主导型体制下运行,许多工作都表现为政府行为,越来越不适应市场化发展的要求。具体体现在:一是,农业科技生产和推广的资源配置不合理,机构重复设置、人力财力分布失调等问题十分突出,不能很好地满足人们的需要。这种现状造成的直接后果是低水平重复的成果数量多、对农业科技进步起明显推动作用的重大成果少,资源严重浪费。二是,我国的农业科研活动主要以政府计划指导为主,农业科技研究计划存在"位子指挥脑子"的问题,有的决策者对农业生产实际了解不够,不能很好地代表广大农民的利益,不能真正了解他们对新技术的迫切要求。

（二）投资方面

我国农业科研和推广所需资金严重不足,很大程度上制约了农业科技进步。从农业科技投入的整体水平来看,近年来,我国虽然不断提高农业科技投资力度,但无论与国内科技投入强度相比,还是与其他国家的农业科技投入强度相比,我国农业科技投资强度均显得偏低。具体表现在3方面:

第一,资金投入总量不足。21世纪以来,我国虽然对农业科技投入的力度不断加大,但受国家财力的限制和其他因素影响,公共财政投资总量依然十分有限,私人投资潜力也未得到充分发挥。联合国粮农组织规定发展中国家的农业科技投资强度至少为 1%。截至 2005 年,我国的农业科技投资强度也没有超过 1%,与高收入国家的 2.37% 有很大差距。

第二,资金投入增长缓慢。从全球看,20 世纪 60 年代之后无论是发达国家还是发展中国家,农业科研支出增长很快。而 1985—1999 年,中国农业科技总投入(包括政府财政支出和研究机构的创收支出)从 13.55 亿元增加到了 63.68 亿元,年增长率只有 4.0%,大大低于国家财政支出的增长速度。

第三,人均资金占有量低。我国拥有世界上最多的农业科研人员,从公共科研机构人均科研经费支出来看,我国农业科技资金的供给十分紧缺,人均科研经费过少。农业科研课题经费不足,在一定程度上影响了农业科研队伍的稳定性和工作积极性,也影响了农业科技工作者队伍整体素质的提高。

(三)人力资源方面

农业科研和推广人员数量不少,但是真正工作到田间地头、深入到农户家中的为数不多;部分农业科技从业人员满足于实验室、试验田、培训现场的工作,甚至是陷入了争课题、评职称的怪圈,把主要精力放在了学历教育、发表论文和科研成果上;项目鉴定验收也是脱离了真正的市场验证,这就导致这些农业科技成果从最初的申报到研发到推广,再到最后的应用,每一个环节多少都包含水分,许多农业科技成果不能通过农户直接转化为现实生产力,直接影响到农业科技进步的广度和深度,严重制约了我国农业科技进步。

6.5 国外发达国家农业技术推广经验

6.5.1 美国农业科技成果推广的经验

美国的合作推广体制可谓独具特色。它在实践中取得了巨大成功,使得美国农业自 20 世纪 50 年代以来一直受到世界各国的普遍关注,并对各国的农业科技成果推广起到了很好的借鉴作用。合作推广体制的本质特征是合作,它是美国联邦农业科技成果推广机构与各州农业科技成果推广机构之间关系的基本原则,也是美国农业科技成果推广赖以形成和发展的灵魂与核心。

其合作主要体现在以下几个方面:

(一)农业科技成果推广人员来源的广泛性

州立大学的推广专家由从事教学科研及推广单位的专家教授兼任,而市推广站的推广人员由州立大学统一雇佣和管理,辅助工作人员则由市政府雇佣和管理。除此之外,数以千万计的志愿者和不计报酬的农民也参与到农业科技成果推广当中来,从而构成了推广人员的广泛性。

(二)推广项目的提出、制订与实施是多方力量合作的结果

各市推广项目由各方人士组成的顾问委员会根据当地的需要提出,再由农业教学、科研和推广人员合作制订出项目方案。项目方案在实施过程中,除科研、教学和推广人员参加外,各级农业局、农协、大众宣传媒介和涉农企业,甚至一些农场主也积极参与配合。

(三)美国农业科技成果推广的立法

立法是美国农业科技成果推广工作成功的重要基础,它奠定了美国农业科技成果推广的重要地位,稳定了资金来源,具有政策上的连续性和稳定性,使得推广顺利发展。140多年前,美国农业正处于开发的关键时期,为适应这种形势的需要,美国成立了农业部。1890年,议会通过的第二个《莫里尔赠地法》,提出向每所农业院校拨款25000美元;1908年通过的《纳尔逊修正案》又追加了赠与。然而真正奠定美国农业科技成果推广基础的,应该是1914年实施的《史密斯—莱弗联邦推广法》。该法不但为美国的农业科技成果推广提供了法律保障,也明确了联邦政府在合作推广体系中的参与作用,并界定了联邦和州政府的服务方向及责任、资金的划拨与分配等。

(四)美国农业科技成果推广的主要内容

美国农业科技成果推广中建立赠地学院的目的,就是要把大学带给人民,使那些没有机会进入校门学习的农民也能受教育,并向所有农民提供社会教育和服务。随着美国农业科技成果推广的不断完善,其推广内容不断丰富,并且对农业发展过程中出现的问题及时作出相应的调整和补充,从而更好地服务于农业生产、改善农民生活。

(五)经费来源的多渠道性

首先,按法律规定,各级政府以预算形式向农业科技成果推广部门提供所需经费;其次,由社会上各种基金会和私人企业资助;再次,由农民自愿筹款。

6.5.2　加拿大农业科技成果的推广经验

(一)联邦政府农业部与省农业部的职能分工

加拿大是实行联邦制的国家,联邦政府(即中央政府)与各省政府均设有农业部。联邦农业部与省农业部之间的分工十分明确,前者负责全国的科研机构及在编人员的工资和科研及其经费的管理;后者不再设置类似的专门科研机构,仅负责农业科技成果推广服务工作。

（二）推广方式

农业科技成果推广方式是农业科技成果推广服务的具体实践形式，有效的推广方式才能保证农业科技成果推广目标的实现。加拿大农业科技成果推广机构在实践中摸索出一整套行之有效的推广形式。根据不同情况采取不同操作方法。加拿大的农业科技成果推广机构特别重视推广服务中的具体操作方法。他们认为，成功的推广项目是以正确的操作方法为依托的。经过多年的探索和积累，加拿大确立了许多行之有效的推广方法，公共传播、专题资料、集体咨询、试验示范、举办研讨班、热线电话、图像传递和个别指导等。推广部门针对具体问题具体分析，将多种方法综合利用，以达到更为理想的效果。

他们将科研和推广立足于实际需要，主要体现在两个方面。第一，农业科研和推广工作统一归属联邦农业部管理，将它们按经济区划设置，可使其科研成果具有很强的区域特点，易于推广；而政府系统以外的科研机构注重实用和商业价值，这样可有效地避免重复立项、重复研究。第二，无论是联邦农业部的计划项目，还是生产企业委托的项目或科研机构的自定项目，都要力求做到目的明确。其科研立题的宗旨在于解决区域内农业生产中存在的问题或满足市场的需求，所以，在立题之初就必须考虑该项科研成果的推广及运用前景。

6.5.3 日本农业的科技普及经验

日本的农业科技普及（大多数国家称之为农业科技成果推广）是由国家和都、道、府、县在技术、资金、物资和政策等方面协调统一，并作为双方的共同事业予以合作和实施，故也被称为协同农业普及事业。

（一）国家农业科技普及体制

1. 行政管理体制。日本农林水产省和都、道、府、县农林水产部是协同农业普及的行政领导机关，主要职能是制定农业普及运行法规并监督其实施、管理分配补助金的预算、组织人事培训及管理协调农业普及工作中各个主体的关系等。

2. 组织体制。日本政府在全国范围内形成以农业行政部门为组织领导、农业改良普及所为主体、普及情报机构为纽带，联合科研、教育、民间社会等多部门协同作战的、专群结合的农业普及组织体系。

3. 投资体制。投资由中央政府和都、道、府、县政府各出资一半，主要用于支付普及员的工资、日常活动和研修费用，还用于农业大学的正常运营及帮助农村青少年开展活动等。

4. 政府对农业改良普及员的管理。农业改良普及员都必须参加各级政府的资格考试，合格后方可被录用，成为地方公务员；另外，具有一定农业科技成果推广经验的农业普及员,如果通过了农林水产省的资格考试,也可取得专业技术资格。

5.农业改良普及所。普及所是农业普及活动的重要基层组织,主要采取普及员个别指导、集体指导和大众指导相结合的方式进行农业普及活动。由专门技术员负责从科研部门收集、整理信息和科研成果,通过培训或巡回指导方式,再将这些信息传递给普及员;而普及员则把推广实践活动中遇到的问题反馈给专门技术员,然后由专门技术员来解决或是把问题反映给科研单位,促使科研单位研究解决方案。由此可见,专门技术员在整个普及活动中发挥着纽带和桥梁作用。根据 1958 年修改的农业改良助长法之规定,都、道、府、县必须设置农业改良普及所,全国共有 600 所左右;平均每个所的管辖范围是 6 个市、町、村,6400 个农户,耕地面积 7700 公顷。

(二)农协组织

日本的农协(民办农业科技成果推广组织)有着庞大的规模,集组织、利用和经营于一体,是农民进行农业生产最重要的互助合作组织。农协的工作指导包含开展农业科技成果推广活动和农家生活指导两个方面。农协的经费来源主要依赖其经营的金融和保险事业的收入。农协作为一个民间组织,不仅向农户的生产活动提供必要的帮助,而且还充当着国家农业普及事业中不可或缺的中介。它为国家农业普及在市、町、村的开展起到了基层组织的保障作用,有力地配合了国家农业的普及活动。

(三)农业教育

自然资源贫乏的现状,使得日本政府在发展国民基础教育的同时,大力发展农业教育,培养高水平的农业科技人员,以提高农业劳动者的素质。这一政策使日本的农业教育取得了长足的进步。20 世纪 50 年代以后,农业劳动者已多数达到初中水平;70 年代末达到高中水平,其中本专科毕业生的比重也不断上升,如 1974 年占 9%,1978 年占 16%,目前约占 35.2%。日本的农业教育政策有下列三个重要特征:第一,重视产学结合;第二,推崇自主办学的管理体制;第三,强化实践教学。

07 提升农产品流通效能协同创新策略

7.1　农产品价值链关系分析

随着农业的不断发展,农产品短缺的时代将逐渐成为历史,"数量型"农业向"价值型"农业的转变成为必然趋势。农产品的生产与加工不仅仅只满足于农产品及其加工产品数量的增加,更应追求农产品及最终产品价值的增加与实现。以产业链各环节价值协调、价值增值以及价值实现为目的的农产品价值链管理成为一种适应农业发展的新型管理模式。

价值链(value chain)的概念首先是由波特(Michael E. Porter,1985)提出的,他将价值链描述成一个企业用以"设计、生产、销售、交货以及维护其产品"的内部过程或作业。波特的价值链是一种描述产品从概念形成到商品进入消费者使用过程的连续过程的概念。农产品价值链则强调从农产品生产、加工、销售到最终消费的价值创造、价值协调、价值增值以及价值分配等活动。农产品在其中每一个阶段都耗费各种资源、产生成本并增加价值,农业产业的生存、发展与获利,就是通过农产品的价值链实现的。[①]

波特认为企业从事价值链活动,一方面创造顾客认为有价值的产品或劳务;另一方面也需负担各项价值链活动所产生的成本。企业经营的主要目标,在于尽量增加顾客对产品或劳务所愿支付的价格与价值链活动所耗成本间的差距(即利润)。农户、收储企业、加工企业以及批零企业目的是产品价值增值,并努力实现价值最大化,即产品价值与产品成本之间的差额最大。图 7-1 反映了农产品价值增值过程以及产品价值与成本之间的差额。

---

① 郭恒,孙蕾,祁春节.农产品价值链与流通效率浅析——秭归脐橙流通市场实证研究[J]. 经济研究导刊,2008(16):33—35.

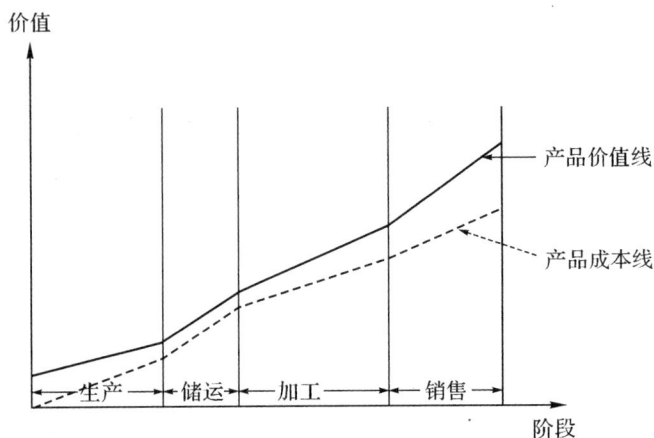

图 7-1　农产品价值增值曲线

该图纵轴表示农产品价值量,横轴表示农产品的各个增值环节,实线表示产品的价值,虚线表示产品的成本,实线与虚线之间的面积表示各个环节的增值能力,各个阶段价值线与成本线之间面积的大小表明各个环节增值能力的大小。

图 7-2 是农产品供应到农产品需求完整的农业产业链结构图。左边是农产品的供应,是价值链的源头,农产品价值首先从这里产生。右边是农产品的最终

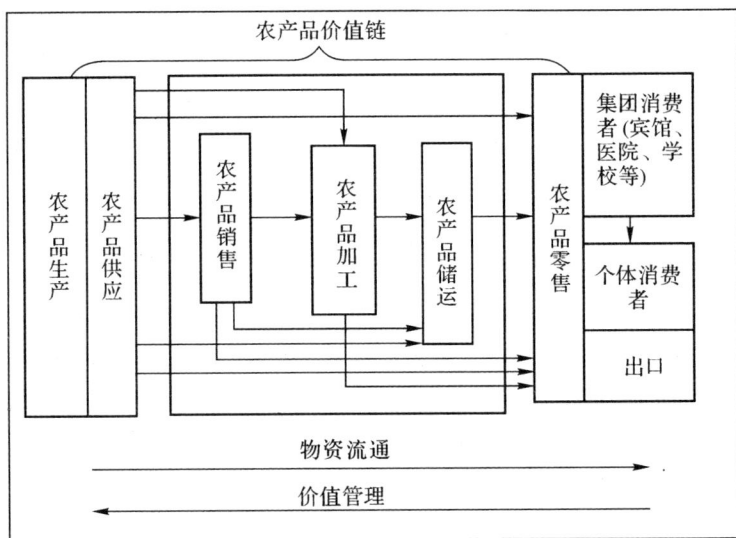

图 7-2　农产品产业链结构

需求,是价值链的末端,农产品最终价值在这里实现。农产品的供应与最终需求之间是农产品的中间需求,包括农产品储运、加工、销售。箭头所指的方向不仅是农产品的流动方向,也是价值增值的方向,而价值的流向与箭头所指方向相反。从农产品的供应到农产品的最终需求是否经过中间需求或者经过中间需求的长短,取决于生产农户或企业与市场联系的紧密程度,市场价格的高低以及农产品自身的特点。农产品的供应、中间需求与最终需求活动构成完整的农产品价值链。

7.1.1　我国农产品价值链中存在的问题

中国农产品价值链管理水平相对比较低,主要表现在农产品价值链上市场信息不对称或不完善,即农产品生产者、农产品加工企业和零售商或超市之间缺乏信息的交换和合作,从而导致农产品质量标准的失控甚至整个价值链的崩溃。目前,我国农产品的价值管理过程中,各个利益主体根据自己在产业链中的具体地位,单方面追求利润最大化,忽视甚至损害下游或者上游主体的价值实现,最终不能达到产业链整体利润最大化。主要表现在以下几个方面:

第一,产业链各环节不愿履行自己的责任与义务。生产农户与企业之间、企业与企业之间不能形成一条紧密的利益链条,无法实现风险共担、利益均沾的运行机制。特别是农户与企业之间,一旦市场价格高于合同价格,农户就会产生机会主义行为,违背合同,将产品直接提供给其他企业或者消费者。同样,当市场价格低于合同价格,企业也会违背合同,以各种理由降低农户产品的价格。

第二,忽视产业链其他成员的价值链活动。产业链成员之间的价值链活动是相互影响的,如果产业链成员把自己的业务活动作为一个独立行为,就难以获得准确的需求或者供应信息,增加运行成本。由于我国农产品市场信息不对称,造成农业资源配置低效率,主要农产品生产波动性大,农产品食品安全难以保证,农民的经济利益和消费者的利益难以维护。目前,农产品价值链管理陷入了一种困境:每个成员都过分地关注自身的利益得失,很少从整体角度来考虑共同的利益。例如,加工企业为了追求更多的利润而降低原料采购价,农户为了降低生产成本则忽视农产品的质量等等。这些过多重视自身利益最大化的行为往往与整体利益发生冲突。如 2008 年的"三鹿奶粉"食品安全事件,2011 年的双汇食品"瘦肉精"猪肉事件、上海多家超市染色馒头事件、特大"地沟油"事件、蒙牛纯牛奶致癌物事件,2012 年上半年的工业明胶果冻、老酸奶、毒胶囊事件以及假冒鳕鱼事件等。

第三,忽视竞争对手的价值链。当农户与农户之间的竞争、企业与企业之间的竞争变成产业链与产业链之间的竞争的情况下,产业链一味注重内部价值链,忽视竞争对手的价值链,导致无视自己与其他类似产业链的差距,从而不利于产业链价值管理水平的提高。

第四,缺乏价值创新活动研究和协调机制。价值创造是持续增加产业链竞争力的有效手段。传统的价值管理中,重视企业内部的价值活动,缺乏根据市场需求进行行业整体价值链活动进行创新的能力,缺乏价值协调机制。产业链成员之间的价值分配差异影响成员关系的稳定性,在重视内部价值活动的时候,成员之间不愿就价值分配进行协调,增加链条的不稳定性与运行风险。

第五,收益不稳定,资金短缺。我国农产品价值链收益不稳定,农业龙头企业带动性不强,农业生产波动性较大。农业龙头企业规模小,技术水平低,竞争力不强,市场占有率不高,可能导致农产品质量不稳定,资源效率低下,加剧初级农产品生产波动性。资金问题是我国农产品价值链进一步升级的主要约束问题。由于农产品公司一般属于中小型企业,本身资金少,在金融市场贷款又相对困难,而要想实现价值链的升级,必须在工艺上进行改进,需要进行设备等的投资,因此需要政府对农产品价值链进行资金支持。

第六,组织松散,缺少一个整体管理模式。我国农产品价值链缺少统一的、规范的、有效的管理模式。我国农产品种类繁多,农作物具有生长周期较长等特性,同时,我国地域辽阔,不同地域的环境、物流、加工条件千差万别,因此,农产品价值链管理较为困难。

7.1.2　由价值链视角看我国农产品流通问题

农产品流通是农产品商流、物流、资金流和信息流的总和,是联结农产品生产与消费的桥梁和纽带。农产品流通使得农产品从生产领域向消费领域转移并实现其价值,以满足流通载体(生产者、中间商、消费者)效用需求。已有不少研究关注我国农产品流通问题的严重性,比如损耗大,交通成本高,储藏条件差。确实是这些问题的存在,严重影响了农产品流通效能。但是,这些因素往往不是农产品流通者能够解决的问题,如果不能解决,那么流通效能仍然无法改变。因为,在掌握直接原因的同时,间接原因也可能很重要,甚至,直接原因是否是根本原因,也是值得探究的。

所以要解决农产品流通效能低的问题,不是简单地解决物流问题,这只能说是其中的一个部分,但不是全部。而目前,我国的农产品价值链中,似乎越是上游,获利空间越小,而承担的风险却更大。这样,直接导致上游生产者成为了弱势群体。没有人天生喜欢做弱者。而从产品的溯源角度来说,消费者当然希望享用性价比高的产品,而农产品与别的工业产品不太一样,特别是鲜活农产品,其品质的高低最终与生产链中最初的环节有关。没有最基本的自然品质作为保证,那么后面无论如何加工,都是只能做出"绣花枕头"来,可看而不可吃。食品不是工艺品,也不是一般奢侈品,没有了吃的功能,任何可看性都毫无意义,甚至是巨大的讽刺,真的成了"画饼充饥"或"望梅止渴"了。

所以,只有让农产品的生产者有了足够的利润空间,降低其生产风险,才有可能最终让消费者买到合适的、安全的、喜欢的农产品。

7.2 协同创新理论在农业经济中的应用

经过多年发展,我国科技资源已跃居世界前列,各类科技创新基地和平台建设取得了重大进展。特别是形成了相当规模、涵盖创新链各环节的各类创新基地,为进一步整合科技力量、共享科技资源、集聚创新人才,推进国家重大创新基地建设奠定了基础。协同创新是深入贯彻科学发展观,落实中长期科技发展规划纲要,提高自主创新能力,促进科技与经济结合的重要举措;是深化科技体制改革,进一步完善科技管理体制,完善国家创新体系的关键所在;是转变政府职能,发挥市场经济下我国体制优势的重大部署。

7.2.1 协同创新的概念与原理

协同创新主要表现为产学研合作的过程,但产学研合作并不是自发的过程,因为各个创新主体的利益诉求和出发点都不一样,如果缺乏国家宏观的引导和制度安排,结果很可能是零和博弈,个体的理性导致群体的非理性,个体的利益最优导致群体的利益最少化。协同创新是国家创新体系的一部分,因此必须从宏观视角来分析整个协同创新的内涵和本质。

协同创新是将各个创新主体要素进行系统优化、合作创新的过程。协同创新可以从整合和互动两个维度来分析(见图 7-3),在整合维度上,主要包括知识、资源、行动、绩效;而在互动的维度主要是指各个创新主体之间的互惠知识分享,资源优化配置,行动的最优同步,系统的匹配度。而根据两个维度上的不同位置,协同创新是一个沟通——协调——合作——协同的过程。

沟通过程中涉及知识的整合,大学以及科研机构作为知识的主要生产者和提供者,对知识的传播、整合、流通起到重要作用。马奇认为知识分为学术知识和经验知识,学术知识强调普遍有用、永远有用,而经验知识则强调能够直接应用于具体情境,具有很强的时空聚焦性。创新过程是两类知识糅合和整合的过

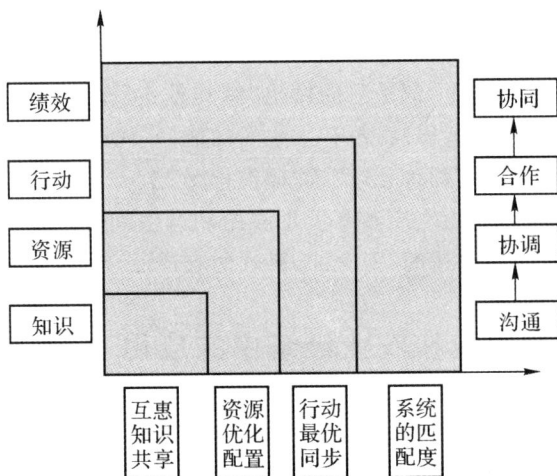

图 7-3 协同创新理论框架

程。学术知识是理解和应用经验知识的基础,协同创新不仅注重知识的开发和创造,更强调知识的灵活应用和价值转换。

协调涉及知识的整合,资源的优化配置。经济的快速增长大都依赖于资源的消耗和利用。如何利用协同创新进行资源的优化配置,进一步完善国家创新体系,是值得深度研究的问题。整合和运用正确的知识,可以更好地进行资源优化配置。运筹学中很多的基础理论和定理被运用在生产实践中,不仅优化了资源的配置,而且大大节约了生产过程中的人力、物力、财力。[①]

合作涉及知识、资源以及行为三个层面的整合,其中主要包括知识的分享和整合,资源的优化配置,行为的同步优化。我国高校和科研院所每年产生大量的知识,各种知识以数据库、发明专利、文献等形式呈现出来,但我国知识的转换率却很低。这说明我国重视了知识的生产,但没有重视知识的集成、转移和扩散以及资本化,在产学研三方合作的过程中忽视了行为的最优同步化。高校科研院所在创造新知识的过程中,并没有考虑这些知识进行商业化,使知识实现增值,而企业作为创新主体要素,对显性知识的吸收力度以及隐性知识的外化程度还不够高。政府需要提高针对协同创新的政策一致导向性,才能有利于高校、企业、政府三者之间的行动最优同步化。

协同涉及知识、资源、行为、绩效的全面整合。系统的匹配度是影响绩效的

[①] 陈劲,阳银娟.协同创新的理论基础与内涵[J].科学学研究,2012(2):161—164.

重要原因,政府制定的各项经济政策与实际经济运行实践之间、高校科研院所的研究成果与企业的技术需求之间的匹配度,系统内知识、资源、行为的匹配度都将影响到创新绩效的高低。整合能否实现取决于系统内不同要素的互动和合作的程度。互动的强度与创新主体改变行为的程度和频率有关,这些包括互惠信息的交换,绩效与同步行动的系统匹配。系统的整合度越高,就会需要有更多的高强度的互动合作。

7.2.2 协同创新理论解决农产品流通问题的主要思路

将协同创新理论应用于解决农产品流通问题,势必要对农产品流通的整体性进行分析,找到创新的主体,找出创新的渠道。因此,在此先将农产品流通的价值链进行梳理。

在上文中已经提出了农产品的价值链关系,但是没有人对中间的四个流动过程进行系统的跟踪和优化设计。在此基于价值链理论,结合我国农产品流通存在的几大方面问题,提出通过协同创新求解的理论框架,如图 7-4 所示。

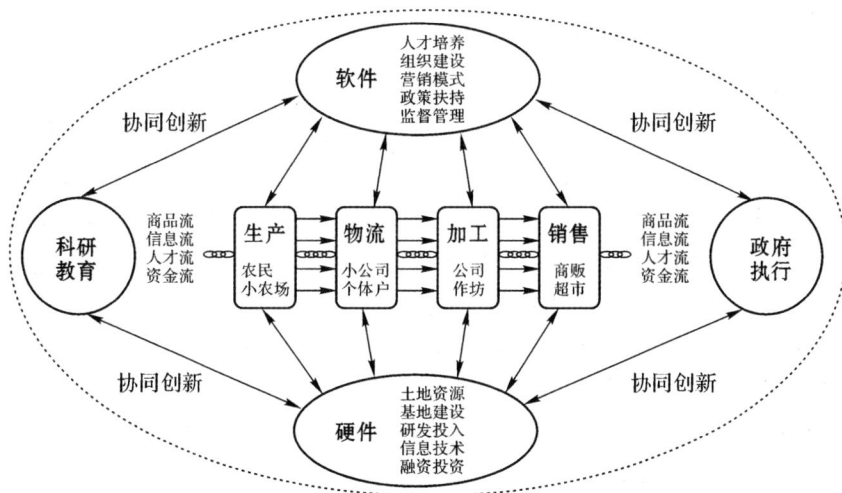

图 7-4 协同创新理论应用农产品流通价值链的理论模型

图中首先将农产品流通价值中的四大环节进行呈现,分别是生产、物流、加工和销售。其中,各环节中的主体具有代表性的分别有农民、储运公司、加工企业和终端销售者。那么,联系这个四大环节的链条主要就是四条:信息流、商品流、资金流、人才流。但是,在实际流通过程中,存在损耗大、物价高、收益低、时效低、品质差等诸多问题。根据前文所述,主要原因是硬件和软件与市场需求的不匹配。其中,硬件有基础设施建设不足、交通状况不行、储运装备落后、土地资源不足、科技研发投入少等等;软件有农业专业人才奇缺、市场信息不畅、生产技术落后、营销模式单一、企业经营水平不高、农业政策滞后等等。

协同创新是各个创新要素的整合以及创新资源在系统内的无障碍流动。协同创新是以知识增值为核心,以企业、高校科研院所、政府、教育部门为创新主体的价值创造过程(见图 7-5)。

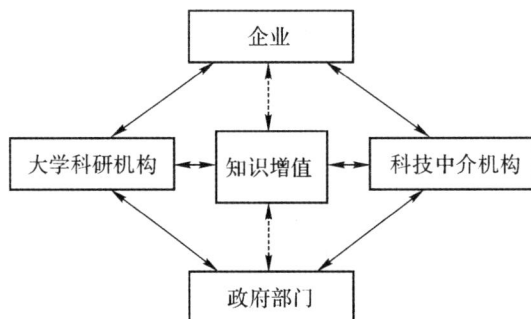

图 7-5　知识增值为核心的协同创新系统结构图

知识经济时代,传统资源如土地、劳动力和资本的回报率日益减少,信息和知识已经成为财富的主要创造者。因此,合作的绩效高低很大程度上取决于知识增值的效率和运行模式。在农业知识增值过程中,相关的活动包括知识的探索和寻找;知识的检索和提取;知识的开发,利用以及两者之间的平衡;知识的获取,分享和扩散;协同创新过程中知识活动过程不断循环,通过互动过程,越来越多的知识从知识库中被挖掘出来,转化为资本,并且形成很强的规模效应和范围效应,为社会创造巨大的经济效益和社会效益。

因而在协同创新的模型中,主体不只是价值链中的四个环节,科研机构、教育部门和政府部门也承担了重要的角色。作为合作单位,他们在提升硬件和软件过程中起到举足轻重的作用。

因此,要根本上解决我国农产品流通问题,必须通过各个主体之间实现充分沟通、协调、合作与协同,通过不同层面、不同角度的创新,来提升硬实力和软实力,真正走上农业产业化和现代化的道路。

7.3　产业链主要环节促进农产品流通的创新思路

7.3.1　挖掘农产品流通的"第三利润源"

当今中国,农产品流通领域成为一个大资本"死角":正如一位农业专家所说,我国农业只有产业物流,没有物流产业。在国外,流通环节唱主角的批发商大多是资金雄厚、规模庞大的物流公司;国内,受上游种植与下游终端渠道分散的影响,农产品流通领域鲜有资本的进入,更没有诞生大规模的物流企业。

与大规模流通企业可分担风险不同的是,部分中小流通企业参与囤积、炒作,反而助长了农产品价格的暴涨暴跌。如果不能有效解决流通链条不畅的现象,不仅菜贱伤农与菜贵伤民并存的现象无法根除,而且势必会加剧农业的投资风险。

我国农产品冷链物流发展严重滞后,冷链设施短缺,加上不合理的包装、运输和储存,鲜活农产品流通损耗很大。因此,完善农产品物流是减少农产品损耗、降低流通成本的关键。

(一)加强农产品供应链建设

首先,要注重核心流通加工企业的培育。当前我国农产品供应链之所以发展缓慢,很重要的原因就是缺少能够发挥领导作用的核心企业。其次是加强农村物流基础设施建设,推进城乡物流一体化。我国广大农村由于物流基础设施建设相对薄弱,市场分散、狭小等原因,农村物流发展缓慢,再加上城乡商品市场割裂,导致物流的"二元鸿沟"相当严重,中心城市的现代化物流与农村落后的物流不能够有机地结合起来,使得农产品的市场供求关系和物流供应链相当脆弱。因此,在进一步建设与完善城市物流体系的同时,更应注重农村物流基础设施的建设,逐步形成城市支持农村、农村依托城市、城乡互促的物流一体化发展格局。最后是改善冷藏工具,做好科学运输。另外,要充分发挥第三方物流的优势,做好农产品储运规划,大力发展整车直达运输,减少中转环节,降低流通损耗,提高流通效率。[①]

(二)建立鲜活农产品应急销售体系

近年来,我国鲜活农产品应急销售事件不断出现。如 2004 年 3 月湖北黄花菜、2008 年 9 月全国牛奶原奶、2008 年 10 月全国柑橘、2009 年 11 月广西香蕉

---

① 朱艳新,李美羽.挖掘农产品流通的"第三利润源".中国商贸[J],2011(3):183—184.

等应急销售事件。在此背景下,构建农产品应急销售的事前预警、事中处置和事后舒缓机制迫在眉睫。

鲜活农产品应急销售是指由自然灾害、供求失衡、不利消息等原因造成的短期内某种鲜活农产品集中上市但销量异常少、售价异常低、生产经营者大幅亏损的危机状态。这种状态会对当年某种鲜活农产品产业的生产与经营活动造成巨大破坏,严重滞销和大幅亏损的危局使次年的生产与经营无以为继,甚至导致生产经营者大量破产、产业崩溃等社会不稳定现象发生。单个生产经营者对此不能化解,必须借助政府援助进行干预,调度大量社会资源才能处置。

落实鲜活农产品供求信息预警措施,防范短期内生产与市场波动风险。各地农业部门要由专门科室制订并实施年度《鲜活农产品重点品种监测预警工作方案》,分品种建立专家队伍,加强对重点品种的监测预警。该工作方案规定了上报监测分析报告的内容和周期,确立了会商发布预警信息的制度,要求建立农产品主要产地和主要消费地之间的信息平台,及时沟通产地农产品产量与等级、消费地价格与销售量等信息,协商应急机制的启动时机。

迅速建立鲜活农产品应急销售的官方组织。为了应对多重原因所造成的复杂的应急销售局面,必须迅速成立由农业部门牵头,包括宣传、工商、交通、质监等部门在内的权责明晰的官方组织,负责协调舆论宣传、供求信息发布、质量安全监测等各项工作,保证各项措施的落实。2009 年 11 月广西发生香蕉应急销售事件后,广西及时成立了香蕉应急销售协调小组,下设综合协调、产品销售、交通协调、技术指导、资金管理等办公室。各办公室落实了人员,明确了责任,切实加强香蕉促销工作的组织协调。[①]

（三）农产品交易渠道的多样化

较窄的利润空间增加了电子商务在农产品领域的应用难度,这使得目前电子商务在农产品领域的应用拓展速度远不如其他领域。比如,涉农网站中做宣传介绍的多,提供信息平台服务的多,而直接面向消费者提供比较完备的电子商务服务的并不多。"菜管家"是目前国内最大的优质农产品订购平台,由上海农信电子商务有限公司建设运营,从 2008 年开始为企业提供农副产品团购服务（公司网址是 http://www.962360.com/）。2009 年 7 月菜管家网站改版上线试运行,推出个人在线订购服务。目前,"菜管家"提供涉及人们饮食的 8 大类 37 小类近 2000 种涵盖蔬菜、水果、水产、禽肉、粮油、土特产、南北货、调理等全

---

① 章军. 我国鲜活农产品应急销售的成因与对策. 安徽农业科学,2011,39(16):10084—10085, 10088.

方位高品质商品,为 3000 多家大中型企业提供节日福利与商务礼品服务,为近 20000 个人提供网上订购和电话订购服务。

此外,"菜管家"还在上海青浦建立了符合 GMP 食品安全管理体系的物流仓储基地,建成了一套集 ERP、SCM、CRM、OA 等信息支撑平台于一体的 IT 支持系统,开通了 COD 货到付款和在线支付的结算体系,提供安全、便捷的支付体验。2009 年"菜管家"获得年度中国农业百强网站、年度农副类网站用户投票第一名、迎世博 2009 九鼎杯上海市场诚信经营单位称号。

(四)实施系统化的提高农民的综合素质

在新形势下,农产品出现"卖难"问题,与农民的盲目种植、对市场信息接受能力弱等因素有很大关系。因此,必须加强对农民的培训,提高其综合素质,形成市场化的农业经营思维方式。近年来,国家和有关部门采取了较多措施,力求提高农民的素质,各地方也相继实施了多项农民培训工程。国家和各地区不遗余力地大力培训农民,的确取得了一定成效,但是还存在着一些不容忽视的问题。有些"工程"仅仅是针对部分群体的专门培训,受众面较窄;培训的内容侧重于生产技术,忽视市场开发;对留守在农村从事生产经营人员的培训较少;等等。要解决这些问题,总的思路是实施系统化农民培训工程。

具体措施包括:第一,加强组织协调。为改变过去农民培训过程中各部门各自为政的状态,国家和省级政府应加强此项工作的组织协调,要在教育行政部门内部设立专司此项工作的机构,统一管理本地区的农民培训工作,以此促使农民培训工作的规范化、系统化。第二,制定培训规划。国家应制定全国农民培训的中长期规划,并把其纳入国家经济社会发展的中长期规划中。同时,地方也要结合本地实际情况制定规划。第三,加大资金投入力度。国家和各级政府的财政预算应设立农民培训的专项资金,并逐年增加投入,从而保证农民培训工作的可持续性。①

7.3.2　两岸农业合作现状与思路

(一)两岸农业合作现状

两岸关系出现重要历史性转折以来,两岸农业交流合作迈入新的发展阶段,广阔的大陆市场缓解了台湾农产品盛产滞销的燃眉之急,帮助台湾农民扩大了生产,增加了收入,带动了上下游产业的兴旺。同时,大陆和香港成为台湾农产品最大的出口市场,大陆成为台湾农业投资规模最大、最集中的地区。数据显

---

① 耿玉春,房淑贤.新形势下农产品"卖难"问题的深层思考.经济纵横,2011(7):31—33.

示,2009年台湾农产品出口大陆总额,占该地区农产品出口总额的23.6%。由于台湾传统农业主要集中于受"台独"影响较深、政情比较复杂的南部地区,因此更好地推动两岸农业交流合作、让利台湾农民就具有多重重要意义。但目前台湾农产品的销售运输环节还存在不少问题,主要体现为:

第一,两岸农产品结构和销路具有较高重叠性,加剧了两岸市场竞争。特别是两岸长期以来的农业交流合作,已使两岸农产品品种结构和质量水平上的差异逐步缩小,大陆台资农业企业不但不能对岛内农民产生帮衬和带动作用,反而加剧了两岸农产品竞争,"山寨版台湾水果"泛滥,导致原产地在台湾的优质水果品牌受到侵害,台湾农民由此产生怨言。

第二,台湾农产品行销大陆的货运及保鲜成本相对较高。目前大陆开放零关税进口的台湾农产品主要以水果、蔬菜和水产品为主。这些农产品对运输、保鲜的要求较高。虽然自2008年年底两岸开启货运直航,大大节省了距离和时间,但运输成本仍然较高,包括空运方式。高企的运输成本和途中损耗在很大程度上抵消了关税优惠政策。

第三,台湾农产品的产销规模相对较小、季节性强,难以形成大规模的两岸农产品贸易。台湾农业组织希望在大陆建立持续稳定的台湾水果销售通路目前尚难实现,且很多台湾农民认为,大陆不定期赴台采购农产品,属于政策性安排,并非永续经营模式。

(二)推进两岸合作的思路

第一,逐步推动实现两岸农业生产要素的合理配置。台湾农业生产要素的突出优势在于技术先进、资金实力强、种苗研发和更新改进速度快。可以有效降低全国16个省市9个海峡两岸农业合作试验区和25个台湾农民创业园的准入门槛,加大优惠政策,鼓励更多台湾农民前来落户,促进两岸农业生产要素的自由流动,科学疏导两岸农业竞争。

第二,积极促进两岸农产品自由流通。当前两岸农产品贸易规模虽然呈现不断扩大趋势,但至今台湾对大陆农产品进口还有诸多限制。除对大陆15项农产品进口采取特别防卫措施之外,只开放进口大陆农产品1473项(占总量的62%),还有832项没有开放。建议在海西区首先开放我国台湾地区农产品,同时要求台湾当局逐步放宽相应的海西区农产品,以体现平等互利原则。并在福建设立两岸农产品现货交易所及转运中心。

第三,共同提升两岸农产品的国际市场竞争力。两岸农产品出口相对集中于日本、美国与我国香港地区等三大市场,产品重叠性较高。共同提升国际竞争力,应是两岸农业经贸交流合作的重要战略方向。首先,为了缓和激烈竞争,两岸应通过充分协商,达成某种两岸共同认可的宏观调控机制;其次,两岸应积极缔结农产品价格联盟;第三,加强对台湾农业知识产权的保护力度,严打仿冒,同时还要积极鼓励大陆台资农业企业创建新的品牌,帮助他们拓宽市场。

第四,进一步吸引台湾南部农民到大陆内地二、三线城市进行农业技术投资。台湾农业生产技术先进,但土地资源紧缺,劳动力成本高,两岸农业交流有较强的互补性。多年以来,受台湾农业严重萎缩等复杂因素影响,大批台湾南部农民赴东南亚拓土创业,并娶外籍女子为妻,一些人对两岸关系已麻木不仁。在两岸大交流、大合作、大发展的今天,这种情况绝不能继续下去。鉴于东南沿海地区两岸农业合作密度已经很高,可以制定积极政策为台湾南部农民到大陆二、三线城市进行农业技术投资牵线搭桥。

7.3.3　物联网技术应用于农产品流通的优势

我国农业发展正处于从传统农业向现代化大农业过渡的进程当中,急需用现代物质条件进行装备,用现代科学技术进行改造,用现代经营形式去推进,用现代发展理念去引领。因此,物联网的快速发展,将会为我国农业发展与世界同步提供一个国际领先的全新的平台,也必将为传统产业改造升级起到巨大的推动作用。我国农村人口占到 70% 以上,应用市场潜力巨大,为了更好地应用现代物联网技术服务于广大农户和农企的发展,需求分析应先行,行业应用紧随其后。

随着收入的不断增长,生活水平的不断提高,物联网正在一步步走进我们的生活,农业的各个方面应用也将得以实现,而农村信息化建设的稳步推进与物联网产业的结合也逐步成为人们所关注的焦点。生产效率和食品安全是我国农业生产流通中必须考虑的两个重要问题,物联网可以很好地解决这些问题。物联网是互联网的一个演进,可以把物品和网络有效地连接起来。通过物联网可以有效地采集物品、环境的信息,既可以对物品进行某种控制,也可以对物品的来源甚至包括其流通环节进行监视。

我国的农业生产目前还处于一种人力、畜力、机械混合型的粗放式运作模式,生产效率不高,农产品价值链水平相对较低。物联网的应用可以进行大量的、广域的农林参数采集,同时运用云计算,把采集来的各种数据输入数据库,再通过专家系统对重要的数据进行处理,可以得到趋势性的结论来指导农业生产。另外,物联网还可以应用于食品溯源。物联网可以对加入网络的各种物品进行有效的信息采集与管理,通过运用二维码(也可以是 RFID)技术,消费者可以很容易地得知自己购买的农产品的来源及其他信息,减少对食品安全的担忧。综合以上分析可知,物联网将成为实现"精细农业"的重要推动技术之一。

综合物联网的技术特点,可归纳出将物联网应用于农产品价值链中的作用有以下几点:

(1)降低产销成本,提高产品质量。基于物联网的农产品价值链管理使各环节透明度大大提高,农产品及其加工品在价值链的任何地方都被实时追踪,减少库存成本和物流中心的人工成本,提高库存利用率,加速库存周转,实现信息化、自动化和智能化。

(2)实现信息共享,促进产品增值。物联网能建立高效的信息共享机制,使农产品价值链各方在整个过程中对 RFID 系统读取的数据进行核对,尽可能克服农产品市场信息不对称问题。

(3)控制价值链,保障食品安全。物联网能提高信息识别的精准性和高速性,大大减少商品的错误分发和储运,从而可以精准有效地控制农产品价值链。将物联网技术应用到农产品价值链管理中,可进一步保障食品安全。利用二维码溯源,通过食品追溯标签使消费者全面了解产品信息,确保食品安全。

7.3.4 改革完善我国农业补贴政策思路

(一)应逐步改变对农业的支持方式

价格支持和收入支持,是当今世界各国和地区在农业支持中广泛采用的两大政策。从美国、欧盟和我国台湾地区的农业政策变化看,很重要的一个特点,就是将价格支持转变为收入支持。一般地讲,当一国(或区域)经济处于工业化初期阶段、主要农产品国内供求有较大缺口、农业政策的主要目标是增加产量和稳定农业生产时,价格支持是行之有效的政策。而当经济进入较发达阶段,主要农产品有较高自给率或自给有余,农业政策的目标是提高农业生产者收入时,农业政策应适时地从价格支持转向收入支持。我国应在确定几个主要支持品种后,测算出合理的补贴水平,采取以地定补或以户定补的方式,直接补给生产者,以使生产者能获得农业支持的大部分好处,实现增加农民收入、扶持农业发展的政策目标。这种直接补贴方式将以田亩计算补贴额为主要内容,这种方式符合WTO"绿箱政策"的要求,它对农产品价格造成微小或没有扭曲的现象,而且有利于农业结构的不断动态调整。

(二)充分利用好"绿箱政策",有步骤地加强农业保护水平

在 WTO《农业协议》框架下,农业补贴具有两层含义:一是广义的农业补贴,即政府对农业部门的投资或支持,由于其中大部分是对科技、水利、环保等方面的投资,不会对农产品价格和贸易产生显著性的扭曲,而被称为"绿箱"补贴措

施,对于"绿箱"补贴,任何国家均可免除削减义务;另一种是狭义的农业补贴,或叫做"保护性农业补贴",如对粮食等农产品提供的价格、出口或其他形式的补贴,由于这种补贴会对农产品价格和贸易产生明显扭曲,而被称为"黄箱"补贴措施。《农业协定》规定用综合支持量(简称 AMS)来衡量"黄箱"补贴政策的大小,并要求在约束该类补贴的基础上,逐步予以削减。在我国,当务之急是加强对农业和农产品加工业的重点支持,调整农业补贴方向和支持结构,充分利用好"绿箱政策",有步骤地加强农业保护水平,由现在补贴流通环节,转向补贴农产品生产者,把支持重点转到提高农产品国际竞争力上。对投入进行补贴的专项性更强。农业生产者要享受补贴,就必须进行相应的农业生产。当农业补贴政策的目标是促进某方面的农业生产或者农业结构调整时,可以采用对农业投入进行补贴。

(三)对农业投入的法制化

美国的农业投入法制化应该对我国下一步的财政支农具有重要的参考价值。美国农业的投入之所以能够稳定而可靠,主要原因之一就是美国的农业投入是以法制化作为保证的,它不受时间和外界其他因素的干扰和影响,使美国农业投入稳定而持续,这也是美国农业能够长久保持世界第一的原因之一。而我国对农业的投入还没有建立法制化的管理方法,随意性较强。最明显的表现就是,当农业出现危机了,国家和政府才开始重视农业,加大投入力度;当危机缓和了,对农业的重视程度也就相应降低了,从而导致我国农业的发展波动较大,损害了农民和国家整体的利益。

(四)适当上移农业投资主体

农业投资由于具有强外部性、高风险性,一般地方政府都不愿意对其大量投资,不仅如此,地方政府还经常挪用中央政府的农业专项投入。据统计,我国对农业的投资大约有 30％不能落实,而问题就出在地方政府身上。因而,美国等其他国家都是以中央政府作为农业投资的主体。为了提高我国农业投资的效益,我国应该借鉴其他国家的成功经验,适当上移支农主体。①

7.3.5　完善农村土地征收制度

我国目前的农村土地征收制度是建立在损害农民利益的基础之上的,失地农民失去土地的同时也就失去了农民的身分,更失去了赖以生存的基本的保障,但又未同时获得市民的社会保障待遇。失地农民因土地征收失地失业,政府通

---

① 周妫,张建波.我国农产品价格上涨原因及农业政策分析.江西财经大学学报,2008(4):63—65.

过征地获得了大量的收入,但仍未能将失地农民纳入城市居民社会保障范围内。大批失地失业农民正持续不断地加入底层贫民的行列,成为城市化进程中的一个新的弱势群体。这些失地农民变得既不同于农民,也不同于一般市民,更不同于失业工人的"三无"人员,他们非但不能获得失业工人那样的社会保障待遇,反倒可能沦为国家、集体、社会三不管的边缘群体,丧失了基本的国民待遇。加强农民利益保护,完善农村土地征收制度,已日益成为摆在我们面前的一个严肃课题。由此建议:

第一,国家要严格限定公共利益范围。明确合理的界定土地征收中的公共利益,对于规范土地征收行为,防止在征地实践中滥用征收权,具有重要意义。大多数国家都规定国家征收土地的权力仅限于公共目的的需要,进行这种限制的理由是国家不应该使用其强大的土地特权从某些私人手中征收土地来为私人谋取利益,而应该在处于全社会公共利益之下才运用这一特权。根据我国土地资源的现状和土地征收的国际惯例,以及我国是成文法国家的现实,土地征收的法律规定应采用概括和列举并用,直接设定与间接设定相结合的形式,严格限定公共利益。

第二,提高补偿标准,扩大补偿范围。补偿标准和范围的确定事实上是一个利益权衡的过程。长期以来,我国传统观念认为,个人利益与国家利益相比是无足轻重的,被牺牲也在所难免。而从市场经济的角度来看,这样做是行不通的。征收补偿的利益衡量,应不仅仅是政府的经济利益,还应衡量征收者与被征收者之间具体的利益关系。具体来说,可以根据土地的不同地域、不同类型以不同的评估方法确定补偿标准。对于城市郊区的土地,由于土地市场比较发达,对这部分土地的补偿标准可以以市场价格为主。对于远离城区的土地,因为价格偏低,而农民的生活主要靠土地的收益,因此,对于土地征收的补偿标准,除了按价格补偿外,还要考虑为失地农民维持今后生活提供额外的经济补偿。

此外,补偿项目的缺失,也是农村土地征收补偿标准太低的主要原因。与其他国家征收补偿范围的规定相比,我国土地征收的补偿范围明显偏窄。笔者认为,应在立法和实践中扩大补偿范围。由原来仅限于与被征收土地直接相关的损失扩大到其他损失,将残余地分割损害、经营损失以及其他各种由征地所致的必要费用等可确定可量化的财产损失列入补偿范围,以确保农民的合法权益。

第三,丰富土地征收补偿方式。货币和劳动力安置一直是目前我国主要的征地补偿安置方式,但此两种方式太过单一,无法为失地失业的农民提供充分的生活保障。目前在东部经济发达地区,已有一些突破性的方法开始实施。如宁波就出台了《关于建立征地农民基本生活保障制度的指导意见》,采取"三个一点"的办法,即"政府出一点,集体补一点,个人缴一点"共同缴纳保险金,将失地农民成功纳入社会保障体系。还有一些学者针对我国一次性货币补偿的缺点,提出了分期补偿、土地使用权入股安置、留地安置等多种形式的复合安置。此外,笔者所在的重庆市作为国家统筹城乡综合配置改革试验区,在如何消除城乡二元结构方面,也提出了"二退二享"方案。即在自愿的前提下,农民退出承包地享受相应的社会保障,退出宅基地享受廉租房或经济适用房,从而从根本上完成由农民向市民的转变,彻底破除城乡二元结构,这种方式对征地补偿也具有很强的借鉴意义。

第四,建立土地补偿金公正分配机制。目前,征地补偿的分配格局是"政府拿大头、集体拿中头、农民得小头",极大地损害了失地农民的权益,也使得实践中农民与集体、村民委员会之间纷争不断。因此,我国在立法上应充分考虑农民的利益需求,强调土地补偿费主要用于被征地农民。国土资源部 2004 年 11 月发布了《关于完善征地补偿安置制度的指导意见》,明确规定了土地补偿金主要用于被征地农户的原则。即土地补偿费应在农村集体经济组织内部合理分配,具体分配方法由省级人民政府制订,土地被全部征收,同时农村集体经济组织撤销建制的土地补偿费应全部用于被征地农民生产生活需要。但是,如何规范农村集体经济组织合理分配土地补偿费却是一个难以确定的问题。笔者认为,今后立法可考虑在农村征地过程中,减少农村集体经济组织这一环节,直接与农民谈判,让农民直接行使自己的权利。

第五,完善农村土地征收程序和征地补偿救济机制。程序是对实体权利保护和制约的有力工具,只有程序的公正才是真正的公正。我国注重对实体权利的规范,而土地征收程序的简单化已经成为侵犯失地农民土地权利的主要原因之一,因此应在立法中加强对土地征收程序的完善。"法律面前人人平等"的宪法原则首先要求所有公民一律平等地站在法律面前,这就要求我们在保障失地农民权益时必须为其提供法律援助,为其能够接近法律,运用法律维护自己的权益,所以,应当为其平等地享有法律救济权建立畅通的渠道。首先,完善行政救济制度,包括完善信访制度和行政复议。其次,完善司法救济制度,赋予农民征地补偿纠纷的诉权,通过公益诉讼来保障对农民的补偿等。

7.4 专题实证研究

7.4.1 绿色农产品流通渠道创新——浙江秋梅公司实证分析

"绿色农产品"统称无公害农产品、绿色食品、有机食品等经过专门机构认证、具有绿色标志或环境标志的认证农产品与食品。绿色农产品是绿色农业生产经营的核心和载体,是绿色农业生产结果的最终体现,其基础和起点是无公害农产品,核心和重点发展方向是绿色食品,高端则是有机食品。在我国,由于普遍消费水平的提高,人们对绿色消费的重视程度也在不断加深。有调查指出,我国城市中有 61% 的消费者愿意付出比同类产品贵 25% 的钱来购买绿色食品。①

农产品流通主体是指参与农产品从生产者到消费者流通过程的企业和个人。可分为生产环节(含农产品加工者)、批发环节、零售环节、物流仓储环节等四大部分。目前我国受传统观念影响,仍存在片面强调生产,忽视流通和消费;片面注重工业、城市发展和市民利益,轻视以流通业为代表的服务业发展,从而抑制了农业、农村和农民的发展,特别是绿色农产品流通率不高,发展较慢。

浙江秋梅食品有限公司是浙江省内的农业龙头企业,目前已成为浙江省妇字号龙头企业、浙江省级骨干农业龙头企业、浙江省农业科技企业。通过实证研究发现其特色在于创新经营机制,探索流通渠道从而走上企业转型升级之路。以下主要从几个方面对其流通渠道管理创新决策进行分析,以起到借鉴作用。

1. 生产与经营管理

第一,标准化管理。目前政府正在加强和建立对绿色农产品的认证标准,以实现交易的公开、公平竞争,保护交易双方的合法权益,从而提高农户生产绿色农产品的信心和利润。浙江秋梅公司严格遵守国家法规和职业规范,从选种、培育、种植、加工等系列环节实行标准化管理,购置真空包装机、自动杀菌、自动冷却和风干机等设备 40 余台套,种植基地达 17000 多亩,通过"浙江省标准化示范基地"验收。同时,在基地附近建成了国内第一条叶菜类农产品自动加工生产线,占地 20 亩,建筑面积 4800 平方米,共计投入 600 万元,每天有 300 吨以上的雪菜原料从基地农户运往加工,年生产能力已达 7000 余吨。从原料挑选、清洗、切割、脱水、加盐、搅拌、发酵等环节形成了高效、科学的自动化生产体系。产品从研发、加工、检测、配送、管理等每个环节,都严格按照 HACCP 生产标准操作,

---

① 靳明,周亮亮.绿色农产品原产地效应与品牌策略初探[J].财经论丛,2006(7):84—90.

经先进技术设备加工,整个过程不加任何防腐剂,从而确保产品的独特品质和安全性。公司还通过了 ISO9001:2000 质量体系认证、QS 认证、国家有机食品认证及 HACCP 食品安全管理等体系认证,获得浙江省农产品加工示范企业称号。

第二,现代化管理。农业要走出传统落后的管理方式,需要结合先进的管理手段和信息化建设才能实现。浙江秋梅公司投入大量资金新建研发办公楼1000 余平方米,建立了企业技术中心。购置各类检测仪器 30 余台套,种养殖研究试验基地 1000 余亩,为公司的研发工作打下了良好的基础。在管理方面添置了先进的计算机硬件,建立了内部财务核算和销售核算系统;组建了公司内部网,实行了网络化管理,做到研发、生产、销售资源共享,极大地提高了企业管理水平和工作效率。2006 年,公司企业技术中心通过杭州市市级评价。

第三,品牌化经营。品牌战略使优质产品与低劣的"柠檬"农产品相区别,从一定程度上帮助消费者了解农产品的质量信息,避免"柠檬现象"的产生。但是,在绿色农产品加工企业中,很多企业的资产和产值都很低,大部分企业规模过于分散和细小,在品牌经营管理上显得力不从心。而浙江秋梅公司始终坚持"以市场为导向,努力创造品牌,不断提升品牌,让品牌带动农产品加工,让品牌促进农产品基地的发展"作为经营宗旨,先后开发了秋梅牌"倒笃菜"、"严州干菜鸭"、"方腊酱"等八大系列的产品,其中"倒笃菜"荣获浙江名牌产品、浙江省消费者协会推荐产品、浙江省农博会市民最喜爱的十大品牌农产品等荣誉称号。该产品还多次荣获浙江省农产品博览会金奖,并被评为"杭州七宝"产品。在树立品牌的过程中,浙江秋梅公司利用政府、媒体、口碑、市场活动及合作伙伴等多方面资源,既控制了成本又达到了效果。

第四,产学研合作。国家一直倡导农产品要加大对加工、包装、保鲜技术研制的科技投入,以提高产品质量和保护农产品质量及延长农产品使用价值。但我国各地农技服务体系普遍薄弱,而且非专业技术人员比例较高。浙江秋梅公司则注重技术创新和产品创新,以市场为导向,在保持传统技艺精髓的基础上不断创新。积极开展产学研合作,长期与浙江大学食品营养系、浙江省农科院、浙江省科技厅新产品研发中心等单位合作。先后完成省级科技项目 2 个,市级科技项目 5 个,通过项目的实施强化企业发展的生命力。同时,结合本地蔬菜资源优势,在提高和发扬现有倒笃菜特色风味的基础上,根据国内外市场和消费者口味的要求,积极开拓健康型、营养型、风味型、休闲型和调料型等新品种。同时,加强产品核心能力、主导产品关键技术的自主知识产权以及项目开发方面的建设。通过制定特殊产品的配方管理办法,对品牌产品"倒笃菜"、"严州干菜鸭"等关键技术产品的自主知识产权申请专利保护。公司也因此先后获得浙江省农业科技企业、杭州市现代农业科技型龙头企业、浙江省农产品加工示范企业等荣誉称号。

2.创新营销手段

第一,农工贸一体化经营。根据不同区域的资源优势,优化农产品区域布局,引导农民联户生产,统一品种,统一标准,打造优势品牌,可以提高农民生产经营效益、农业生产规模和组织化程度。浙江秋梅公司为提高建德当地农产品的市场竞争力,带动全省5万多农户,800余家农业龙头企业、专业合作社、示范基地,将产销紧密衔接,从一产到三产,实行农工贸、产加销一体化的经营方式,凭借现代科学技术及"品牌+公司+基地+农户"模式,积极扩大倒笃菜原料的种植基地面积,使企业很快步入了产、供、销一条龙的农业产业化经营之路,公司销售收入得到了迅猛增长,更使整个环节形成一个利益共同体。对基地的所有产品均实施保护价收购,保障农户等根本利益,提供免费培训,提高广大农妇运用先进技术的生产能力,提高农产品质量和产量。每年为农户增收4480万元,还解决了3500名老弱残农民的就业问题。

第二,"政企合作"新模式。发展农产品服务性渠道组织可以提高农民参与市场的组织化程度,提高农民参与市场交易的规模和效率。浙江秋梅公司在各级妇联的大力支持下,创办了浙江省妇字号龙头企业名特优农产品展销中心,为省内从事高效生态农业的妇女提供了集交流、洽谈、展示、贸易为一体的服务平台,引进各类农产品1000余个,在服务企业发展的同时促进农业产业结构的调整。通过"妇字号"销售模式的成功构建,浙江秋梅公司先后与建德市政府、浙江省政府、省农业厅合作创办了建德市、浙江省名特优农产品展示展销中心,开创了"政企合作"新模式。其中建德展销中心汇聚了建德及周边县(市)2800多种优质农产品,涵盖了建德市农业七大主导产业和五大特色产业的名牌农产品。省展销中心由省农业厅主办、建德市政府承办,并委托浙江秋梅公司负责日常运营。在900多平方米的大型农产品超市里,汇聚了全省11个县(市)300余家农业龙头企业的3000多种优质农产品,该中心的成立也被誉为"永不落幕的农博会"。自2008年10月开业以来,有218家企业进入"中心"展示展销,其中省级以上农业龙头企业112家;"中心"汇集全省1235种名特优农产品,其中有中国名牌、驰名商标136个,省级名牌产品230个,绿色、有机农产品208个。这一合作创新模式获得了浙江省、杭州市政府和市民的高度肯定并予以推广。除了承办展销中心外,浙江秋梅公司也积极参加各类由政府举办的农展会、农产品推介会、农业节庆活动,中国国际休闲产业博览会,通过各种形式的市场活动不仅提高了销量,更提升品牌知名度。

第三,绿色超市连锁经营。在零售中采取经营"连锁化"、销售"超市化"和配送"集中化"的现代流通理念是农产品走向消费者的直接途径。浙江秋梅公司通过打造农产品加工配送基地、高效的物流配送体系和规范的连锁经营体系,建立与实施具有扁平化、集中化、强控制、高效率特点的"生产者—加工配送中心—农产品销售集团连锁店—消费者"新型渠道模式,创立杭州第一家旅游土特产超市,超市入口展示建德当地百姓制作倒笃菜、严州干菜鸭、方腊酱等步骤,用图像和文字描绘了这些土特产代表的地方文化,秋梅超市一时风靡杭城。公司先后在建德、杭州、横店影视城、上海等地区开设了连锁经营窗口,并与上海世纪联华超市、康师傅(顶益)集团公司、上海太太乐、姚生记食品、香港华润万家超市等多家国内知名企业成为合作伙伴。公司产品也从单一增加到八大系列 1700 多个品种,并且成功打进全国大小 1536 家超市,销售额从当初的 50 万元增长到当前的 5000 多万元。

第四,电子商务网络。我国农产品电子商务尚处于初级发展阶段,要有效推动其发展,采取以点带面、先行试点、再行推广的方式是行之有效的一项措施。各地政府鼓励和扶持建立第三方农产品电子商务交易模式。通过构建第三方农产品电子商务平台,可以以区域为中心,辐射周边区域,可以有效地为农户提供电子商务服务与支持,包括农产品需求信息、价格信息、物流配送、农资信息等。浙江秋梅公司运用电子商务技术,通过多渠道构建网络信息发布和交易平台,一方面以公司网站作为全部产品的供应服务点;另一方面借助成熟公共的电子商务和信息发布平台为自己和合作伙伴共同推广市场。以浙江省名特优农产品展销中心为例,通过电子商务建立信息发布和网上订货交易平台,并在淘宝网、阿里巴巴网和浙江农民信箱等设立服务网点。

3.以人为本理念

第一,创新激励机制。企业发展和创新的源泉最终来自人才,重视人才的培养与使用是关键。浙江秋梅公司在发展中不断完善科技进步和技术创新激励机制和人才培养机制。专门制定了《科技进步和技术创新奖励办法》,鼓励技术人员开展技术发明、技术革新和技术改造。密切配合技术创新工程,建立创新人才培养机制,采取各种手段对在职人员进行培训、轮训,推进人才队伍建设,培养造就一批德才兼备,创新意识和创新能力强、层次高的技术专业队伍。建立专业技术带头人和后备人员制度,建立有效的人才管理机制,为技术创新的人才创造提供良好的工作环境和工作动力,激励技术人员积极投身于科技创新工程,通过技术创新出精品,出人才。按市场机制培养、配置人才,坚持尊重知识、尊重人才、爱才惜才的用人之道,在实践中造就培养一批技术创新人才。

第二,顾客放心至上。顾客是企业生存的根本,衣食父母。浙江秋梅公司除了自身产品质量达标外,更重视消费的信任与放心程度。在倒笃菜专柜经常举办体验活动,让顾客现场制作倒笃菜。包括了与生产流程一样的选料、清洗、切菜、拌盐、装坛、封坛、倒笃等步骤,让消费者眼见为实,倍感安全。特别是近年来食品企业面临着巨大的压力——频频曝出的食品安全问题让很多消费者不敢吃或是吃得不安心,公司通过这些亲自体验制作工艺的方式化解信任危机。在短期内提升了销售额,从长期看提升了品牌效应。

4. 模式推广与辐射

第一,坚持农工贸一体化经营模式。浙江秋梅公司瞄准浙江省和杭州地区主导产业,扩大产业领域,带领更多农民致富,进一步扩大生产能力,新建自动化生产线,采用超产能设计的加工模式,保证加工能力始终大于种植能力,从而保障农业生产的足够出路,始终把生产者的利益放在首位。同时还扩大产业,浙中地区是浙江省禽类养殖的主产区,蛋鸡、蛋鸭养殖众多,但蛋制品档次和价值提升程度不明显,公司规划将建立禽蛋制品加工生产线。

第二,推广政企合作模式。永不落幕的农博会已经深入人心,在浙江省范围内有着深刻的影响,进一步的发展将立足浙江,面向华东,走向全国,逐步在全国范围内推广和做大浙江省优质农产品,甚至在全国建立秋梅优质农产品展销中心。

第三,探索农企商贸联盟合作模式。浙江秋梅公司切实推进浙江省优质农产品的销售半径和销售量,合作统筹＋双赢发展,与全省优质农产品生产企业采用比例分成合作/定量分成合作/预付分成合作/定量合作,全程经营等多种合作方式,探索建立长期稳定双赢发展的合作模式。

如果不能提升农产品流通效率,农业的生产效率也不可能得到提高。现代农业要实现产业化,应采用类似制造业的生产过程,使农产品生产者与农产品加工商、零售商、物流服务提供者和其他合作者基于供应链建立起日益密切的联系,在实践中不断交流与学习,使龙头企业的成功经验能够向更广泛的农业经营者进行传播和复制,从而推动现代农业的可持续发展。

7.4.2 中小农产品企业流通管理能力提升途径

目前我国受传统观念影响,仍存在片面强调生产,忽视流通和消费;片面注重工业、城市发展和市民利益,轻视以流通业为代表的服务业发展,从而抑制了农业、农村和农民的发展。近年来,国家加大了农产品流通三级市场建设:农产品产地批发市场、销地批发市场和零售农贸市场。在国家鼓励和市场调节之下,大规模的农产品常温物流或自然物流正在逐步形成之中,但面向零售终端(农贸市场和连锁超市)的区域内部农产品综合物流配送体系尚未成型,农产品大宗物流与连锁超市生鲜区之间未能形成有效衔接,农产品的冷链物流还没有形成。农产品流通主体是指参与农产品从生产者到消费者流通过程的企业和个人。可分为生产环节(含农产品加工者)、批发环节、零售环节、物流仓储环节等四大部分。作为流通主体的各类中小农业企业迫切需要面对现实,走出适合自身发展的流通经营之路。

对数十家浙江省级骨干农业龙头企业、浙江省农业科技企业实证研究发现,中小企业必须走创新经营机制,转型升级之路。以下主要从软实力提升、成功模式应用、外部资源共享等几个方面对创新途径进行分析以起到借鉴作用。

(一)加强自身品牌建设

发展农产品流通服务业,首当其冲是农产品品牌建设,要推动名牌带动战略。各类农业企业、专业合作社、特色产品生产基地等要重视产品品牌建设,严抓生产规范管理和产品质量安全管理,争创名牌产品、著名商标和取得各类质量管理认证、无公害、绿色食品及有机食品认证等。组织品牌宣传和策划,充分利用各种媒体特别是高端媒体,推介和宣传我市农产品品牌,以提高品牌的知名度和美誉度。同时提高各类产品包装、装潢水平的,根据食用农产品标识管理的有关规定,树立全市农产品的良好形象,并且有源可溯,增强消费者的消费信心。品牌战略可以使优质产品与低劣的"柠檬"农产品相区别,从一定程度上帮助消费者了解农产品的质量信息,避免"柠檬现象"的产生。

(二)引进国际合作项目

不少中小企业因资金实力所限难以短期内扩大经营规模,更难以走向国际市场,可以通过合作投资、招商引资方式来实现。例如,拥有"中国双肩玉荷包荔枝之乡"、"中国果用益智之乡"等国家级农业品牌的西安市阳东县,通过重点招商引资项目由锦生公司和经济实力雄厚的新加坡茂成木记有限公司阳江诚泰农业发展有限公司共同投资兴建阳江诚泰农业发展有限公司,成为以农产品收购、农产品深加工和组织农产品外销、出口为主农产品贸易的公司。[1]

(三)主动获取技术支持

我国各地农技服务体系普遍薄弱,而且非专业技术人员比例较高。企业自身科技和管理人员的匮乏,难以快速提高生产和管理水平,可以加入各地农产品流通协会,加强学习交流,提升软实力。同时,可以通过产学研合作,与专门的高

---

[1] 中国经济网,http://chinacounty.ce.cn/xszft/dh/200710/03/t20071003_13124659.shtml.

校、研究所等机构进行项目合作,共同攻克难题,提升生产力和管理能力。

(四)学习应用成功模式

一是"订单农业"模式。要形成长期、稳定的配送链条,扶持农产品流通就要培育和发展壮大农产品流通业市场主体。大力发展营销型、市场型的农业产业化经营龙头企业,充分发挥其市场销售优势,大力推行龙头企业挂钩联系基地、专业村及农民组织生产,学习实施"订单农业"模式。

二是"配送合作"模式。各类企业、专业合作组织或个人可以在全国各大中城市建立农产品专卖店,尤其要积极拓展外地市场;发展农产品连锁配送服务业,与大中型超市、机关团体、大中专院校、厂矿企业等建立农产品直销配送业务关系,成为其相对固定、长期合作的供货商,形成广泛的市场"配送合作"模式。

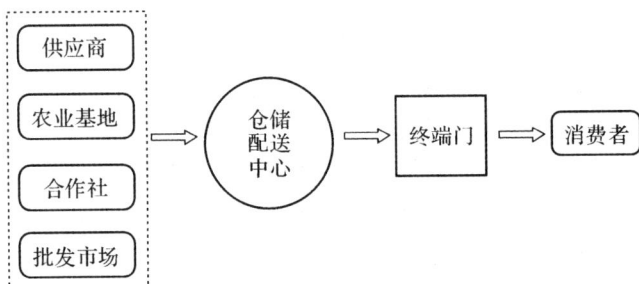

图 7-6

三是"农超对接"模式。大型连锁超市、农产品流通企业直接与鲜活农产品产地的农民专业合作社对接,建设农产品直接采购基地,这种发展农产品从基地到超市的直接流通方式,就是"农超对接"。企业、农民和消费者均可从"农超对接"中获利。专家分析,"农超对接"可省去 30%～40% 的流通成本,消费者因此可以获得 10% 的让利,10%～20% 则被超市获得。"农超对接"是国外普遍采用的一种"大流通带动大生产"的农产品生产销售模式。亚太地区农产品经超市销售的比重达 70% 以上,美国达 80%,而我国只有 15% 左右。[①]

四是"加工贸易"模式。这类流通模式以实力雄厚的加工、贸易型企业为核心,加工贸易企业可以通过其强大的国内外分销网络,将农产品直接送达终端。在供应链架构中,这类核心企业上游连接生产端,下游连接销售端,正处于生产与销售之间的枢纽位置,应充分发挥其在供应链中的组织作用。这是目前众多

① 四川新闻网,http://zxqy.newssc.org/system/2009/10/30/012399974.shtml.

龙头企业采取的主要流通模式之一。

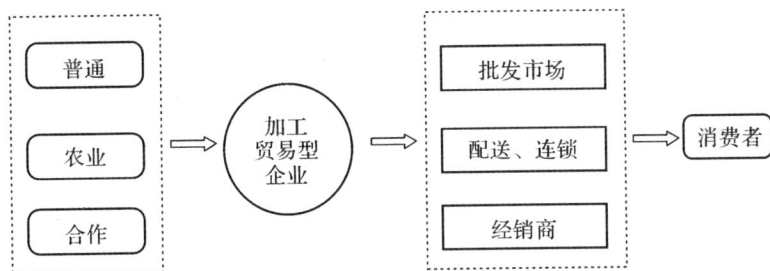

图 7-7

（五）畅通产品信息渠道

企业要充分利用各类官方农产品流通信息服务平台,集合推介本地名、优、特、新产品,包括农产品需求信息、价格信息、物流配送、农资信息等。例如针对日益增多的进入城市旅游、观光、休闲的游客,利用"农信通"手机等各类信息化手段推介农产品信息服务。开展农产品信息发布服务,利用农业龙头企业、专业协会、合作组织举办各类加工原料或营销产品的供需见面会。参加国内外各类农产品展览展销活动,如农展会、农产品推介会、农业节庆活动,扩大农产品的影响和提升市场知名度。以浙江省名特优农产品展销中心为例,其汇聚了浙江省11个县(市)300余家农业龙头企业的 3000多种优质农产品,也被誉为"永不落幕的农博会"。

（六）享受政策获取资助

目前各地政府高度重视农产品流通业发展,并给予最大的政策支持,企业要充分把握和利用相关政策。以广州市为例,政府设立专项资金扶持农产品流通服务业的发展,主要用于农产品品牌宣传推介补助;农产品收购、运销所需流动资金贷款贴息补助;对积极参加各类较大型的农产品展销会、博览会的补助;对在市外大中城市设立农产品专卖店的补助;支持开展专场农产品供需信息发布会的补助;被评为省级以上名牌产品或"广州特产"的奖励;开展农产品粗、精、深加工开发以及保鲜、储藏、分拣包装等所必须新增硬件设施、设备等投入的补助等等。

中小企业如果不能提升农产品流通效率,生产效率也不可能得到提高。因此,要加强农产品生产者与加工商、零售商、物流服务提供者和其他合作者的联系,在实践中不断交流与学习,使龙头企业的成功经验能够向更广泛的农业经营者进行传播和复制,从而推动现代农业的可持续发展。

7.4.3 物联网技术服务农产品流通的策略

2009 年 11 月,国务院总理温家宝明确提出:"着力突破传感网、物联网关键技术,及早部署后 IP 时代相关技术研发,使信息网络产业成为推动产业升级、迈向信息社会的'发动机'"。这表明,物联网已经成为国家未来新兴战略产业发展的一个重要方向[①]。在我国提出发展物联网,"感知中国""感知城市"的背景下,为推动杭州的经济发展和产业结构调整与转型,杭州市政府高度重视物联网技术的开发与应用,并专门制定了《杭州市物联网产业发展规划(2010—2015年)》,这将成为杭州未来发展方向的制高点。

物联网(The Internet of things)是指在物理世界的实体中,部署具有一定感知能力、计算能力和执行能力的嵌入式芯片和软件,使之成为智能物体,通过网络设施实现信息传输、协同和处理,从而实现物与物、物与人之间的互联[②]。其被誉为继计算机和互联网之后的"第三次信息化浪潮",代表着信息通信技术的发展方向,有望成为下一个突破万亿元规模的新兴产业。

杭州市是国内物联网技术研发和产业化应用研究的先行地区之一,位处全国物联网产业发展的"第一方阵"。截至 2009 年底,杭州市已集聚物联网及相关企业近 80 家(其中上市企业超过 5 家),年产值超 210 亿元,基本形成从关键控制芯片设计、研发,到传感器和终端设备制造,再到物联网系统集成以及相关运营服务的产业链体系。杭州市物联网企业已拥有相关专利及软件著作权 160 余项,其中发明专利 56 项。浙江首个物联网产业园在杭州高新区(滨江)启建,该区已拥有 100 多家从事物联网关键技术研究和产业化应用开发的企业,技工贸总收入超 150 亿元。

但是,从现有的产品开发和技术现状看,在杭州《十二五规划》扶持的物联网重点攻关和试点示范项目中发现,能够直接为农产品流通行业提供物联网解决方案的几乎为零,而现有的农产品流通却存在诸多矛盾和亟需解决的问题。如果能将物联网技术广泛深入地应用于农产品流通领域,势必将直接推动杭州农产品生产、加工、运输和销售多方面产业链的转型和升级,这对企业经营者和消费者都是利益的最大化。

(一)杭州市农产品企业流通管理存在的问题

我国现有农产品流通体系是计划经济体制下由国家统购统销的流通体系经

---

① 陈云,张华,张益平.关于我国物联网产业发展的思考与建议[J].科技管理研究,2010(20):103—105.

② 凌志浩.物联网技术综述[J].自动化博览,2010(10):11—13.

过诱导性制度变迁政策的引导逐步演变形成。农产品市场流通正经历着把计划体制市场化,从无序市场到规范有序市场的蜕变过程。

现有的"小规模、大群体"流通体系主要来自大量创业型中小企业或个体业主,严重制约着"大生产、大流通"新模式的产生与发展。在市场经济时代,市场流通(交易)模式在一定程度上影响并决定着生产方式,我国现有农产品市场流通"小规模、大群体"方式与我国农业生产以家庭经营为主的小规模生产方式相对应,从本质上说这种模式与大生产、大市场加大流通之间存在着难以对接的矛盾,而且这种体系在客观和主观上制约了新模式的孕育发展。

1. 农产品质量和食品安全保障的问题

为解决杭州市农产品质量追溯问题,2008 年 12 月,杭州市启动了以蔬菜、猪肉为重点的农产品质量安全追溯管理工作,成立了农产品质量安全追溯管理工作领导小组,办公室设在市农业局,负责全市农产品质量安全追溯管理的日常工作。经过两年的探索与实践,杭州市已基本奠定了依票据追溯的基础。

但是,由于农产品流通涉及生产、批发市场、零售、农贸市场、超市等多个环节,仅仅通过部分试点的索证索票管理还是难以真正达到质量的全面掌控。针对农产品质量安全追溯工作牵涉面广、市场经营不规范、专项经费难落实、追溯管理"断链"等困难,市"追溯办"组织有关单位组成联合工作组进驻杭州蔬菜批发市场和良渚蔬菜批发市场;由杭州农副产品物流中心管委会牵头,蔬菜批发市场和工作组人员组成 39 人工作班子,轮流值班,虽然工作成效显著,但成本与效益还不尽理想。在抽检中发现干制腌制蔬菜、腐竹的问题较多,其中农药残留不合格的蔬菜中外地蔬菜占了较大比例。

2. 产品流通的成本控制与效能问题

现有农产品流通的困难,最弱在物流。随着农业市场化改革与发展的不断深入,特别需要因地制宜,逐步推广应用现代物流,以提高农产品流通效率,实现增产增收的重要举措。但是目前的物流水平,服务比较粗放,没有针对行业和产品特征进行细分,特别是农产品的物流,对硬件设施和运输成本以及时间效率都要求较高。农产品供应链中产销结合是目前生鲜采购和经营的瓶颈之一,也是未来市场投资的热点,现在的流通成本仍然偏高,而且很不稳定,运销成本的波动性较大;另外加上路况不良的时间成本,设卡收费等问题都在无形中增加了流通成本,加大了农产品大宗物流环节的经营风险。其中运销保鲜技术也是目前影响超市生鲜经营的突出问题之一,因此对运输效率和流通保鲜条件提出了很高要求。有数据统计,我国水果蔬菜等农副产品在采摘、运输、储存等物流环节上的损失率在 25%～30%,也就是说 1/4 强的农产品在物流环节中被消耗掉了,而发达国家的果蔬损失率则控制在 5％以下。

杭州作为著名的消费城市,货物进出量之比是"七进、三出",即运进来的货品占 70％,运出去的货品占 30％。巨大的消费总量需要充足的物质供应,同时需要一个健全的物流配送体系去保障。但由于城市物流配送所涉及的范围广、条块管理复杂、城建设施要求高、企业操作技术性要求高、政策配套协调困难等因素,造成了杭州城市物流配送与杭州城市经济发展的不匹配,杭州城市配送物流业的发展总体上尚处于相对落后阶段。特别是冷藏运输、特种物品配送节点比例远远满足不了市场需求。杭州市城区很少有二级的配送中转节点,特别是直接服务于门到门配送的节点太少。杭州市现有的物流配送中心基本是人工分拣、电话通信,大部分企业还没有建立网络信息管理系统,整体物流技术水平落后,缺少强大技术支撑,严重阻碍和影响配送中心的发展。

3.市场信息掌控能力和供求主导性问题

近期国内农产品价格高涨成为市场普遍关注的问题,其中又以大蒜、绿豆等农副产品和杂粮的价格上涨尤其惊人。不可否认资金的炒作是推动价格上涨的主要原因,但其背后短期供应关系失衡也为其价格上涨提供了基础。不少品种价格上涨存在供求问题,种植面积下降,产量下降造成了货源供应趋紧,造成了价格上涨。

2008 年 12 月 11 日,中华人民共和国商务部、农业部联合下发了《关于开展农超对接试点工作的通知》,对"农超对接"试点工作进行部署,以实现商家、农民、消费者共赢。杭州市力推"农超对接"模式,但在实际运作中,进入超市的供应链"门槛"成为一只拦路虎。以果蔬产品为例,超市巨头沃尔玛对其产品基地的总面积有着苛刻的要求,同时对每一级别的果蔬规格也有精确的标准,同一区域品牌必须能提供系列产品。为了获取更多的利润,超市方面还希望果蔬能延长上市期,比如提前 1 至 2 个月上市,这样给农户种植增加了许多难题。超市直采果蔬,可以节约 3 至 4 成的流通成本,但是节约的成本能否让农户真正受益并不明确。许多农村合作社之所以进行农超对接,主要是看中了超市的大宗采购能力而不必担心销路,然而超市采购的农产品价格高,生产成本也高,这样下来农户的利润并未得到提高。

目前,我国农产品物流信息网络设施不健全,农产品流通信息不畅,供求信息共享程度差,市场调节的盲目性较大,使农业生产者无法根据市场需求来调整生产结构,造成盲目生产。农产品出现交替性的短缺和过剩,农业生产者往往增产不增收,损害了农民利益。杭州是电子商务发达的城市,但面向农村的电子商务网站的形式和内容雷同,缺少创新特色,专业性和实用性不强,农产品信息服务体系还没有形成。虽设有一些农产品行情和供需信息发布,但很少发布对农产品的生产具有指导意义的市场需求评价或预测,电子商务给农产品销售带来的作用尚未完全发挥出来。

(二)运用物联网技术服务农产品流通的策略

"十二五"期间,我国物联网重点投资智能电网、智能交通、智能物流等十大领域,其中"十二五"期间智能电网的总投资预计达 2 万亿元,居十大领域之首,预计到 2015 年将形成核心技术的产业规模 2000 亿元,其中十大物联网应用的重点领域包括精细农牧业。要提高农产品流通的效能,首先要搞好农产品市场的贮藏、加工基地设施建设,在农产品集中产销区,改建、扩建一批集散功能强、辐射范围广、信息主导型的农副产品批发市场和集贸市场。同时,充分发挥超市在大中型城市农产品流通中的作用,将独立的超市配送方式转变为连锁体系,并使用线性规划方法对农产品物流配送体系进行设计,使物流中心构建成本与配送成本之和最小,以提高供应链竞争力①。

1.运用物联网技术实现农产品智能溯源

农产品质量就是企业的生命线。为保证农产品质量安全,需要从源头开始抓好农产品安全监管工作,建立一套质量追踪、追查、追溯的机制和制度,保证农产品质量安全。一旦农产品出现问题,特别是出现危及消费者生命和健康的重大问题时,可追究直接责任人和监管部门的违规责任②。一方面可以采用多项先进技术设备,建立严格的检验机制,确保农产品安全。另一方面,可以运用物联网技术,不仅可以追溯种养殖与加工业的疫病与污染问题,还可以追溯种养殖过程中滥用药、加工过程中超范围超限量使用添加剂,改变以往对农产品质量安全管理只侧重于生产后的控制,而忽视生产中预防控制的现象。比如,将 RFID(无线射频)技术运用于生猪交易电子代理结算系统,通过 RFID 将交易信息数字化并且精确到每片猪肉,方便快捷地实现猪肉交易的全程可追溯;升级改造定性检测农药残留设备,大大提高对批发市场蔬菜的抽检效率。建立"检企合作"机制,优化和升级现有的批发市场食品质量安全可追溯信息系统。针对市场上鸡蛋的品质问题,可使用电子鸡脚环,采用 RFID 质量追溯系统,在养殖过程中全程跟踪各个阶段的生长和喂养情况,对活鸡、净鸡、鸡蛋做到来可追溯,去可追踪。从而让消费者更放心选购和食用各类农产品,让伪劣假冒产品没有市场。

---

① 孙黎宏.农产品供应链一体化经营模式研究[J].合肥学院学报(社会科学版),2009(7):88—91.
② 高红梅.物联网在农产品供应链管理中的应用[J].商业时代,2010(22):40—41.

2.通过物联网对物流过程进行监控,提高物流效率

物联网相较于传统的互联网和传感网具有更透彻的感知,即利用任何可以随时随地感知、测量、捕获和传递信息的设备、系统或流程,便于立即采取应对措施和进行长期规划;更全面的互联互通,即将个人电子设备、组织和政府信息系统中储存的信息交互和共享,从而对环境和业务状况进行实时监控;更深入的智能化,即使用数据挖掘和分析工具、科学模型和功能强大的运算系统处理复杂的数据分析、汇总和计算,整合和分析海量的跨地域、跨行业的信息,以更好地支持决策和行动[1]。

运用物联网技术改造物流管理水平,为农产品物流建立专门的物流通道,加强农产品物流的管理能力,保证生活日常所需农产品的高效流通。实施“网络化”发展战略,将农产品流通中的批发节点管理扩大到农产品流通供应链管理和价值链管理,统筹各批发市场业务发展,发挥网络体系的协同效应。建立批发市场信息数据库和集团协同管理信息平台,集中批发市场的有效信息,强化各批发市场间的横向联系,通过信息流带动物流、商流,协同管控,将批发市场连锁起来。通过为农产品及加工产品加贴 RFID 电子标签,设立农产品安全管理中心数据库和在各地农产品仓库设本地数据库,实现对农产品的生产、运输、加工、储存和销售各环节的全过程跟踪。

3.通过物联网构建供应者与消费者的智能通道

物联网的本质就是借助于网络智慧化的实现,把各种事物以信息化的方式通过网络表现出来;物品能够利用 RFID 等传感技术彼此进行智慧“交流”,而无需人的干预;通过互联网实现物品的自动识别和信息的互联与共享。物联网最为明显的特征是物物相连,而无需人为干预,从而极大程度地提升效率,同时降低人工带来的不稳定性[2]。利用先进的计算机及网络技术,将客户信息、业务信息、交易信息、市场管理信息等进行收集、储存、传输与整合。同时,将数据中心与各批发市场互联,为批发市场提供资源共享及业务运营支撑平台,最终实现客户数据、业务数据的整体性、有效性、安全性和可靠性,有效地优化系统内资源,从而提高整体运作效率和竞争能力。

通过物联网平台,让农产品供应者与时俱进,引导生产加工企业,从而运用技术提升产品质量出发,培育出各具特色的农产品知名品牌,带动农产品生产,从而帮助中小企业成为以农业高科技为龙头、产供销一条龙、内外贸一体化的新

---

① 邬贺铨.物联网的应用与挑战综述[J].重庆邮电大学学报(自然科学版),2010(10):526—531.

② 朱洪波,杨龙祥,于全.物联网的技术思想与应用策略研究[J].通信学报,2010(11):6—8.

型农业生产基地。基于物联网技术的电子商务平台使农产品生产者真正介入农产品物流中,减少了信息流通的中间环节。降低了市场信息失真的程度,农产品生产者完全可以根据市场需求合理安排生产,减少了因生产过剩带来的损耗。将电子商务平台应用在农产品物流领域,实现了商流与物流的完全分离,有利于农民通过电子商务平台创造价值。

物联网技术应用于农产品流通将极大提高效率和效能,降低成本,使生产者和消费者双重受益,并且让双方构建根本的信用关系,对产业的发展起到保障作用。在对产业中的相关企业带来无限商机的同时,也要求企业审时度势,关注国家政策,抓住产业机遇;做好投资规划,提升研发力度,加快产业链整合,积极探索新的商业服务模式。

7.4.4 农产品流通体系构建思路——以浙江省为例

农产品的生产流通体系是一个跨专业、跨领域的综合体系,目前国内仅就某一个环节、技术尚有机构研究,但针对整个流通体系完全是空白。基础研究、相关教材、标志规范、配套技术、所需人才远远滞后于产业发展需求。创新现代农村发展模式是建设社会主义新农村亟需研究的课题,而以构建现代农产品流通体系作为新农村建设的有效切入点和重要载体,实现在市场经济体制激励约束下的农产品贸易国内外流通,是盘活农村各要素、加速农村资源开发利用和促进农民收入持续增长的重要途径。下面以浙江省为例,进行研究。

(一)浙江农产品流通的现状

1.农产品流通在国民经济中具有十分重要的地位。农产品流通,不仅关系到农村商品生产的发展,农民的增产增收,城镇居民的消费,还关系到社会的长治久安。浙江农产品资源十分丰富,是一个农、林、牧、渔各业全面发展的综合性农业区域,大众农产品齐全,特色农产品繁多,蕴藏着巨大的开发潜力,浙江农业生产中的蔬菜、茶叶、果品、食用菌、桑蚕茧、水产品、竹木制品等产品产量名列全国前茅,商品率高。茶、茧等具有地方特色的拳头农产品具有一定的国际市场竞争力。

2.以市场为导向的农产品流通格局已基本形成。经过多年的深化改革,浙江的农产品流通体制基本打破了流通行业垄断和区域条块分割的局面,形成了以市场为导向,多渠道、多经济成份、多经营方式、多经营环节的农产品流通格局。商、供、粮等国有农产品经营企业,已基本完成企业改制,注入了新的活力。中小型民营企业也积极加入农产品流通行业,并涌现了一批利用外资规模较大的外向型企业,同时,还拥有数十万农产品贩销户大军。

3.效益农业和农业产业化经营有力促进了农产品流通。近年来,浙江省通过优化农业产业结构,发展效益农业和农业产业化经营,实施品牌战略,积极发展名、特、新、优农产品,初步形成了粮油、水产品、茧丝绸、果品、竹林、畜禽、蔬菜、茶叶、食用菌、花卉等主导产业。各类农业龙头企业、农村专业合作组织大量兴起;建成了一大批特色农业基地和农业示范园区。随着效益农业和农业产业化经营的发展,提高了浙江农产品在国内市场和国际市场上的占有额,提高了农业龙头企业的核心竞争力和带动力。

(二)浙江农产品流通存在的主要问题

自改革开放以来浙江农产品流通体制改革取得了很大的成绩,但从总体上分析,农产品流通组织化程度低、管理落后、经营粗放、竞争力不强等状况没有得到根本的改变,还不能适应竞争激烈的国际农产品市场环境,也影响了浙江的"新农村"建设。当前,影响和制约浙江农产品流通的因素和突出问题主要有以下几个方面。

1.政府重视不够,宏观调控手段不力

农业是国民经济的基础,各级政府十分重视。但是,普遍存在着重生产轻流通的现象。在计划经济体制下和短缺经济年代中形成的抓农业就是抓粮食、抓粮食就是抓产量的观念和做法还没有完全改变,生产与流通严重脱节,对农业市场化、国际化趋势了解不多。现有农产品流通政策、法律、法规体系及市场体系、质量标准体系和市场信息体系不健全,没有为农产品流通创造一个良好的经营环境。政府缺乏对全省农产品流通长远的、整体的规划,对农产品流通企业的支持和扶持力度不够,更缺少有力的宏观调控手段。

2.组织化程度低,流通渠道不畅

农业生产和经营特点决定了农产品流通必须形成网络密布、分工有序、组织严密的营销体系,才能做到货畅其流,也才能充分发挥农产品的资源效益。然而,近年来,浙江农产品卖难现象时有发生。同时,还有不少耕地撂荒,农产品生产资源没有得到充分的开发和利用,资源优势未能充分转化为商品优势。分析其根本原因是农产品流通渠道不畅,流通组织化程度低。从浙江经济普查的结果看,除少数农产品外贸企业外,企业规模普遍较小,专业化程度低,缺乏深购远销能力,难以做到农产品"大进大出",制约了农村商品生产的发展。同时,受传统体制的影响,农产品产销脱节,农、工、贸企业间缺乏有效的分工合作,农产品流通缺少龙头企业和严密的营销组织体系。

3.营销方式落后,经营粗放化

浙江大量农产品靠贩销户自发组织,分散经营,盲目性大。各类农贸市场虽然有一定的数量和规模,但其功能只是为经营户提供了一个经营场地,大多数设施简陋,脏乱现象普遍存在,经营档次较低,商品质量欠佳,交易方式传统,品牌农产品缺乏原产地保护措施,导致市场秩序混乱。营销方式落后,缺少深加工和精加工,农产品产量的75%以上以鲜销为主,附加值不高。

4.基础设施薄弱,物流效率低下

农产品流通自身具有数量大、品种多、体积大、价值低、季节性强、技术要求高等特点。然而,目前农产品物流基础设施建设普遍薄弱,农产品专用仓库、冷藏库、保鲜库严重不足。技术含量高、上规模的农产品仓储设施基本没有。由于缺少快速高效的物流体系,缺少专业运输工具,不少农产品,特别是生鲜农产品在运输过程中损耗大,只能地产地销,全省农产品加工转化比例不到25%。如目前全省食品消费量约900亿元(不含鲜销),而食品工业总产值只有400多亿元,不足消费量的一半。肉制品加工只有肉类总产量的7%左右,水果加工量只有总产量的9%左右,蔬菜加工只有总产量的6%左右。社会化、专业化服务程度低,严重制约了农产品的生产和流通。

(三)构建浙江农产品流通体系的战略规划

1.以产业化为依托构建现代农产品流通体系

要解决农产品的出路问题,既不能走传统的供销社老路,也不能单靠"公司＋农户"一种模式。在各类农产品的经营中,农民最关心的是农产品的出路和价格。为确保农产品出路,维护农民利益,应由从事同一产品或产业的农户和企业,自行组织专业农副产品产销协会,如粮食产销协会、水果产销协会、水产养殖业产销协会等,以现有的浙西南蚕桑、浙东南蔬菜、浙北油菜、浙中茶果等产业带为依托,以产品为纽带,以市场为目标,结成指导生产、推广技术、协调关系、连结市场、组织营销的利益共同体。通过农业产业化经营,将农业生产过程的产前、产中、产后各环节联结为一个完整的产业体系,通过产业链的整合,以延伸农村产业链条,拓展农产品市场半径,形成网络化的社会生产模式,以产业利润吸引农业龙头企业、各种合作经济组织及种、养、加、运销大户参与农产品经营,形成紧密的经济利益共同体,提高农民组织化程度,以提高农产品的流通效率。

2.以标准化为理念建立现代农产品流通的有序规则

标准化是制定标准、组织实施标准和对标准实施进行监督的全过程,是一系列技术活动和规则的组成。推进农业标准化生产,提高农产品市场竞争力,一要扩大优质农产品的生产量,采用国际标准组织生产,建立一批"三品"(绿色食品、有机食品、无公害食品)生产基地,使农民通过生产优质、安全的农产品达到增收的目的。二要全面实行农产品质量安全准入制度。根据农产品质量安全控制要求,加快与农产品质量相关的品种、产地环境、生产技术规范、产品质量与安全、包装标识与贮运、检测检疫技术等标准的制定和完善。三是抓好农产品市场的法规体系建设。各级政府有关部门抓紧制订农产品市场的地方性法规,从法律法规上规范企业化的农产品市场组织和交易行为,促使入市产品质量等级化、包装规格化,在此基础上促进浙江农产品流通体系的建立。

3.以金融保险为核心建立农产品流通的扶持与保障体系

资金融通困难以及农业发展资源禀赋的先天不足,制约了农产品生产基地规模的扩大及各类经营组织实力的提升。建立健全农产品流通体系迫切需要地方政府相关政策的推动与支持,对于公益性或事业性的农业产业化项目建设,应由财政拨款;经营性项目的建设,应通过市场化运作,通过招商引资,鼓励和引导国内外有实力的工商企业进行投资。政府在政策、信贷等方面给予一定的优惠和扶持。同时,大力发展农村现代金融业。一是要发展银行、信用等金融组织,重点支持信用、效益好的龙头企业和农户,使资金发挥作用、滚动发展;二是要发展农村保险业,因农业是一个弱质产业,自然灾害频繁,农业现代化程度不高,抗灾能力弱,客观上需要通过保险来转移风险,如由政府设立农业产业化风险基金,保险公司参与风险担保,在市场价格发生波动时,政府动用基金对农户或龙头企业进行部分价格补贴以达到稳定渠道合作关系,弱化市场和自然风险对合作关系的负面影响,完善农业保险组织体系。

(四)推进浙江农产品流通体系建设的策略措施

1.以产业化发展方向规范农产品生产基地建设

农产品生产基地建设是发展农产品流通的基础和资源保证。浙江农产品的生产基地建设要根据各县市的区域农业发展规划,凭借自身资源和市场优势,发展主导产业,培育特色品种、优良品种和错季上市的品种,通过农产品生产基地建设,进一步推进农业产业化经营。一是扶持农业龙头企业,重点提高企业的技术创新能力,发展农产品深加工,促进农业和基地、农户的有效联结,强化企业对农产品基地建设的带动作用;二是加强对农民的组织和引导,以发展订单农业等形式吸收基地农户参加专业合作经济组织,并做好指导和服务工作;三是着力抓好拥有自主知识产权产品的开发,努力提高农产品基地建设过程中的科技应用水平,克服农业科技与农业生产经营相互脱节的弊端,建立农业科研、推广、生产一体化新机制,适应市场经济发展的要求;四是加强对基地农户的技术培训,重点提高规模化基地种养大户的科技素质,培养一批骨干农民。

2.建立和完善农产品物流配套系统

建立低成本、高效率的农产品流通服务体系和物流配送系统,对于具有易腐性、单位体积大、经济价值低等特点的农产品来说至关重要。借鉴发达国家农产品物流配送系统建设的相关经验,针对目前浙江农产品物流发展处于初期阶段这一特点,物流企业应采取多渠道、多形式、多元化的办法,打破所有制、地域、行业界限,加快培育一批大型流通企业集团,立足集中打造内带农户,外联国际、国内市场的果菜业发展平台,建成集商品集散、仓储保鲜、加工运输、信息传递、农资服务的现代农产品流通体系,从而帮助农民规避市场风险,形成农村增效、农民增收的长效机制。

3. 以现代流通方式拓展国内外零售市场

以现代流通方式拓展国内农产品零售市场,支持农业龙头企业到城市开办农产品超市,逐步把网络延伸到城市社区,引导农产品批发市场和加工企业直接向超市、社区菜市场、便利店等配送产品。经过3～5年的经营,逐渐形成超市、便利店直接从产地采购各类农产品,与农产品生产基地建立长期的产销联盟,努力提高农产品在连锁超市、便利店等新型零售业态中的经营比重,以现代流通方式拓展国内农产品零售市场。其次,积极调整农产品出口结构,着力扩大精深加工、高附加值、特色农产品和绿色食品、有机农产品出口;强化出口农产品检验检疫,提高农产品安全质量,加强对外谈判和交涉,打破国外技术性贸易壁垒,努力培育新的出口增长点。

4. 以龙头企业为核心组建农产品营销公司

目前国内市场存在着农产品进超市难、超市采购农产品难的"两难"现象,究其原因:一是超市经营农产品需要品种齐全、长期、稳定的供应商,而浙江目前经营农产品的企业虽很多,但经营规模小、品种少,缺少相应的品牌推广能力。二是由于农产品进超市"门槛"太高,超市不仅提取一定比例的利润,还要收取进场费、条码费,卖不出去的农产品要求退回,货款结算又不及时,一来二去就只能走传统的市场销售之路。解决"两难"问题的根本途径是以经营农产品的龙头企业为核心,把品牌蔬菜、品牌水果、品牌水产品等企业各自的拳头产品链接起来,实施强强联合,组建成农产品营销公司或营销集团,形成一个大的供货系统,以满足大型连锁超市尤其是跨国连锁超市对农产品经营的供货要求。也只有大型的农产品营销公司才具备对各类农产品可根据连锁超市的经营需求进行分拣、包装及深加工的功能。因此,组建大型的农产品营销公司是实现农产品现代流通方式的根本途径之一。

总之,农产品流通体系的构建既要适应市场化、产业化、国际化的发展潮流,又要因地制宜,在充分发挥现有条件与设施的基础上逐渐推进。

7.4.5 基于价值链理论的鲜活农产品流通问题治理

近年来,我国鲜活农产品价格非理性波动大,"菜贱伤农"与"菜贵伤民"现象同时并存。特别是一些人为供求因素直接影响了价格的稳定,"买菜贵、卖菜难"甚至菜农自杀等现象时有发生。农产品价格不稳定与农产品流通过程直接相关,而我国鲜活农产品流通问题主要有几个方面。一是地区发展不平衡。全国成规模的农产品批发市场共 4300 多家,平均每个市场年交易额 4 亿元,其中70%分布在东部地区。二是农产品消费安全问题多。多个加工企业通过违法生产谋利,从 2008 年"毒奶粉"事件到 2011 年河南"瘦肉精事件",突显出农产品安全问题的严峻性。三是经营管理粗放。各类市场运营管理欠科学规范,对市场内商流、物流、信息流缺乏有效掌控手段,经常处于自发和无序状态。四是流通成本费用偏高。产业配套落后,中间环节较多,导致农产品运输、储藏、销售中的腐烂浪费损耗严重。

(一)运用价值链理论分析国内农产品流通问题

波特的"价值链"理论揭示,在价值链的组成中,供应商具有创造和发送用于企业价值链之中外购投入的价值链,即上游价值。许多产品在到达顾客手里之前需要通过销售渠道的价值链,即渠道价值。企业的产品最终会成为其买方价值链的一部分,即顾客价值。这样,从上游价值到买方价值形成一个完整的价值系统。企业与企业的竞争,不只是某个环节的竞争,而是整个价值链的竞争,而整个价值链的综合竞争力决定企业的竞争力。目前,我国鲜活农产品生产与流通价值链增值微笑曲线示意图如下所示:

根据对浙江省农业现状调查发现,技术环节作为附加值最高的环节是从业者最少的部分,而生产环节中却存在大量收益低的群体,如个体农户。另外,在营销环节中物流成为最低端的流通环节,参与者多但收益低。具体调查发现主要存在以下问题:

1. 从技术环节看,农业资源配置失衡,基础生产力不足,农业技术人才缺失

一是农业用地大量削减,民生需求供给不足。2010 年杭州市农作物总面积为 572.75 万亩,位列浙江省第一,但是杭州市稻谷播种面积仅占 121.18 万亩,排在倒数第三位。随着杭州房地产价格上涨带动房地产投资高速增长,在快速城镇化的进程中,大量适宜蔬菜种植的土地被毁,蔬菜出现供需矛盾,价格也呈涨势。杭州 70%的生猪都是靠外援,杭州市场上 60%的猪肉来自安徽、江苏等外地生猪。

二是生产技术人才少,实有劳动力比重较低。2010 年杭州农村人口有

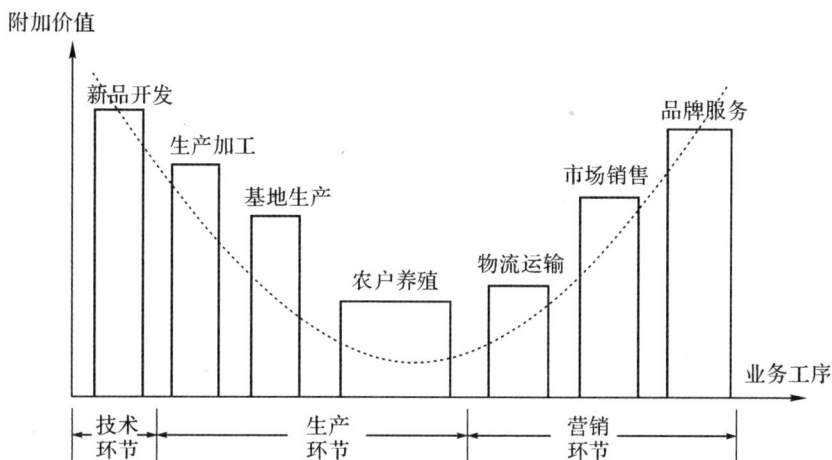

图 7-8

431.34 万人,农村实有劳动力为 280.05 万人,仅占 65％。更多的年轻代农民选择放弃农业进入城市务工,导致农村从事农业生产者大都为年龄较大文化程度较低的群体,这直接影响农业技术的推广和市场信息的获取,农民科技文化素质不高等,严重制约了当地农业的发展。

2. 从生产环节看,各类生产组织合作能力薄弱,信息化水平低,产品加工质量差

一是政府信息与市场产销信息交流不畅。城市的建设占据了大量资金,对农村建设的投资相对较少,农村的信息化建设资金投入更少。目前农民获得信息主要是通过手机和固定电话,及其他口头方式。由于农民进入收购市场的合约化和组织化程度很低,农民往往处于劣势。没有政府提供有效的市场信息服务,加上合约化程度低,意味着农民进入市场的盲目性较大。

二是生产加工企业少管理欠规范。经农业部确认,201 家企业为全国大型农产品加工流通企业,1193 家企业为全国中型农产品加工流通企业。其中浙江分别占 30 家和 139 家,而杭州分别只占 3 家和 12 家。一些不法商家对利润的渴求超过了对法律的敬畏,不顾人命而求暴富。我国"染色馒头""牛肉膏让猪肉变牛肉"等食品安全事件频发,引发了大量居民对食品添加剂产生恐慌心理。有关部门缺乏系统的长效监管机制。

3. 从物流环节看,运输企业数量多但收益少,流通成本高,损耗大

一是交通运输成本高,物流配送需求大。杭州作为著名的消费城市,货物进出量之比是"七进、三出",即运进来的货品占 70％,运出去的货品占 30％。巨大

的消费总量需要充足的物质供应,更需要一个健全的物流配送体系去保障。由于杭州城区的扩张,农产品批发市场不断外迁,导致流通费用增加。小青菜从舒兰蔬菜基地到笕桥蔬菜批发市场,再到万寿亭农贸市场,每斤的售价是 1.4 元;而如果省去笕桥蔬菜批发市场这道中转,其价格要便宜 0.4～0.8 元/斤。

二是保鲜冷链技术落后,农产品腐损严重。发达国家鲜活农产品损耗率在 5% 左右,而我国高达 25%,我国每年农产品的损耗约 700 亿～900 亿元人民币。调查发现,蔬菜在田间地头生产成本为 1 元/公斤,经菜农、收购商、批发商到终端市场即居民菜篮子,价格为 3 元/公斤,2 元差价中最大的比例为物流费用,主要为物流途中(保鲜及运输)损耗。现在的冷链物流中,往往缺少执行标准及温度监控。冷链设备普遍陈旧落后,缺乏先进的高科技手段,至今冷藏保温车占货运汽车仅 0.3%[①]。

4.从营销环节看,市场分布欠均衡,营销模式不成熟,品牌附加值低

一是生活配套不均衡,营销模式难普及。居民聚集区生活配套及政策受益面有限。如杭州的滨江、下沙等区域,虽然人口密集却缺乏国营大型农贸市场,一些优惠措施如"微利猪肉"行动、"白肉溯源"等让市民同城却不能同享受。"农超对接"等直供直销模式推广阻力多。如万禾名特优农产品超市依托当地供销社系统资源优势实现了商品的优质优价和天天平价,流通成本平均降低 15% 左右。但大量农产品经营者缺乏这种资源优势而难以实施相同模式。

二是农产品品牌数量少,服务附加值低。杭州市现有 2214 个农业企业、中介组织和专业市场,相比企业数量和浙江省相对水平,杭州注册商标和知名品牌还是屈指可数。2011 年 1 月,2010 中国农产品区域公用品牌价值评估报告显示,浙江的农产品区域品牌仅"庆元香菇"跻身十强,价值 43.78 亿元。这既说明企业品牌的影响力和经济价值不高,也说明杭州农企在品牌建设方面处于落后局面。

(二)鲜活农产品流通价值链治理的主要原则

相比国内,国外发达国家农产品流通成本低、效率高,主要体现在商品流、物流、信息流、人才、政策等几个方面。农产品流通中交易渠道短,效率高;农业从业人员文化素质高,教育培训普及;商品交易市场信息透明度好,信息化建设投入大;农产品物流配套设施先进,损耗少;农业相关优惠政策齐全,受益面广(林国华,2010)。随着农产品生产过程、技术改进和农产品流通的规范化水平不断提高,为促进我国农产品价格合理化发展,实现各环节均衡受益的局面,价值链

---

① 影响农产品价格的三因素.新民晚报,2010-12-21.

治理模式将越来越成为治理的主要模式。农产品流通过程最直接的关系单位有商品、信息、人才,而技术、生产和营销几个主要环节都可能导致价值的增加与损失,因此,以价值链中的几大要素为中心,加强每一个环节的治理能力才可能促进消费者与供应者的双向合理收益。

价值链治理(Governance)一词是由 Gereffi(1994)提出的。Humphrey 和 Schmitz(2000)将价值链的治理定义为:通过价值链中企业之间的关系安排和制度机制,实现价值链内不同经济活动和不同环节间的非市场化协调。作为一种制度安排,治理在价值链上居于核心地位,因为价值链上各环节企业之间的各种活动、劳动分工以及价值分配,都处于价值链治理之下。价值链是由产品设计与开发、生产、营销、消费与回收等增值环节构成的,生产只是许多增值环节中的一环,各个环节并非创造等量的附加值,而有高附加值环节和低附加值环节之分①。

农产品流通价值链治理的基本原则是:一是农产品供求关系的稳定与需求满足是基本要求。要解决信息流的高效畅通,购买者和供应者之间要有更加实时、客户化的有效交流,信息网络化治理模式在其中可以发挥关键作用。二是最终农产品消费强调安全、劳工标准和环境标准。这就导致了"信任货物"的产生。信任货物要求越来越严格的生产过程的控制和监管,以保证货物符合消费者的要求。这种压力不仅来自消费者和非政府机构,而且来自政府机构,零售商和品牌销售商制定了符合它们自身的产品异质化的标准,迫使供应商在生产过程中符合它们的标准。三是任务复杂性和时间压力要求各农产品流通环节之间的协调合作。存货的消失和降低到达市场的时间的要求,在追求低成本的同时,降低产品损耗,加快流通效率确保获益水平。四是优质与异质化和技术创新应当成为主要竞争优势。营销环节通过积极主动的投资和学习,提高自主研发、营销和品牌能力,减少对上游生产者的依赖,增强前向整合能力;通过提高产品差异化和独特性,提高生产商的议价实力,增加服务附加值。

(三)浙江省农产品流通问题治理策略

根据浙江实际面临的问题与困难,结合上述价值链理论和治理原则提出以下策略。

1.增加农业产能,集聚专业人才,满足各类民生消费需求

一是重点发展地方优势产业和创意农业。浙江要优化畜产品区域布局,针对不同区域的比较优势,继续加强生猪、禽、蜂等优势产业带建设,形成特色优势

---

① 程新章,胡峰.价值链治理模式与企业升级的路径选择.商业经济与管理,2007(12):24—27.

畜产品集中产区。杭州适宜发展观光农业、休闲农业、精致农业和生态农业等各类创意农业。由此产生的创意农产品具有个性化、创意化、品牌化、规模化,附加价值高,将在国内外市场具有较强竞争力[①]。

二是推广合作经营与发挥产业集群优势。如杭州市都市农业示范园区(基地)建设模式,一是由业主(企业或个人)直接投资建设,园区(基地)直接成为龙头企业的原料生产基地;二是由龙头企业通过订单农业与农户共同参与建设,建立产销合作关系。在园区中实行标准化、专业化的生产与经营,既显现了园区的规模优势,又提高了园区的产业化水平,同时辐射带动了周边农业产业的发展。

三是营造农业创业氛围,推动知识性人才的吸纳。从 20 世纪 90 年代中期开始,大学生"村官"从无到有,经历了长时间的积累发展过程,可以因地制宜开辟村官创业园,专门扶持发展现代农业。由政府作前期引导工作,吸引创业大学生、风险投资商、农户及农技人才等,将高科技手段直接运用到农业中来,如物联网技术、互联网、电子商务等,形成产业链,改造农业,共同创业。

2.学习成功经验,加快技术创新与品牌建设,增加经济效益

一是提高农产品加工比例协调供求关系。提高农产品加工比例,对农产品进行加工可以大大提高农产品的附加值,减少由于集中上市而造成的卖难、损耗率高的问题。由于农产品部分进入制造加工环节,减少了鲜销数量,改变供求关系,还可以保证农产品价格对生产者的吸引力[②]。

二是注重品牌建设培育特色产品。在当前我国农业产业化的背景下,应根据农产品品牌的生命周期特征,在不同的阶段采取不同的塑造模式,通过"由内而外"、"品牌聚焦"、"品牌体验"等模式,政府在定期对本地企业品牌进行知名度、美誉度评价和排名,不断地积累品牌资产,提升农产品品牌的市场竞争力[③]。

三是加强两岸合作学习成功经验。大陆在 16 个省(区市)设有海峡两岸农业合作试验区和台湾农民创业园,浙江省于 2010 年在湖州市、嘉兴市、衢州市三地也设立了首批省级台湾农民创业园。加强与台湾的农业合作,引入适合地理条件的新产品和新技术,有利于推进两地的农业合作,扩大农业交流空间,实现两岸优势农业资源的有效对接。

3.缩短商品流通渠道,提高物流效率,降低损耗

一是鼓励创新推广经营模式。美国农产品营销渠道较短,大型超市、连锁经

① 聂亚珍.创意农产品的价值体系分析.江汉论坛[J],2011(3):37—39.
② 郭丽华.试论农产品价格构成及其改善.生产力研究[J],2006(3):29—31.
③ 魏文川,方姗.基于生命周期理论的农产品品牌塑造理论.农业经济[J],2011(3):32—34.

销的零售商左右着农产品的交易体系(薄文宾,2010)。推广直销直供模式还需要政府搭台唱戏,帮助农户真正实现与销售商的对接。有关城市管理部门在小区建设规划时应该提前考虑到农产品贸易市场环节的重要性,市场摊位要科学规划与收费合理化。

二是适当减费补贴物流技改。美国和日本把农产品的产后贮藏、加工和保鲜运输放在农业的首要位置,形成了强大的冷链系统支撑。要加大物流技术配套,通过政策扶持企业加大硬件与技术改造的投入,降低物流与储存的损耗。各级政府应减免部分环节的税费,税收优惠重点投向对现代农产品物流体系建设与运行起着关键作用的物流业务环节上,如农村合作经济组织、第三方物流[①]。

三是更新市场交易信息手段。国外发达国家在农产品流通方面采取的信息技术的广泛应用和普及已成为其强大的后盾。这加快了农产品的销售与流通,更为生产者和消费者提供了市场需求信息(项费坚,2009)。充分利用网民数量不断快速增长和电子商务的普及,如2011年8月,阿里巴巴携手央视开拓农产品专销渠道,这类资源和运作模式一旦成熟,应当能够促进地方农业经济的发展。

4.提升市场监督管理能力,健全农业保护政策,促进农民增收

一是提升监督管理执行力。加强监督管理部门的自律性,加大问责力度。尽快制定和推行农产品质量的溯源标准化体系,定期公布无公害农产品产地名单,统一使用二维条码或标签方便消费者掌握厂家服务质量。[②] 2009年以来,杭州市初步形成了农产品质量安全追溯管理"杭州模式",全市全年没有发生一起食用农产品质量安全事件。

二是加大农业扶持政策。美国采取支持保障农民收入的政策,保留最低保护价,包括"作物收入保险计划"与"市场损失补助"。日本采用"绿箱""黄箱"政策,其中农民投资建立和改造农业生产设施,可以获得政府65%~85%的补贴及部分贷款(蔡学玲,2010)。分品种建立专家队伍,建立农产品主要产地和主要消费地之间的信息平台,加强对重点品种的监测预警[③]。

三是提高前沿技术服务水平。日本政府曾免费向农民提供"迷你电脑"用于查询行业商业数据、交通信息等,将29个国立科研机构与农户之间进行双向的

---

① 杨军,葛孚桥.现代农产品物流体系建设与运行的财政支持政策探讨.生态经济[J],2011(3):144—148.

② 王化峰.我国农产品加工产业链管理研究.农业经济[J],2011(3):35—36.

③ 姜长云.我国农产品价格变化趋势与对策.宏观经济管理[J],2011(7):32—33.

网上咨询,信息共享(郭芳兵,2009)。自 2009 年美国物联网技术正加速应用于西方农业生产领域(肖克明,2010)。物联网技术源源不断产出的技术成果,为农业的全产业链升级提供了必要的技术手段,将不断提升农业的竞争力。

价值链的治理模式是一个动态的循序渐进过程,价值链中的力量是相互关联的,一方的力量强大是建立在另一方没有力量的基础之上的,通过获得新的生产设备、组织的重新安排或引进新的人才,地区级的生产者能获得新的能力,或者能开拓新的市场,这将改变原来的力量态势。我国现代农业建设的主体仍是农民,政府对现代农业建设仅仅起着引导和扶持的作用,不能替代农民进行现代农业建设。但各地政府应当进一步夯实农业农村发展基础,在转变农业价值链治理方式上寻求新突破,在发展现代农业上取得新成效。

7.4.6　地方农业转型升级策略——以杭州市为例

当前,我国农业发展正处于由传统农业向现代农业的转型阶段,农业既要承担为新农村建设提供产业支撑的历史重任,又面临着资源和市场的双重约束。整体来看,一些矛盾问题正困扰着社会和百姓。一是"人增地减"导致农产品的供应减少与农产品刚性需求的矛盾突出;二是城乡居民消费水平提高与保障农产品质量安全的矛盾突出;三是农业比较效益降低与农业生产成本提高的矛盾突出;四是农产品市场价格上涨的压力依然存在与保持农产品市场价格稳定的矛盾突出,个别地区甚至有菜农因连年收益受损严重而自杀。为了缓解供需压力,稳定价格,国家先后抛售储备棉和储备糖,但从目前市场的反应来看,似乎并没有起到很明显的"降温"作用。因此,改造现有的农产品生产、加工与流通体系,控制农产品价格暴涨,解决老百姓的基本生活问题,提高幸福指数是大势所趋。

(一)对杭州市农业发展现状的基本认识和判断

近年来,杭州市认真贯彻落实中央、省农村工作会议精神,坚持以科学发展观为统领,以"保增长、扩内需、调结构、增活力、重民生、抓稳定、强党建"为重点,扎实推进新农村建设,积极促进农业增效、农村发展、农民增收,全市农村经济社会继续保持良好发展。2010 年农林牧渔业总产值为 3163392 万元,比上一年增长 9.18%,农林牧渔业增加值为 2084144 万元,劳动者报酬达 2087800 万元,农民每人平均所得 13775 元,为上年的 111.5%,整体发展形势良好。但是,杭州市目前农业和农村经济增长中的结构性、素质性问题仍然比较突出,资源与环境的形势依然比较严峻。

1.农业比重下降,支柱产业发展缓慢,产量不稳定

一是农林牧渔业总产值与总收入递增,农业比重下降。自 2000 年至 2010 年以来,杭州市农林牧渔业总产值呈连续增长趋势,其中 2000 年总产值为 1526530 万元,2009 年总产值为 2897371 万元,2010 年总产值为 3163392 万元,比上一年增长 9.18%,超过 2000 年以来的年平均增幅 7.6%,如图 7-9 所示。2010 年杭州市农业占农林牧渔业总产值 53.7%,相比 2000 年有所下降,整体发展趋势较为平稳,如图 7-10 所示。农村经济总收入增加显著,2010 年是 2000 年的 8 倍之多,但是,在农村经济总收入中,2010 年农村经济总收入 129823320 万元,其中农、林、牧、渔业收入 3302465 万元,占 2.54%,而 2000 年农村经济总收入 16006037 万元,其中农、林、牧、渔业收入 1179669 万元,占 7.37%。比较发现,农业收入在农村的经济来源中地位有所下降。

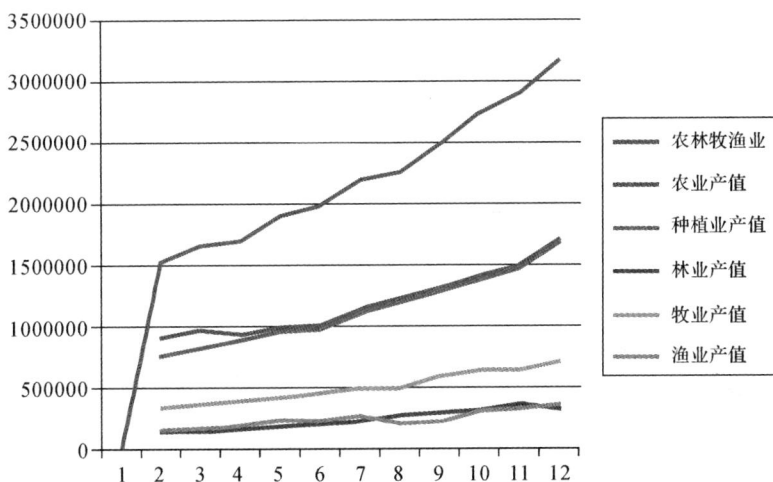

图 7-9　2000—2010 年杭州市主要年份农林牧渔业总产值(单位:万元)
数据来源:2011 年杭州统计年鉴。

二是产业结构不合理,"优势"、"特色"产业产值增速放缓。杭州市目前基本形成城市、平原、山区三大农业圈层的格局,但也存在着结构不尽合理、农产品加工流通相对滞后、农民组织化和服务社会化程度不够高等制约因素。"六大优势"产业中,蔬菜产值增长 13.1%;茶叶产值增长 19.8%;花卉苗木产值增长 9.2%;竹业产值增长 2.1%;水产产值增长 11.7%;节粮型畜禽产值增长 12.3%。"五大特色"产业中,药材产值增长 2.2%;蜂业产值增长 8.8%;但水果产值下降 4.1%。一季度我市"优势"、"特色"产业产值增速放缓主要由于笋干

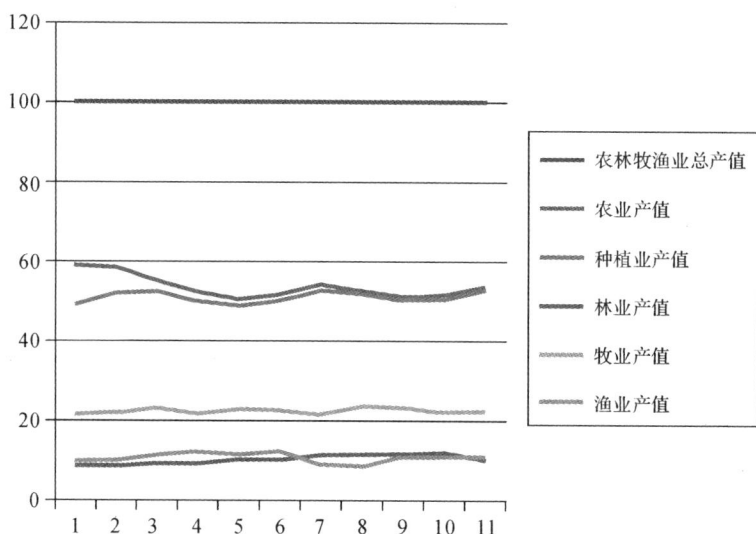

图 7-10　2000—2010 年杭州市主要年份农林牧渔业总产值构成情况(单位:万元)
数据来源:2011 年杭州统计年鉴。

减产、蔬菜播种面积下降等因素。2010 年杭州猪肉价格持续高位运行,难以调控,因为杭州 70% 的生猪都是靠外援,杭州市场上 60% 的猪肉来自安徽、江苏等外地生猪。又如蚕桑茧等,由于前几年价格持续走低,农村局部地区挖桑毁园较为严重,导致蚕茧产量减幅较大。干果、水果等生产经常出现"大小年"现象,产品产量大起大落,既不利于产业的健康稳定发展,也给果农造成较大损失。由于经粮效益差距不断拉大,在利益驱动和市场经济的导向下,杭州市各地种粮农户纷纷改种各类经济作物,导致全市经粮种植结构不断调整,经济作物比重持续上升,对我市农村经济稳定发展和农民收入增长起到积极作用,但相应的粮食生产安全问题也日益突出。

三是城郊种植面积大量削减,农民种粮积极性不高。杭州农业土地资源已趋饱和,2008 年当年机械收割面积 102.52 千公顷,2009 年为 104.45 千公顷,2010 年为 103.84 千公顷。随着城市化进程加快,耕地面积逐步减少,特别是城市近郊,蔬菜、花卉等种植面积减幅较大,产业发展的潜力不足。即使价格提高,蔬菜市场重新达到平衡也需要时日。2010 年杭州市农作物总面积为 572.75 万亩,位列浙江省第一,但是杭州市稻谷播种面积仅占 121.18 万亩,排在倒数第三位。种粮收益远低于外出打工收入,而微薄的种粮补贴远不足以弥补种粮成本的上涨。谷贱伤农,种粮不赚钱,是当前困扰我市农民的根本性问题,也是导致农民种粮积极性走低的主要原因。2011年第一季度,全市春粮播种面积24.83千公顷,同比下降5.0%。其中,谷物类播种面积15.64千公顷,下降7.6%;蚕(豌)豆播种面积4.53千公顷,下降2.1%;薯类播种面积4.66千公顷,增长1.7%。经济作物"三增四减","三增":药材种植面积1.85千公顷,增长5.1%;花卉苗木种植面积21.81千公顷,增长6.2%;本季出售盆栽类园艺573.7万盆,增长24.0%。"四减":油菜籽种植面积37.95千公顷,下降3.1%;蔬菜种植面积30.47千公顷,下降0.3%;果用瓜种植面积2.36千公顷,下降4.7%;绿肥、饲料草等其他作物种植面积5.24千公顷,下降3.6%。

2.农业科技落后,专业技术人才匮乏,科研投入少

一是农业机械化程度不高,农产品加工率偏低。农民受资金、技术、素质等条件限制,农产品研发能力低,新产品开发少,农产品科技含量不高,造成农产品专用程度和品质不能满足加工业的需要。2000年农业机械总动力2664152(千瓦),收获机械动力355913(千瓦),农副产品加工机械动力211873(千瓦);2009年农业机械总动力3223168(千瓦),收获机械动力293731(千瓦),农副产品加工机械动力181935(千瓦);2010年农业机械总动力3307463(千瓦),收获机械动力284466(千瓦),农副产品加工机械动力183411(千瓦)。相比之下,农业机械总动力2010年比2000年增加了24.15%,但年收获机械动力和农副产品加工机械动力分别减少20%和13.4%。有的镇、街道农业生产基础比较好,但产业化发展不快,主要原因是农业龙头企业起步较迟,技术装备不够先进。农产品深度加工不够,加工转化率较低,造成附加值低。目前,一般农产品加工率只有45%~55%,二次以上深加工只有25%左右。而发达国家的农产品加工率高达90%以上,可见提高农产品的科技含量,拉长农产品产业链,是促进农业产业化的重要途径。经农业部确认201家企业为全国大型农产品加工流通企业,1193家企业为全国中型农产品加工流通企业。其中浙江分别占30家和139家,而杭州分别只占3家和12家。

二是实有劳动力比重较低,生产技术人才少。2010年杭州农村人口有431.34万人,农村实有劳动力为280.05万人,仅占65%,农村从业人员为261.77万人,其中从事农业人口有55.68万人,仅占21.3%。相比2000年,2010年农业总人口增加了5.93%,其中女性增加了5.68%,但农业从事人口明显逐年递减,2010年人数相比2000年减少了42.56%,如表7-1、图7-11所示。自2000年以来,每年农林牧渔业从业者人数逐年递减,2000年为116.05万人,2009年为75.79万人,而2010年仅73.24万人,相比2000年减少了36.89%,近四成。对于杭州周边大量从事农业的人来说,在城市务工收入的提升意味着

农业生产的边际成本上升,于是更多的年轻代农民选择放弃农业进入城市务工,导致在农村从事农业生产者大都为年龄较大文化程度较低的群体,这直接影响农业技术的推广和市场信息的获取,而农产品价格则会因供不应求而上涨,直至城乡劳动力流动达到新的平衡。2006年末,全市在村级组织和农业生产经营单位中共有农业技术人员1.60万人,其中,在农业生产经营单位中从业的0.48万人。按职称分,高、中、初级农业技术人员分别为0.05万人、0.29万人和1.26万人。

表7-1　2000—2010年杭州市农业人口分布比较　　（单位:万人）

指标　年份	2010	2009	2008	2007	2006	2005	2004	2003	2002	2001	2000
合计	261.77	259.32	260.16	266.32	266.68	267.05	254.66	251.95	253.24	250.11	247.11
女性	123.59	122.46	123	126.29	125.93	125.62	120.48	119.05	119.71	117.97	116.74
农、林、牧、渔业	73.24	75.79	78.08	79.96	83.99	88.82	91.81	99.4	106.42	111.97	116.05
农业	55.68	57.96	60.16	62.03	66.03	70.64	73.75	80.83	86.93	92.74	96.94
牧业	7.3	7.5	7.58	7.88	8.16	8.61	8.64	9.13	10.24	10.47	10.71

数据来源:2011年杭州统计年鉴。

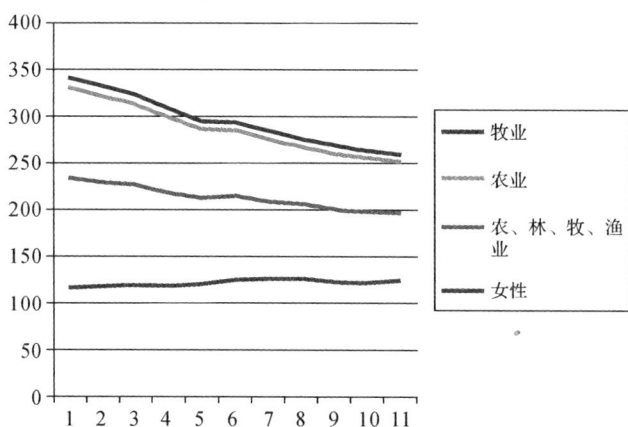

图7-11　2000—2010年杭州市农业人口数量发展趋势图(单位:百万人)

数据来源:2011年杭州统计年鉴。

三是农业科研投入少,学科结构与实践需求不匹配。我国政府对农业科研的投资强度不到发达国家平均数的10%,推广投资强度也仅为发达国家政府的

60%～70%。杭州市虽然近几年在农业科技投入上有较大幅度的增长，但是对农业科技的投入没有达到《农业法》中规定"中央和县级以上地方财政每年对农业总投入的增长幅度应当高于其财政经常性收入的增长幅度"的要求，同时农业科技投入占全市科技投入的比重也没有达到"各地科技三项经费中用于农业科技研究与推广工作的比例必须达到三分之一"的规定。杭州市每万人中也仅有农业科技人员 13.50 人，而以色列有 140 人，美国有 80 人，日本有 75 人。从学科和人员结构看，学科结构、专业设置与生产结合不够紧密，全市农业科技人员中，农学、畜牧类等传统产业的人员比例较高，占到总人数的 40%，而花卉苗木等新兴产业的人员比例偏小，只占 1.3%；占种植业产值第一位的蔬菜的科技人员只占总人数的 2.6%，果树也只有 2.5%，当前农业产业化发展所急需的农产品加工方面几乎没有科技人员。据中国农科院的统计分析，农业科研成果的平均研究周期 5～7 年，而我市目前的农业科技项目实施时间一般为 1～3 年，农业科技人员每年花费大量的时间和精力用于申报项目、争取经费、应对检查，很难出可转化应用、满足生产需要的好成果。竞争性项目过多，美国各州竞争性农业科技项目的经费投入大约为 15%，固定拨款仍是主要经费来源，我市竞争性项目几乎达到了 100%。

3. 农产品价格波动大，信息不对称，抗风险能力弱

一是农产品价格涨幅大，严重影响家庭消费开支。2011 年 1—9 月我市 CPI 高位运行，平均上涨 4.9%，其中食品价格上涨 10.6%，涨幅居八大类之首。拉动价格总水平上升 2.93 个百分点，对 CPI 的拉动力达 59.8%，影响最为明显。杭州市物价局公布的数据显示：2011 年 1—5 月，杭州市区白肉平均批发价从每公斤的 17.55 元上升至 20.33 元，继续保持平缓上升走势。6 月份白肉批发价同比上涨了 81.7%，生猪到杭价同比上涨了 82.49%，农贸市场猪肉的零售价格同比上涨约 40%。进入 7 月以来，猪肉价格继续保持高位运行状态，如图 7-12 所示。

二是受外部市场因素影响大，抗风险能力弱。受输入性通胀、要素成本上升、原材料价格攀升等多重因素的影响，2011 年 1—9 月油脂价格平均上涨 20.3%、禽上涨 13.2%、蛋上涨 18.5%、水产品上涨 12.3%，呈现轮涨态势。受年初北方粮食主产区不同程度旱情的影响，1—9 月杭州市粮食价格平均上涨 10.8%，影响价格总水平上升 0.18 个百分点，其中大米价格上涨 10%、粮食制品价格上涨 14.6%。2011 年春耕化肥市场总体价格要高于往年，与 2010 年同期的价格相比上涨较多。与 2010 年 2 月相比，国产尿素的价格市场上涨了

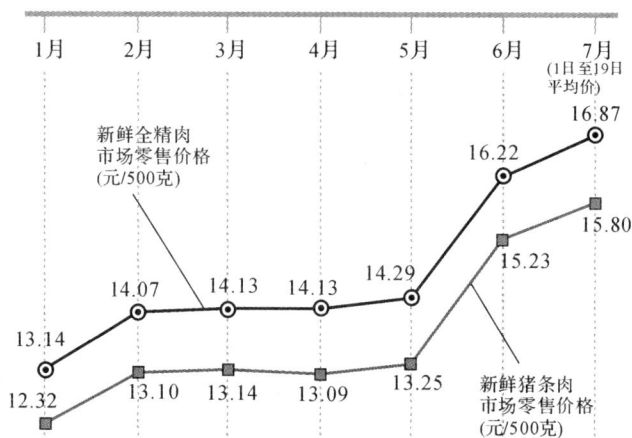

图 7-12 2011 年杭州市区主要农贸市场猪肉价格行情

7％;国产磷酸二铵市场价格上涨 13.1％;复合肥市场价格上涨 16.2％[①]。化肥价格是农资市场变动的晴雨表。近年来地租、人工、运输、包装等成本不断提高,种子价格也稳步上涨,农产品已经进入高成本时代。农资供应季节性较强,农民购肥主要集中在春耕和秋冬播两个时段,"淡储旺供"制度不健全,这也加剧了供求矛盾,导致价格上涨。另外,CPI 上涨的推动和国际市场的不确定性也引发了农资价格的上涨。我国农资流通体系建设滞后,流通环节过多也导致成本上升。

三是农业组织建设不完善,市场信息不灵。农民进入市场的组织化程度低,市场信息捕捉不灵活,没能充分利用已建立的市场信息平台,各类农产品中介组织发展又不平衡,造成农产品没有及时进入市场,一些营销户往往受到利益驱动,出现压级压价、买难卖难的问题。政府信息公开不及时,产销信息不畅。如在杭州农业信息网上,2010 年 11 月 29 日才发布 2009 年度政府信息公开工作总结和 2010 年度工作计划,这成了事后无法监督的事实,让群众难以及早了解政府工作动态,也不利于建言献策。而 2010 年的工作总结和 2011 年的工作计划至今仍未发布。同时,在网站上缺乏有说服力的有关数据统计报告,难以让群众了解杭州市农业的真实现状。目前我国小宗农产品收购市场以无形市场为主,即小宗农产品收购大多数是由生产者送到收购者手中,或者由收购者到生产者那里购买,没有固定场所。在无形收购市场上,表面上看买卖双方基本上是平等自由地交易,但是,由于农民进入收购市场的合约化和组织化程度很低,农民

---

① 别让农资涨价"吃"了惠农政策. 人民日报,2011-03-27.

往往处于劣势。没有政府提供有效的市场信息服务,加上合约化程度低,意味着农民进入市场的盲目性较大。

4. 农产品知名品牌少,营销模式不成熟,影响流通

一是农产品知名品牌总体数量偏少,产品附加值低。中国农产品区域公用品牌在 21 世纪已成为各地区域经济发展中不可忽视的力量。浙江省全省农产品注册商标由 2003 年的 2.3 万件猛增到 2008 年的 6.3 万件,5 年增长 2 倍多,居全国前列。杭州市现有 2214 个农业企业、中介组织和专业市场,按照《杭州市都市农业示范园区(基地)建设实施办法》,杭州已建立 279 个园区,共注册商标278 个,其产品分别获得浙江省名牌产品 21 个、中国农博会名牌产品 7 个,博览会国家级金奖 18 个,相比企业数量和浙江省相对水平,杭州注册商标和知名品牌还是屈指可数。2011 年 1 月,在杭召开的首届中国农产品品牌大会上发布了2010 中国农产品区域公用品牌价值评估报告,浙江的农产品区域品牌仅“庆元香菇”跻身十强,价值 43.78 亿元。这既说明企业品牌的影响力和经济价值不高,也说明杭州农企在品牌建设方面处于落后局面。

二是居民聚集区市场配套不均衡,营销创新手段普适度低。商务部、财政部2010 年安排中央财政专项资金支持部分地区开展农产品现代流通综合试点,力争在 3—5 年内初步建成高效、畅通、安全的农产品现代流通体系。试点省(区市)包括浙江等 8 个省市。但从目前进展情况看,农产品流通标准尚未有眉目,农贸市场交易环境仍未有显著改善,特别在新的开发区,如杭州的滨江、下沙等区域,虽然人口密集却极少有国营大型农贸市场,一些优惠措施让市民同城却不同享受,如“微利猪肉”行动、“白肉溯源”等,没有给当地居民带来便利。一些新的“农超对接”采购模式,如万禾名特优农产品超市实现了商品的优质优价和天天平价,其通过直接采购农产品,流通成本平均降低 15% 左右。但前提是万禾名特优农产品专卖中心依托当地供销社系统资源优势搭建辐射长三角市场合作平台,而大量农产品经营者缺乏这种资源优势。杭州市贸易局提出 2011 年农贸市场都要设立直供直销摊点。直供直销工作将纳入“最佳最差”农贸市场评比考核。截至 2011 年 2 月 17 日,已有 21 家农贸市场、百家超市门店设置了直供直销点。这种新的销售模式无疑对消费者是有利的,但对生产基地而言,存在一定规模效应,只有在农贸市场设立网点数量足够多,并保证摊位全都理想,否则难以长久生存。因此,直供直销模式要走向成熟还有很多环节需要疏通。

5. 交通运输成本高,冷链技术落后,物流腐损巨大

一是有效耕地离城市距离增大,物流成本明显高于国际水平。由于城区的扩张,农产品批发市场不断外迁,而蔬菜基地也离市区更远,导致流通费用增加,

以及蔬菜种植的成本上升,即使市场重新达到平衡,蔬菜价格也将远高于以前。对杭州市场调查发现,一棵小青菜,从舒兰蔬菜基地到笕桥蔬菜批发市场,再到万寿亭农贸市场,每斤的售价是 1.4 元;而如果省去笕桥蔬菜批发市场这道中转,其价格要便宜 0.4 到 0.8 元/斤。目前我国水果蔬菜等农副产品在采摘、运输、储存等物流环节上的损失率达 25%～35%左右,而发达国家的果蔬损失率则控制在 5%以下,据国家发改委价格司统计,我国蔬菜的流通成本已经占到最终菜价的三分之二。我国物流总成本占到了 GDP 的 21.3%,而发达国家仅为 10%左右。在"国 16 条"发表之前,"柴油荒"曾严重影响农产品运输的价格。再次,在销售摊位环节,由于居民生活小区菜市场配套的短缺使得摊位费近年来越涨越高,这部分成本也转移到了菜价上。

二是保鲜和冷链技术落后,物流腐损巨大。国际发达国家全程冷链物流较普遍,其物流腐损率约 5%～6%。而在我国,蔬菜在田间地头生产成本为 1 元/公斤,经菜农、收购商、批发商到终端市场即居民菜篮子,价格为 3 元/公斤,2 元差价中最大的比例为物流费用主要为物流途中(保鲜及运输)损耗。解决这些问题,对于生鲜果蔬,需要做到采摘后仍"活着",保持"呼吸"作用。现在的冷链物流中,往往缺少执行标准及温度监控。冷链设备普遍陈旧落后,缺乏先进的高科技手段,至今冷藏保温车占货运汽车仅 0.3%[①]。农产品储存能力不强,提升农产品价格较难。农产品较易受自然条件影响变质,储存、包装十分重要。目前,运输问题基本可以解决,但如何保鲜、包装仍是个难题,需要有专门的加工企业来进行。如果有科研机构来帮助指导,引导老百姓自己动手来解决才是出路。

(二)杭州市农业转型升级促进农产品价格合理化策略

根据上述问题,针对其产生原因,从产业自身发展和政府服务工作两大方面提出以下几点建议:

1. 推动优势支柱产业发展,增大农业科技投入

一是调动农户积极性,发展优势产业和支柱产业。建设优势特色农业产业带,加快人才、科技、信息、资金等各类资源要素的集聚,促进农产品生产、加工、流通的有效衔接和其他产业的有机融合,形成资源共享、风险共担的运作机制,增强抵御市场和自然双重风险的能力。畜牧业是农业和农村经济的支柱产业,在保障国家食品安全、增加农民收入、推进农业现代化中具有极为重要的战略作用。要优化畜产品区域布局,针对不同区域的比较优势,继续加强生猪、禽、蜂等优势产业带建设,形成特色优势畜产品集中产区,已有的重点工程要向优势畜产

---

① 影响农产品价格的三因素. 新民晚报,2010-12-21.

品区域倾斜。建立和完善市场准入制度,推行商品畜禽集中屠宰,尽量减少活畜禽的大范围流通,继续发展多种形式的专业批发市场,规范活畜禽交易市场。如生猪是浙江省畜牧业的第一大产业,猪肉是城乡居民的主要消费食品,要进一步落实和完善政策措施,扶持发展规模化、标准化、生态化养猪,帮助养殖企业(户)解决实际问题,调动和保护好他们的养猪积极性,确保生猪生产稳定发展。

二是提高农科成果转化率,健全现代农业产业技术体系。按照产业发展的内在规律,合理配置产业发展各环节的科技资源和研发力量,形成条块结合,稳定、持续和高效的现代农业产业技术体系,为产业发展提供全面系统的技术支撑。正确认识农业科研机构是农业科技成果创新的主体,农业龙头企业是转化农业科技成果的主体,农民是应用农业科技成果的主体,应给予农业科研单位长期稳定的经费投入。目前,我国农业科研力量的90%集中在产中阶段,其中55%又集中在种植业领域,而美国农业科研力量的70%集中在产后阶段。杭州现有的成果基本集中在生产中环节,对产前、产后技术涉及不多,农产品多用途利用开发以及储存保鲜、加工增值方面的科技严重滞后。提高农产品加工比例,对农产品进行加工可以大大提高农产品的附加值,减少由于集中上市而造成的卖难、损耗率高的问题。由于农产品部分进入制造加工环节,减少了鲜销数量,改变供求关系,还可以保证农产品价格对生产者有吸引力。[1] 据统计,我国的农业科研成果转化率仅30%,要针对影响我市农产品加工产业化发展的重大关键技术、共性技术开展科技攻关,组织实施一批重大项目。特别要突出农产品加工产业化的成套技术研究攻关,既要大力发展农产品的分等定级、包装、储藏、保鲜等粗加工和半成品加工,又要大力发展农产品的精深加工,把初级农产品变为技术含量高,具有品牌优势,附加值高的产品。

2.发挥产业园区的集聚效应,向创意农业升级

一是推广合作经营理念,发挥产业集群优势。在单个品牌难以快速创建的情况下,可以先创建园区品牌。杭州市都市农业示范园区(基地)自成立以来,已形成一定的模式,主要有:一是由业主(企业或个人)直接投资建设,园区(基地)直接成为龙头企业的原料生产基地,如萧山大洋水产养殖示范园区、杭州之江生态园林示范园区。二是由龙头企业通过订单农业与农户共同参与建设,建立产销合作关系,如淳安唐村蚕桑示范园区、余杭良渚大陆粮食示范园区。三是由专业合作社和专业协会组织农户共同建设,如建德市下涯禽蛋示范基地、临安清凉峰山地蔬菜示范园区。通过上述三种模式的运作,特别是前两种模式的运作,在

---

[1] 郭丽华.试论农产品价格构成及其改善.生产力研究[J],2006(3):29—31.

园区中实行标准化、专业化的生产与经营,既显现了园区的规模优势,又提高了园区的产业化水平,同时辐射带动了周边农业产业的发展。成立五年来,共带动农户27.82万户,连接各类基地136.20万亩。

二是发展创意农业和精细农业,增加产品附加值。将科技和文化要素融入农业生产,拓展农业功能、整合资源,把传统农业发展为融生产、生活、生态为一体的现代农业,即所谓创意农业。创意农业是以增加农产品附加值为目标,构建农村创意生活的生产方式和生活方式。以杭州的地理条件,适宜发展观光农业、休闲农业、精致农业和生态农业等各类创意农业。由此产生的创意农产品具有个性化、创意化、时尚化、品牌化、规模化,产品美学价值突出,附加价值高,将在国内外市场具有较强竞争力,能够带来"三新",即新商机、新市场、消费新时尚[1]。在上海的奉贤创意农庄可种植的新奇特农产品品种达500多种,比如"花纹西红柿"售价每公斤60元,绘上图案的南瓜每只300元起售,搭配好的创意农产品礼篮一只1000元左右。这些创意农产品在其自身普通价值的基础之上,创造的是更多的附加价值,能够实现买卖双方的双赢。

3. 深化品牌化经营理念,鼓励经营模式创新

一是加强品牌建设与宣传,重点扶持特色产品和企业。在当前我国农业产业化的背景下,农产品品牌化成为落实"三农"政策,形成农产品一体化和增加农民收入的重要途径。根据农产品品牌的生命周期特征,在不同的阶段要采取不同的塑造模式,通过"由内而外"、"品牌聚焦"、"品牌体验"、"品牌更新"等模式,不断地积累品牌资产,提升农产品品牌的市场竞争力[2]。只有把农产品深加工、精加工,做出品牌、做成名牌,开专卖店、开连锁店,才能在商品经济的市场中站稳脚跟。要实现品牌的整合提升,以品牌和名牌战略带动产业的优化升级。如经作产业品牌建设起步较早,成效明显。若没有十大名茶品牌的建设,杭州名茶产业不可能得到如此快速的发展。但目前存在品牌过多、过杂、不强的问题,重商标注册、轻品牌管理的情况也普遍存在。政府在定期对本地企业品牌进行知名度、美誉度评价和排名的同时,通过正面宣传加大企业知名度,为农产品质量提高而进行的科技培训搭建平台。鼓励其加大形象树立,提高附加值,也为消费者理性、安全消费提供帮助。

二是鼓励经营模式创新,健全农协组织体系。直销直供模式有其可取之处,但产销衔接的是市场,是信息,也是物流。如果脱离了市场经济环境,完全依托

---

[1] 聂亚珍. 创意农产品的价值体系分析. 江汉论坛[J], 2011(3):37—39.
[2] 魏文川,方姗. 基于生命周期理论的农产品品牌塑造理论. 农业经济[J], 2011(3):32—34.

国有资源实现直销直供,最终难以持久,毕竟政府补贴政策不能作为长效机制,补贴最终也来自消费者的税收,最终并未真正降低居民的生活成本。直供模式需要政府搭台唱戏,不少农户因为难以掌握及时的市场需求信息,难以真正实现与销售商的对接,要像广交会一样,举办农户与市场、商场之间的农交会。杭州现有农贸市场85%是国有,以后还要采取措施逐步提高国有比例,开展微利售肉、平价售菜等活动,让利于民。另外,市场摊位要科学规划与收费合理化。农业产业化发展,既是生产力的发展,又是农业运行机制的创新。要用市场经济的方式把企业与农户很好地联结起来,实现贸、工、农一体化经营。日本有99%以上的农户都参加了农协组织,进行组织协调;韩国的农协在全国形成了一个包括地方农协和专业农协组织的完整体系。大力推行"龙头＋基地＋农户"的经营模式,建立各经营主体的利益共同体,切实形成"风险共担、利益均沾"的利益分配机制,妥善处理好各个环节之间的利益关系,实现真正的产业化经营,采取多种形式,通过发展"订单农业"、合作经济组织和各类行业协会的方式,加速各类经济利益共同体的形成,提高农业生产的组织化程度。

4.加强产学合作交流,营造氛围吸引专业人才

一是加强两岸合作,学习台湾农业成功经验。大陆在16个省(区市)设有海峡两岸农业合作试验区和台湾农民创业园,其中在9个省(区市)设有海峡两岸农业合作试验区,在12个省市建有20个台湾农民创业园。进入园区发展的台资农业企业已达5000多家,占在大陆台资农业企业总数的82%左右,实际利用台资58亿美元,占台资投资大陆农业实际金额的81%左右,试验区和创业园已逐步成为两岸农业高效能的合作平台,为两岸同胞带来了实实在的利益。浙江省于2010年在湖州市、嘉兴市区、衢州市三地也设立了首批省级台湾农民创业园。创业园着力于吸引一批拥有高、新、关键农业技术的台湾农业企业、研究机构和高素质农民前来创业。有利于推进两地的农业合作,扩大农业交流空间,实现两岸优势农业资源的有效对接。加强与台湾的农业合作,引入适合地理条件的新产品和新技术,从基本的农业走向精细农业,绿色有机农业和生态创意农业,增加农业附加值,让农民增加收入,推动农业良性发展。

二是助推"大学生村官"项目,广泛吸纳知识性人才。从20世纪90年代中期开始,大学生"村官"从无到有,到快速发展,经历了长时间的积累发展过程。这不仅是解决大学生就业,更是帮助农民发展农业,培养农业人才的有效途径。要充分发挥"大学生村官"项目优势,从农业高等院校吸收优秀毕业生加入到农业技术推广队伍中来,可以因地制宜开辟村官创业园,专门扶持发展现代农业。鼓励生态农业、绿色农业、创意农业的项目开发,将高科技手段直接运用到农业

中来,如物联网技术、互联网、电子商务、现代物流等,形成产业链,吸引风险投资,由政府作前期引导工作,吸引创业大学生、风险投资商、农户及农技人才等,共同创业,改造农业。鼓励村官创业、就业,加大农技教育、培训与推广。另外,可以由政府牵头设立农业文化节,利用节庆的欢乐氛围创造品牌的影响力,从而提升农产品品牌价值,加大农业知识和资讯的宣传,吸引更多创业人才的眼球。要持续运作节庆,还需在级别、范围和专利资产量、物态传承量等方面给予足够重视和投入。

三是积极探索新的农业科技服务的模式。近些年,各地突破传统的农业科技推广应用模式,探索形成了"农业专家大院"、"科技特派员制度"、"农技110"、"农业科技入户"、"农民网上培训"、"田间学校"等多种有效的农业科技服务新模式,有效地解决了科技与农民的对接,而取得良好的社会效益和经济效益。促进中介服务的社会化、产业化,鼓励农业科研机构转制为企业性的科技中介服务机构,鼓励农业科技人员"下海"创办这类机构,扶持民营中介机构的发展。要对基层农业技术推广人员进行系统培训,提高素质,以适应新时期的农业技术推广工作。政府引领下,针对都市农业发展中的共性关键技术和瓶颈问题,主动设计重大的农业科技攻关项目,动员全市有关科研、推广、教学单位和农业企业积极参与,进行广泛的合作,必要时还可以邀请国家、省级科研单位参与。

5.突破物流瓶颈,利用高新技术提高流通效能

一是控制交通运输成本,增加合法经营空间。以"放心肉"为例,从2001年5月1日起杭州降低了生猪增值税和工商管理费。这样每头猪的税费降低了20元钱左右。有的地方还调整了征收办法,由原来的屠宰场代收改为营业环节征收。这样不仅减轻了生产者和消费者的负担,还使屠宰商贩不至于为逃避税费而在场外私屠滥宰。同样,在交通运输环节,要提高货运车辆的合法地位与规范化管理,减少车辆超载现象,保证农产品正常物流。有关部门有必要调整收费标准,对违规执法更要健全法规,给予严惩,其力度应当大于运输者超载的违法成本。农产品物流过程中各种环节税太多,不利于农产品物流企业积累资金进行技术和设备升级,因此,政府应减免这些环节税,属于地方财政计税范围的项目,由各市、县、镇税务局按照优惠比例直接给予优惠①。税收优惠政策的重点投向主要放在对现代农产品物流体系建设与运行起着关键作用的物流业务环节上,如农村合作经济组织的营利业务部分、第三方物流,以及在整个现代农产品物流

---

① 杨军,葛孚桥.现代农产品物流体系建设与运行的财政支持政策探讨.生态经济[J],2011(3):144—148.

体系中承担多种业务功能的大型企业集团等。

二是加大基础设施建设，运用高新技术提高配送效能。加强精准农业技术（全球定位系统、遥感技术、地理信息系统，即通常所称的 3S 技术）、农业信息网络技术、物联网技术、农业电子商务技术等信息技术在农业中的应用研究和推广，进一步研究和完善本地化的农业专家系统和农业数据库，用信息化带动农业现代化。农产品交易的形式和渠道远比其他产品多样化，而较窄的利润空间也增加了电子商务在农产品领域的应用难度，这使得目前电子商务在农产品领域的应用拓展速度远不如其他领域。杭州市农村网络普及率已达 90％以上，我国网民数量仍在不断地快速增长，网上交易额也在不断增加，如 2011 年 8 月，阿里巴巴携手央视开拓农产品专销渠道，这类资源和运作模式一旦成熟，应当能够促进地方农业经济的发展。

6. 深化政府的服务职能，提高监督和保障水平

一是多方位深化政府服务职能，提高规划与危机防范能力。围绕杭州市优势特色产业，从品种选育、技术攻关、加工流通、资源利用到环境保护等方面进行自主创新、集成创新和引进创新。要改变科技资源投入与配置上的部门分割、各自为政、重复配置、利用低效的局面，整合科研力量和资源，充分利用在杭农业科研力量，联合农业骨干企业和园区，实行产学研合作，创建一批农业科技创新平台。发挥平台的创新载体、项目研发、成果转化、技术推广、人才培养的功能。政府有关部门要带动全社会深化对农产品问题的认识，加强创新与形成合力，增强责任感与紧迫感，积极贯彻中央政府关于稳物价、保供给的精神，切实把"菜篮子"工程建设作为落实科学发展观、保障和改善民生、增加农民收入的一项重要工作。2011 年农业部 100 多位干部用一个多月的时间，走访了 26 个省（区、市）的 156 个县、290 个乡（镇）、518 个村、7149 个农户[①]，深入基层，取得了显著成效。面对突发事件，应尽快建立价格调节基金，多渠道筹措资金，建立长效、稳定的价格调节基金，更好地发挥政府调控市场、平抑物价、保障群众基本生活的作用。进一步落实"两项联动"机制，完善农产品储备制度，健全市场异常波动防范和应急处理机制，保证农产品价格稳定。

二是深化监督管理执行力度，运用高科技手段提高工作成效。加强监督管理部门的自律性，加大问责力度。农产品大多数都是食品，其安全性是人们关注的极为重要的问题。农产品从田间到餐桌，需经过一系列的生产加工、储运和销售产业链过程。食品安全监管是一项艰巨、长期而又复杂的任务，同时它也是一

---

① 农业部对"百乡万户调查"活动进行总结和表彰. 中央政府门户网站 www.gov.cn,2011-03-18.

项为民、惠民而又亲民的职责。在当前我国农产品加工产业链组织化程度远远落后于发达国家、行业自律能力较差的情况下,政府必须强制性介入产业链各环节的质量安全管理与控制。尽快制定和推行农产品质量的溯源标准化体系,从产业链源头和各环节保证产品的质量和安全。同时,可以借助物联网技术,并鼓励更多相关企业开发和推广相关软硬件产品,让农产品管理跨入现代化水平,也为企业带来广阔的市场空间。在农贸市场、超市要对主要畜牧产品标名产地,厂家或基地名称。根据农业局的信息,定期会将无公害农产品产地名单公布,但是消费者在购买农产品时无从知道产品的来源,在大部分产品标签上只有价格和一维条码信息,建议统一使用二维条码,或在标签上注明产地和企业,方便消费者掌握厂家服务质量,有利于企业品牌形象的树立。[①] 2009 年以来,杭州市初步形成了农产品质量安全追溯管理"杭州模式",追溯管理技术支撑体系研发取得突破性进展,全市全年没有发生一起食用农产品质量安全事件。2010 年 7 月 3 日开始到 12 月底,由市贸易局主办、各区商贸旅游局协办、市农贸市场行业协会承办的"农贸市场食品安全和服务进社区活动"覆盖全市 6 个城区、40 余个社区,开展"放心菜"、"放心肉"、水产品等农产品质量安全咨询服务和农业科普知识的宣传咨询。

7. 完善相关政策体系,有效应对各类市场变化

一是加大政策倾向性,提高农业补贴的针对性。在深入调查研究、准确测算物价上涨对低收入群众生活影响的基础上,进一步完善城乡最低生活保障、失业保险标准等与物价上涨挂钩的联动机制,较大幅度提高补贴标准,扩大补贴范围,加快补贴发放,并加强补贴机制落实的监督考核。2010 年,中央财政用于"三农"方面的支出为 8281 亿元,比上年增长 14.2%,是 2003 年的 3.86 倍。其中,对种粮农民的"四项补贴"总量达到 1345 亿元,亩均补贴达到 58.8 元,约占物质成本的 1/5,总成本的 1/10。国家对农民的各种补贴不断增加,但与其他行业相比,农业比较效益偏低,特别是粮油效益低的局面仍没有根本改观。完善农业补贴政策,对与消费者日常生活密切相关的农产品实施价格控制和补贴,让消费者和供应商双向受益。比如,发现农产品的生产成本高于平时售价,可以利用基金适时对农民进行补贴,鼓励其生产的积极性,保证农民不亏本,市民买得到便宜菜。另外,要落实省级储备库存周报制度,"米袋子"行政首长负责制和"菜篮子"市长负责制,保证粮食蔬菜的正常供应和价格基本稳定。简化农副产品流通的中间环节,并建立完善粮油肉菜的储备制度,制定重要农副产品保供制度,

① 王化峰.我国农产品加工产业链管理研究.农业经济[J],2011(3):35—36.

以达到稳定物价的效果。要密切关注国际国内经济发展变化对价格总水平的影响，加强对重点商品价格变化的监测预警，切实加强以食品价格为主的市场价格监督检查，采取切实措施抑制市场价格自发性过快上涨，严厉打击囤积居奇、炒作、价格垄断等违法行为，建立良好规范的市场价格秩序，确保市场价格稳定。

二是面向整个农业产业链，促进节本增效并降低风险。针对农产品价格上涨的原因，制定调控农产品价格政策抑制部分农产品价格的过快上涨，还应采取有效措施帮助农产品降低生产和流通成本。从长远来看，防灾比救灾更为重要和有效。要落实鲜活农产品供求信息预警措施，防范短期内生产与市场波动风险。各地农业部门制订并实施《鲜活农产品重点品种监测预警工作方案》，分品种建立专家队伍，加强对重点品种的监测预警。建立农产品主要产地和主要消费地之间的信息平台，及时沟通产地农产品产量与等级、消费地价格与销售量等信息，协商应急机制的启动时机。对于特定时期特定农产品价格的上涨，还要注意区分其主要原因，实行有差别的调控政策。如果上涨的主要原因是农产品生产和流通成本增加过快，农民往往很难从价格上涨中受益。在此背景下，应采取措施降低农产品生产和流通成本。如果不在这方面下工夫，而是打压农产品价格，很容易挫伤农产品生产和流通主体增加供给的积极性，造成更长时期内农产品供给的短缺，并推动价格上涨[1]。

三是培育市场供给机制，加大财政对农业科技创新的投入。加大农业科技项目的经费投入，对于可明确界定产权和产权主体，易于进入市场交易的一般实用型技术，政府的重点是培育市场供给机制，创造相应的政策环境，并按市场原则对相关科研机构、科技中介机构、民营科技企业进行鼓励和支持，使其成为这部分农业科技研究开发的投资主体。充分利用"绿箱"政策，继续加大财政对农业科技创新的投入，通过立法保证国家对农业科技投入的逐年增加，在稳定现有各项农业科技投入的基础上，新增财政支出要切实向农业倾斜，保证财政对农业科技的投入增长幅度高于财政科技投入的增长幅度，强化政府的供给主体地位，建立稳定的农业投入增长机制；另一方面，加强财政投资的导向功能，引导社会资金的投入。拓展投融资渠道，适当降低科技企业贷款及上市融资的门槛，设立科技投资风险基金，建立完善农业科技的风险投资和分散机制，采取税收优惠、财政补贴等方式，鼓励各种投资主体参与农业科技的研究开发、示范推广和农民培训，弥补政府供给主体的功能缺陷，解决农业科技供给与农业结构调整和农村经济发展不相适应的矛盾。

---

① 姜长云.我国农产品价格变化趋势与对策.宏观经济管理[J],2011(7):32—33.

7.4.7 杭州都市经济圈发展都市农业的策略研究

（一）理论及研究背景

1.都市圈概念及理论

自 1957 年法国地理学家简·戈特曼（Jean Gottman）提出大都市带（Megalopolis）的概念以后，全球大都市地区引人注目的经济现象吸引了众多学者的研究。国内学者上世纪 80 年代初期就开始探讨经济圈问题。随着国内城市群和都市圈的不断出现和发展，相关研究大量产生。这些研究对都市经济圈的概念内涵、结构功能、形成机制、作用意义等进行了广泛深入的探讨，但并没有形成一个大家都认同的统一的概念定义[①]。总体来说，都市圈是区域经济发展到一定水平的产物，根本动力在于技术的进步、交通通讯条件的改变、要素形式与特点的变化，降低了要素配置的交易成本，促进了分工，并扩大了分工的范围，从而促进了区域的一体化。杭州都市经济圈的打造始于 2007 年，以杭州主城区为核心，以杭州市区为重心，以杭州市域为主体，以德清、安吉、海宁、桐乡、绍兴、诸暨6 个县（市）为节点，联结湖州、嘉兴、绍兴三市。根据 2010 年统计数据，杭州占地面积为 16596 平方公里，嘉兴为 3915 平方公里，湖州有 5818 平方公里，绍兴有 8279 平方公里，都市圈合计达 34608 平方公里，占全省面积 104141 平方公里的 33.23％。

2.都市农业概念及理论

国外都市农业概念的提出，最早始于 20 世纪 30 年代的日本；而我国都市农业概念的首次提出，是 20 世纪 90 年代初上海农科院在国内首次召开的都市农业国际（中日）研讨会[②]。都市农业（AgricultureinCity Countryside）英文本义是指都市圈中的农地作业。它是指在都市化地区，利用田园景观、自然生态及环境资源，结合农林牧渔生产、农业经营活动、农村文化及农家生活，为人们休闲旅游、体验农业、了解农村提供场所。都市农业受到重视的原因是因为都市农业成为提高农业生产品质，保障食品安全的有效途径；都市农业满足了城市对环境、资源和精神生活的需要；都市农业为城市和乡村空间合理配置，多功能、多尺度利用农业、农村资源，加强城市和乡村交流、加速城乡一体化发展进行了有益的尝试。近年来，随着农业被赶出城市的结果，可以说是城市居民的生命和生活的

---

① 徐明华,陈文举.浙江县域经济融入都市圈发展研究:方法与实证[J].浙江社会科学,2011(8):53—60.

② 凌耀初,胡月晓.都市圈中都市农业产业定位问题研究[J].农业现代化研究,2006(5):192—195.

根基——食品和环境两大部分都出现了深刻的问题，时刻威胁着城市居民的安居乐业，市民饮食生活的安全性、舒适性、保健性无法得到保障，城市成了人们不想住、很难留的场所，不得不在城市周围的卫星城市或是其他区域重新寻找新的居住地，使原有的城市中心出现了空洞化问题。从根本上体现了没有农业的城市是危险性的[①]。都市农业的生产要素更多地体现为资金、技术、知识、信息等，都市农业已不满足于常规的生产方式，生产力要素的重新组合要求在生产组织形式上有所突破[②]。

（二）杭州都市圈农业发展的现状与问题

1.都市圈对浙江农业贡献大，但农村劳动力水平和人均产值仍偏低

如表 7-2 所示，2010 年杭州都市圈农林牧渔服总产值达 932.34 亿元，占全省的 42.91%，农业总产值达 496.17 亿元，占全省 47.65%，牧业总产值为 145.48 亿元，占全省 32.44%，人均 4.99 万元（按农林牧渔劳动力数量进行平均计算），超过全省 3.46 万元的平均水平。说明都市圈在浙江整体农业贡献较大，占四成以上，特别是农业方面接近一半比重。四个地区中，杭州的农林牧渔服总产值和农业总产值最高，嘉兴的牧业总产值最高，而嘉兴各个指标相对最低。杭州人均产值为 4.32 万元，处于最低，而嘉兴为 6.31 万元，居于最高，杭州地区的农业增加值相对劳动力数量偏低。这说明农业生产力水平较低，也会直接影响从业人员的收入水平。

表 7-2　2010 年各地农林牧渔服总产值情况　（单位：万元）

地　区	数据类型	农林牧渔服总产值	农业总产值	牧业总产值	其中：生猪产值	农林牧渔劳动力（万人）	人均总产值
杭州	数值	3163392	1698775	430193	420549	73.24	4.32
	占比	14.56%	16.31%	9.59%	—	11.67%	
嘉兴	数值	2138770	1008674	545086	497387	33.87	6.31
	占比	9.84%	9.69%	12.16%	—	5.40%	
湖州	数值	1763232	817961	213028	198272	29.22	6.03
	占比	8.11%	7.86%	4.75%	—	4.66%	

①　杨丹妮，俞菊生.日本都市农业的理论与政策对我国都市农业的启示[J].上海农业学报，2008，24(2)：87—90.

②　罗长海.都市农业及其空间结构[J].安徽农业科学，2009，37(34)：17102—17103.

续表

地 区	数据类型	农林牧渔服务总产值	农业总产值	牧业总产值	其中：生猪产值	农林牧渔劳动力(万人)	人均总产值
绍兴	数值	2258049	1436307	266532	258144	50.66	4.46
	占比	10.39%	13.79%	5.94%	—	8.07%	
都市圈	数值	9323443	4961717	1454839	1374352	186.99	4.99
	占比	42.91%	47.65%	32.44%	—	29.80%	
浙江省	数值	21728600	10413000	4484200		627.43	3.46

从表 7-3 数据发现,杭州都市圈的农村人口数占了全省近四成,其中农村实有劳动力和农林牧渔劳动力近三成,说明有一成的农村人口没有从事农业,可能外出务工或从事其他产业。四个地区中,农村人口数、农村实有劳动力和农林牧渔劳动力都是杭州最多,湖州最少。

表 7-3   2010 年各地农村及劳动力基本情况表

地区	数据类型	乡镇个数	其中：镇个数	村委会个数	农村住户数(万户)	农村人口(万人)	农村实有劳动力(万人)	农林牧渔劳动力(万人)
杭州	数值	128	97	2098	131.82	431.34	280.05	73.24
	占比	10.93%	13.32%	7.02%	3.46%	13.15%	11.08%	11.67%
嘉兴	数值	44	44	823	74.69	266.98	169.1	33.87
	占比	3.76%	6.04%	2.75%	1.96%	8.14%	6.69%	5.40%
湖州	数值	59	44	977	61.26	204.99	125.89	29.22
	占比	5.04%	6.04%	3.27%	1.61%	6.25%	4.98%	4.66%
绍兴	数值	94	79	2191	137.61	376.08	240.26	50.66
	占比	8.03%	10.85%	7.33%	3.61%	11.47%	9.51%	8.07%
都市圈	数值	325	264	6089	405.38	1279.39	815.3	186.99
	占比	27.75%	36.26%	20.38%	10.63%	39.02%	32.26%	29.80%
浙江省	数值	1171	728	29874	3813.24	3279.06	2527.31	627.43

2.优高示范基地和设施栽培面积大,但农业设施与物资消耗欠均衡

由表 7-4 数据得出,杭州都市圈在农业设施方面投入较多,其中设施大棚数量和优高示范基地数量约占全省四成以上,优高示范基地面积和设施栽培面积

达全省近五成比例。在农业设施投入方面,四个地区各有侧重,其中杭州在设施大棚数量和优良高效示范基地数量方面领先,嘉兴的设施栽培面积较多,但优良高效示范基地数量和面积都偏少;湖州的优良高效示范基地面积较大,但设施大棚数量和设施栽培面积偏少;绍兴相对发展比较均衡。

表 7-4 2010 年各地农业设施情况表

地区	数据类型	设施大棚数量(只)	优高示范基地数量	优高示范基地面积(亩)	设施栽培(亩)	种子种苗基地个数	种子种苗基地面积(亩)
杭州	数值	345904	1038	424683	259077	99	25488
	占比	14.38%	13.66%	10.18%	11.88%	—	—
嘉兴	数值	249407	547	346534	355608	69	28145
	占比	10.37%	7.20%	8.31%	16.31%	—	—
湖州	数值	164076	555	693875	199990	49	24680
	占比	6.82%	7.30%	16.63%	9.17%	—	—
绍兴	数值	297101	993	470504	243669	99	32375
	占比	12.35%	13.06%	11.28%	11.17%	—	—
都市圈	数值	1056488	3133	1935596	1058344	316	110688
	占比	43.92%	41.22%	46.40%	48.53%	—	—
浙江省	数值	2405300	7601	4171400	2180900		

由表 7-5 中数据发现,杭州都市圈在农业物资消耗方面在全省也占了较高的比重,其中氮肥、农药和农用塑料薄膜都占四成以上,而磷肥、钾肥和复合肥也都超过三成。说明都市圈由于农业物资大量消耗可能对环境造成相当程度的破坏,这与绿色农业的发展标准相差甚远。四个地区中,杭州各项指标普遍偏高,说明对环境污染最严重;相对湖州比重较小,而嘉兴的氮肥使用量最高,这与嘉兴的农业总产值居于最后的地位也不匹配。

表 7-5 2010 年各地农业物资消耗情况表

地区	农用化肥施用量(按折纯法计)					农用塑料薄膜使用量	农药使用量
	数据类型	氮肥	磷肥	钾肥	复合肥		
杭州	数值	58478	12996	8645	35021	8010	8737
	占比	11.14%	10.86%	12.05%	17.03%	14.45%	13.43%

续表

| 地区 | 数据类型 | 农用化肥施用量（按折纯法计） | | | | 农用塑料薄膜使用量 | 农药使用量 |
		氮 肥	磷 肥	钾 肥	复合肥		
嘉兴	数值	78419	12631	5513	8594	5772	6641
	占比	14.94%	10.55%	7.69%	4.18%	10.41%	10.21%
湖州	数值	33347	5918	3272	12544	4839	4453
	占比	6.35%	4.94%	4.56%	6.10%	8.73%	11.91%
绍兴	数值	72036	8448	7040	15956	3927	6226
	占比	13.72%	7.06%	9.82%	7.76%	7.09%	9.57%
都市圈	数值	242280	39993	24470	72115	22548	29357
	占比	46.15%	33.42%	34.12%	35.08%	40.68%	45.11%
浙江省	数值	525037	119679	71713	205586	55426	65075

3. 都市圈农业产业化在全省占优势地位，但内部产业结构不够合理

从表 7-6 产业化数据发现，杭州都市圈的龙头企业、专业市场和种养育大户在浙江省占据了重要地位，占比分别为全省的 46.72%、44.30% 和 41.95%，平均接近一半水平。农业从业人数和中介组织的数量相对占比较低，只占全省的 24.94% 和 24.05%，平均将近占四分之一比例。说明都市圈在农业产业化方面相比省内其他地区处于比较优势的地位，产业化越发达，对普通人力的依赖就少，这样人均效益就高。四个地区中，湖州地区相对而言各项指标偏低，其中从业人数、中介组织、专业市场数量最少；专业市场中杭州数量最多，而杭州的种养大户却是最少的。相比之下，嘉兴的龙头企业最少，但种养大户最多。从整体来看，绍兴的各项指标比较高，其中排在第一的数量有从业人数、龙头企业和中介组织，综合看绍兴的农业产业化水平最高，湖州最低。可见，杭州都市圈要提高产业化水平，应增加龙头企业和中介组织，其中湖州更要加快产业化发展。

表 7-6 2010 年各地农业产业化发展情况

地 区	数据类型	从业人数	龙头企业	中介组织	专业市场	种养大户
杭州	数值	144983	727	1304	110	17331
	占比	7.42%	10.88%	7.23%	18.64%	7.84%

续表

地　区	数据类型	从业人数	龙头企业	中介组织	专业市场	种养大户
嘉兴	数值	81769	288	650	56	29245
	占比	4.19%	4.31%	3.60%	9.49	13.23%
湖州	数值	74108	833	615	35	25806
	占比	3.79%	12.47%	3.41%	5.93%	11.68%
绍兴	数值	186286	1273	1770	60	20320
	占比	9.54%	19.05%	9.81%	10.17%	9.19%
都市圈	数值	487146	3121	4339	261	92702
	占比	24.94%	46.72%	24.05%	44.30%	41.95%
浙江省	数值	1953000	6681	18044	590	221000

注:数据来源:浙江省农业厅 2010 年统计数据。

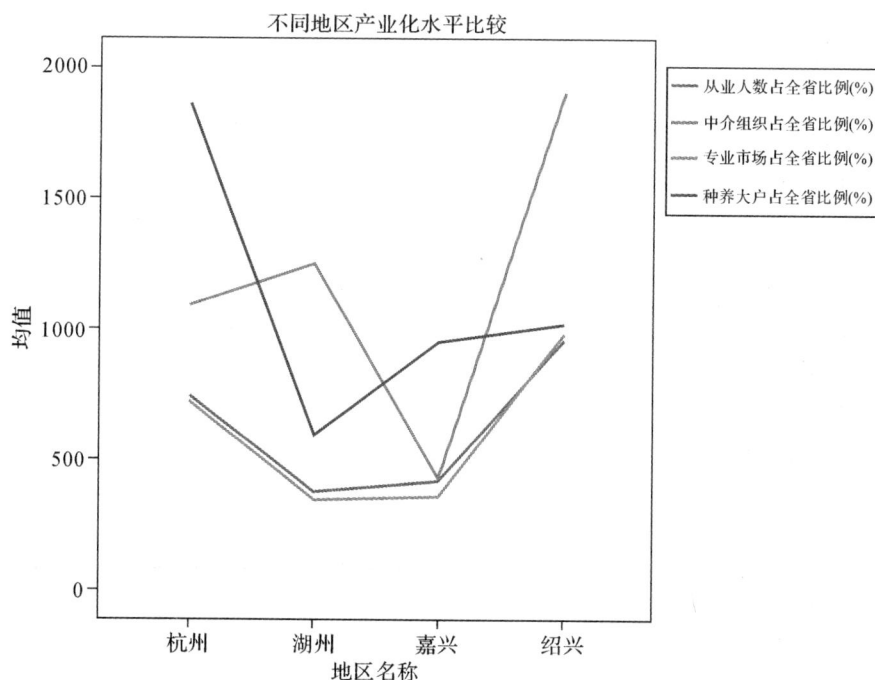

图 7-13　不同地区产业化水平比较

在产业结构方面,从表 7-7、表 7-8、表 7-9 可以看出,都市圈农业在豆类、油料、粮食方面有明显优势,分别占全省的85.56%、69.56%和57.25%,稻谷也占了全省的一半以上水平,为50.47%,但棉花(皮棉)仅占3.9%。在经济作物方面,都市圈的优势项目有蚕茧、桑园、花卉苗木、茶叶等,分别占比为92.28%、88.28%、61.96%和55.62%。而蔬菜、果用瓜、水果等份额也都超过三成,有一定优势,但蚕种的数量只占16.08%。在畜牧业方面,优势项目主要有猪、家禽、禽蛋,占一半以上比例,其次是兔、蜂、蜂蜜、牛奶等,占了三成以上比例。相对而言,牛奶的占比少些。

从都市圈内部来看,嘉兴的粮食、稻谷,杭州的豆类、油料、棉花优势较大。而杭州的稻谷,湖州的粮食、豆类和棉花,绍兴的油料较弱。从亩产量来看,杭州的粮食、豆类、油料都较落后,绍兴的稻谷和油料,湖州的棉花也较弱。

表7-7 各地农作物播种面积和产量数据(一)

地区	数据类型	粮食作物		稻 谷		豆 类		油 料		棉花(皮棉)	
		亩产(公斤)	总产量(万吨)	亩产(公斤)	总产量(万吨)	亩产(公斤)	总产量(万吨)	亩产(公斤)	总产量(万吨)	亩产(公斤)	总产量(吨)
杭州	数值	383	100.2517	517	62.6331	180	9.3164	134	8.6556	107	661
	占比		13.01%		9.66%		30.63%		21.91%		2.28%
嘉兴	数值	448	134.4351	559	100.6862	203	6.9667	161	7.4156	96	390
	占比		17.44%		15.53%		22.90%		18.77%		1.34%
湖州	数值	447	90.1991	527	71.0489	220	4.8208	144	6.1308	60	38
	占比		11.70%		10.96%		15.85%		15.52%		0.13%
绍兴	数值	420	116.3233	490	92.7515	181	4.9234	133	5.2757	143	43
	占比		15.09%		14.31%		16.18%		13.36%		0.15%
都市圈	数值		441.2092		327.1197		26.0273		27.4777		1132
	占比	57.25%		50.47%		85.56%		69.56%		3.90%	
浙江省	数值	402.7	770.67	468.07	648.15	161	30.42	126	39.5	94	29000

表 7-8 各地农作物播种面积和产量数据(二)

地区	数据类型	蔬菜		果用瓜		花开苗木面积(万亩)	桑园面积(万亩)	饲养蚕种张数(张)	蚕茧总产量(吨)	茶园面积(万亩)	茶叶总产量(吨)	果园面积(万亩)	水果总产量(万吨)
		亩产量(公斤)	总产量(万吨)	亩产量(公斤)	总产量(万吨)								
杭州	数值	2124	312.4381	2199	42.2177	47.91	24.9765	8746	15637	48.393	30500	42.0885	77.7113
	占比		17.47%		13.24%	29.54%	24.16%	0.62%	24.48%	18.13%	18.74%	8.74%	11.08%
嘉兴	数值	2040	242.9312	2031	34.0867	10.6425	31.0245	55580	26531	0.2475	90	15.6105	57.2277
	占比		13.58%		10.69%	6.56%	30.00%	3.95%	41.54%	0.09%	0.06%	3.24%	8.16%
湖州	数值	1541	85.2827	1777	16.4948	18.6705	28.4235	152120	13718	25.644	10352	15.0195	26.0746
	占比	4.77%	5.17%	11.51%	27.49%	11.51%	27.49%	11.51%	21.45%	9.61%	6.36%	3.12%	3.72%
绍兴	数值	2385	243.4694	2327	36.3773	23.271	6.8535	—	3048	49.6875	49580	26.307	60.2999
	占比		13.61%		11.41%	14.35%	6.63%	—	4.77%	18.62%	30.46%	5.46%	8.60%
都市圈	数值	8090	884.0214	8334	129.1765	100.494	91.278	226446	58934	123.972	90522	99.0255	221.3135
	占比		49.42%		40.52%	61.96%	88.28%	6.08%	92.28%	46.45%	55.62%	20.57%	31.56%
浙江省	数值	1928	17888	1972	318.8	162.2	103.4	1408146	63864	266.9	162746	481.4	701.3

表 7-9 各地畜牧业生产情况

地区	数据类型	猪年末存栏头数(万头)	牛年末存栏头数(万头)	羊年末存栏头数(只)	家禽年末存栏只数(万羽)	兔年末存栏只数(万只)	养蜂年末箱数(万箱)	肉类产量(万吨)	禽蛋产量(万吨)	蜂蜜产量(万吨)	牛奶产量(万吨)
杭州	数值	192.53	2.2688	17.5	1985.35	18.12	18.5023	31.7872	14.4682	2.2076	4.1374
	占比	15.42%	11.41%	15.67%	16.69%	5.09%	20.27%	18.14%	32.67%	25.06%	20.42%
嘉兴	数值	297.32	0.4268	74.09	1794.79	47.98	1.6361	39.7651	8.6616	0.0693	1.3261
	占比	23.82%	2.15%	66.35%	15.09%	13.48%	1.79%	22.70%	19.56%	0.79%	6.55%
湖州	数值	93.28	0.4931	29.1	1876	26.81	0.6371	18.4548	5.4191	0.052	0.7173
	占比	7.47%	2.48%	26.06%	15.77%	7.53%	0.70%	10.53%	12.24%	0.59%	3.54%
绍兴	数值	111.99	1.2448	11.51	1181.32	53.11	7.6929	17.2912	4.3696	0.5975	0.4705
	占比	8.97%	6.25%	10.31%	9.93%	14.92%	8.43%	9.87%	9.87%	6.78%	2.32%

续表

地区	数据类型	猪年末存栏头数（万头）	牛年末存栏头数（万头）	羊年末存栏头数（只）	家禽年末存栏只数（万羽）	兔年末存栏只数（万只）	养蜂年末箱数（万箱）	肉类产量（万吨）	禽蛋产量（万吨）	蜂蜜产量（万吨）	牛奶产量（万吨）
都市圈	数值	695.12	4.4335	132.2	6837.46	146.02	28.4684	107.2983	32.9185	2.9264	6.6513
	占比	55.63%	22.29%	—	57.48%	41.03%	31.19%	61.25%	74.34%	33.21%	32.83%
浙江省	数值	1249.4	19.89	—	11895.2	355.92	91.26	175.19	44.28	8.8107	20.26

　　从表 7-10 数据可以看出，杭州都市圈休闲观光农业在浙江省起到相当重要的作用，其中休闲观光农业区面积占全省的 68.94%，休闲观光农业区总产值占全省的 67.08%，休闲观光总人次占全省的 60.53%，休闲观光总收入占全省的 70.88%，人均产值为 14.44 万元，高于浙江省 12 万元的平均水平。而都市圈的四个地区中，休闲观光农业区的数量绍兴居首位，占全省的 20.38%，而嘉兴最少，占全省的 5.64%；休闲观光农业区面积最大的是湖州，占全省的 31.29%，而嘉兴最少，占全省的 3.34%。从业人员数量上，杭州最多，占全省的 21.72%，嘉兴最少，占全省的 6.14%。关于休闲观光农业区总产值，湖州相对最高，占全省的 27.00%，其次是杭州占全省的 26.71%，最少的是嘉兴，占全省的 4.29%。相比之下，休闲观光总人次杭州最高，占全省的 19.48%，其次是湖州 18.97%，最少的是绍兴 8.47%。休闲观光总收入和人均收入湖州居首位，占全省的 38.49%，杭州只占 18.26%，最少的还是嘉兴。说明杭州可能因为城市知名度高，观光人数较多，但是观光人次与收入并不完全成正比。相对而言，湖州的收入最高，这可能与其休闲观光农业区面积较大有关。四个地区中嘉兴在休闲观光农业方面的物力和人力投入相对最少，产出也最低。可见，杭州都市圈要提高休闲农业带来的收入，应当加大休闲观光农业区面积，增加服务的含金量，提高人均产值，特别是嘉兴还有一定的发展空间。

表 7-10　2010 年各地休闲观光农业发展情况

地区	数据类型	休闲观光农业区（个）	休闲观光农业区面积（亩）	从业人员数量（人）	休闲观光农业区总产值（万元）	休闲观光农业人均产值（万元）	休闲观光总人次（万人）	休闲观光总收入（万元）
杭州	数值	265	417188	16149	238313	14.76	820.77	96433.7
	占比	15.75%	26.42%	21.72%	26.71%	—	19.48%	18.26%

续表

地　区	数据类型	休闲观光农业区（个）	休闲观光农业区面积（亩）	从业人员数量（人）	休闲观光农业区总产值（万元）	休闲观光农业人均产值（万元）	休闲观光总人次（万人）	休闲观光总收入（万元）
嘉兴	数值	95	52762	4566	38237.21	8.37	573.79	22917
	占比	5.64%	3.34%	6.14%	4.29%	—	13.62%	4.34%
湖州	数值	128	494221	14077	240883	17.11	799.25	203229.2
	占比	7.61%	31.29%	18.93%	27.00%	—	18.97%	38.49%
绍兴	数值	343	124553	6650	81014	12.28	356.99	51651
	占比	20.38%	7.89%	8.94%	9.08%	—	8.47%	9.78%
都市圈	数值	831	1088724	41442	598447.21	14.44	2550.8	374230.9
	占比	49.38%	68.94%	55.73%	67.08%	—	60.53%	70.88%
浙江省	数值	1683	1579234	74356	892200	12.00	4214.29	528000

数据来源：根据浙江省农业厅 2010 年统计数据整理。

4. 主导和优良品种的面积较大，但生产技术欠发达，有环境污染后患

由表 7-11 数据发现，杭州都市圈在主导品种和优良品种的面积都占据全省一半以上，其中粮食作物面积和油菜籽面积占了将近七成。四个地区中，绍兴在谷物面积和主导品种面积上占第一位，但棉花和油菜籽相对较少；杭州在主要品种的油菜和油菜籽面积上领先；嘉兴的数食作物面积最多，但主要品种中谷物面积最少；湖州的粮食作物面积最少。总体来说，杭州都市圈优良品种面积具有明显优势，而主导品种推广面积还可以再提高。

表 7-11　2010 年各地农业生产技术情况（一）　（单位：亩）

地区	数据类型	谷物面积	油菜面积	主导品种推广面积	粮食作物面积	棉花面积	油菜籽面积
杭州	数值	955882	508783	1638683	1706275	193458	548722
	占比	10.03%	19.40%	11.77%	14.24%	78.01%	22.34%
嘉兴	数值	855924	328073	1767183	2360568	165111	417863
	占比	8.98%	12.51%	12.69%	19.70%	66.58%	17.01%
湖州	数值	1095115	399345	1690888	1700713	67478	413362
	占比	11.49%	15.23%	12.14%	14.19%	27.21%	16.83%

续表

地区	数据类型	谷物面积	油菜面积	主导品种推广面积	粮食作物面积	棉花面积	油菜籽面积
绍兴	数值	1528105	267944	1814049	2116886	24872	284272
	占比	16.04%	10.22%	13.03%	17.66%	10.03%	11.57%
都市圈	数值	4435026	1504145	6910803	7884442	450919	1664219
	占比	46.55%	57.37%	49.64%	65.79%	—	67.76%
浙江省	数值	9527000	262000	13923000	11984000	—	2456000

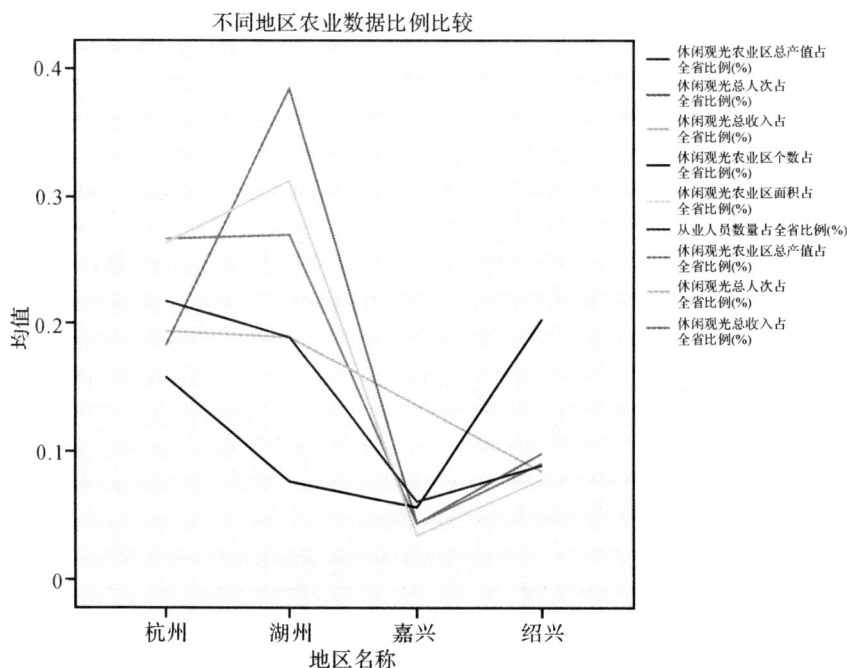

图 7-14　不同地区农业数据比例比较

由表 7-12 数据可见,杭州都市圈水稻直播栽培面积在全省占据主要地位,占 77.19%,测土配方施肥面积、化学除草面积和病虫综合防治面积占据全省一半左右,说明这些技术优势比较明显。而晚稻秧田面积和水稻旱育秧栽培面积相对不占优势。四个地区中杭州的晚稻秧田面积和水稻直播栽培面积偏少,而测土配方施肥面积最多。嘉兴的水稻直播栽培面积最多,而水稻旱育秧栽培面积最少;湖州生产技术相对落后,其中测土配方施肥面积、化学除草面积和病虫综合防治面积都最少;绍兴相对而言各项指标较高,晚稻秧田面积、水稻旱育秧栽培面积、化学除草面积和病虫综合防治面积都占最大,说明其农业生产技术水平较高。

表 7-12 2010 年各地农业生产技术情况(二)

(单位:亩)

地 区	数据类型	晚稻秧田面积	水稻旱育秧栽培面积	水稻直播栽培面积	测土配方施肥面积	化学除草面积	病虫综合防治面积
杭州	数值	发5800	69570	671307	4116208	3022861	1513451
	占比	0.84%	2.65%	12.74%	14.17%	12.74%	5.84%
嘉兴	数值	6202	54100	1607074	3233300	3659400	2055130
	占比	0.90%	2.06%	30.49%	11.13%	15.43%	7.93%
湖州	数值	9500	122516	1086040	2971857	2311000	1234518
	占比	1.38%	4.67%	20.60%	10.23%	9.74%	4.76%
绍兴	数值	83723	208600	704122	3110896	3376766	8487802
	占比	12.15%	7.95%	13.36%	10.71%	14.24%	32.73%
都市圈	数值	105225	454786	4068543	13432261	12370027	13290901
	占比	15.27%	17.33%	77.19%	46.22%	52.15%	51.26%
浙江省	数值	689000	2624000	5217000	29059000	23720000	25930000

(三)杭州都市圈发展都市农业的几点建议

根据都市农业有别于传统农业的特征,从四个维度提出杭州都市圈发展都市农业的主要对策:

1.找准定位并创新多种经营模式

第一,要发展优势行业合理布局。都市圈必须突破现有传统农业的发展模式,要将农业生产经营市场化和社会化导向相结合,要从"八山半水分半田"的情况出发,注重发挥本地区的行业比较优势,选择合适的模式进行农业行业产品结构的调整。杭州都市圈区域的主体功能定位是,发展满足城市人民生活需要的瓜果、蔬菜、花卉、茶等经济作物农产品,加大蚕种、蜂、羊、牛等养殖业,形成为集农业科技、教育、示范、推广于一体的都市型农业孵化基地;在城郊结合部农业板块,区域的主体功能定位是,发展生态绿色农业,成为城市的绿色屏障和安全空间,城市生态的补充和市民体验农业的基地。要扩大经济作物中高附加值品种的开发和培育,提高总产值和人均效益。如继续发挥都市圈在豆类、油料、粮食方面的优势,其中杭州的粮食、豆类、油料的亩产量要通过技术和管理手段进行提升,绍兴的稻谷和油料,湖州的棉花也要提高产业化水平。在经济作物方面,都市圈要深化优势项目,如重点增加蚕种的培育,提高产量。在畜牧业方面,除猪、家禽、禽蛋等优势项目,还要加大投入兔、蜂、蜂蜜、牛奶等经营规模,增加经济效益。要加快发展农业园区,围绕主导产业的发展,以都市圈为一个整体,在各市兴建具有一定规模和特色的农业商品交易基地,打造当地的产业化品牌,如"养蜂基地"、"产豆基地"、"产茶基地"等,以形成区域化布局、专业化生产的具有区域特色的农业格局。

第二,创新适合都市圈的农业模式。杭州都市圈农业可以分为三种模式:一是设施型农业,即在一定区域范围内运用现代科技与先进的农艺技术,建设现代化的农业设施,生产无公害农副产品;二是观光休闲与体验型农业,即设立菜、稻、果、树等田园农业,吸引游人参观体验,其实质是农业与旅游业的结合,这既改善了生态环境,又为生活在都市的人群提供了休闲度假的生态场所;三是特色品牌型农业,即通过有实力的龙头企业建设一些有特色的农副产品生产加工基地,并依托先进的科技进行深层次开发,形成在国际市场具有竞争能力的特色精品农业。杭州都市圈特别要加大发展以休闲观光农业为代表的新型都市农业模式。都市农业起着社会劳动力"蓄水池"和稳定"减震器"的作用,对社会稳定发展、城乡居民就业和全面发展都有着重要作用。以休闲旅游市场的发展需求为导向,以农业旅游资源的合理开发、充分利用为基础,以生态环境建设和农民增收致富为双重出发点,加强观光休闲农业的宣传创新,做大做强休闲观光农业旅游产业。其中杭州发展休闲观光农业过程中要提高总产值和人均产值,充分发挥现有土地的价值,绍兴、嘉兴地区要适当扩大休闲观光农业的面积,从而提高整体经济效益。

第三,在城市核心区域开发农业资源。在城市核心地区建筑物密集,绿地比例一般过小,要想尽办法增加绿地。可以学习国内外成功经验,增加市民农园、科学教育园地等。美国都市农业的主要形式是耕种社区(也称市民农园),是一种农场与社区互助的组织形式,占美国总面积的10%,其生产的农产品价值占美国农产品总价值的1/3以上。目前杭州等城市新开发区因多种原因长期闲置各类空地,这些资源经过合理化利用,作为市民农园进行周期性开发使用可以发挥更大的价值。可以组织市民农园选出的管委会统一租赁,参与市民农园的居民共同分担生产成本、风险及盈利,为市民提供安全、新鲜、高品质且低于市场零售价的农产品,社区为农园提供了固定的销售渠道,做到双方互惠互利。学习台湾都市农业的多样性,如观光农园、休闲农场、市民农园、假日花市、观光渔场、农业公园、教育农园、森林游乐区和屋顶农业等①。加强城市居民对农业科技的认知和普及,在城市中心可能选择合适的区块和楼层发展"屋顶菜园",开发有机农产品,如"舌尖上的中国"节目播出后,有市民在高楼上培育出品质优良的有机果蔬,给人们起到了广泛的学习榜样作用,政府有关部门应制定有效的政策措施推动都市农业积极健康地发展。

第四,加强合作经营走产业化道路。都市农业的组织方式可以按其产业化经营过程中经营者组织联系的紧密程度分为四种方式,即个体农户为主的散户经营组织方式、企业化经营的组织方式、"公司＋基地＋农户"的生产组织方式和采取以龙头企业带动产业发展的"龙头企业＋合作组织＋农户"的组织方式。在都市圈范围内应整合四地的资源,进行系统全面的规划,将杭、嘉、湖、绍的农业园区统筹设计,分类定位,以城市中心为圆点向四周辐射,在贴近城市周边的开发更丰富的家庭农庄资源、农业公园,在外围发展农业园区,同时配置相应的流通市场和物流基地。相应地采取"公司＋基地＋农户"的生产组织方式和以龙头企业带动产业发展的"龙头企业＋合作组织＋农户"的组织方式是适合都市农业的有效途径。对于相对分散的农户,要给予更多组织进行关联与合作,在农场面积较小的地区,为解决土地过于分散的问题,提倡和鼓励农民集体生产,可以通过农业土地组合和农业共同经营组合等途径成立以土地合作为主的农村合作组织。都市圈内四个地区也要互相交流学习,其中杭州要重点培养和扶持种养大户,嘉兴要重点发展龙头企业,湖州要从龙头企业、专业市场、中介组织和种养育大户多个方面提升。要注重典型示范带动作用,对带动能力强的农民专业合作经济组织重点帮扶;引导农民专业合作经济组织健全民主管理制度,增强其服务功能和自我发展能力。

2.普及农业科学以提高人才素质

第一,提高农民的文化与科学技术素质。要优化农业从业人员数量和素质水平,提高人均产值和收益。都市农业技术进步很大程度上决定于农民科学知识水平和劳动操作技能。要积极培养都市农业各类专门人才队伍,加快实施绿色证书制度,逐步培养一代新型农民,提高务农人员的整体素质。提高劳动者的知识水平,制定新的人才战略,加快对都市农业生产者知识性、技能性培训的力度。为此,应培训各类农业技术人才,鼓励高校、科研机构等与农村合作,共同开发都市农业人力资源。组建一支强大的科技队伍,及时宣传普及所需的适用现

---

① 周灿芳,廖森泰,万忠.珠三角都市农业发展现状与对策——以台湾都市农业为借鉴[J].学术论文,2009(6):176—180.

代科学技术,提高农民的文化水平与科学技术素质。

第二,搭建都市圈人才交流与服务平台。为杭州都市圈四地都市农业实现资源共享、共同繁荣与发展,同时切实服务青年,充分发现、挖掘和培养四地青年农业人才,为区域内农业青年人才交流、培养与合作搭建平台、提供舞台,打造杭州都市圈青年农业工作品牌。采用举办农产品品评会、讲习会、农业节等多种形式,增强市民与农民之间的了解与沟通,进而吸引市民对都市农业的兴趣,共同提高和增强都市农业的活力。并加大宣传力度,在社会上形成热爱农业、关心农业、支持农业的良好风气,积极引导年轻人加入都市农业的建设之中。

第三,因人而异细化农业教育服务内容。针对不同的农业人员条件开展不同的培训与技术服务。一是以家庭农场为主的组织,可以子承父业,但是必须接受农业教育;将农业教育纳入农村义务教育的重要组成部分。二是对农业合作社组织,要通过政府组织人力物力集中提供种、管、收等各种农机使用培训服务,并组织各类加工销售服务,共同帮助农场完成农产品的加工和销售,打通市场信息与合作渠道;三是对生产资料合作社,要为农场提供种子、化肥、农药技术指导和产品服务等。

3. 运用高科技促产业化生产经营

第一,增加基础设施与技术研发投入资金。要依靠科技延长产业链,开发更多名优特色产品,增加产品的附加值,提高农业领域的科技含量。特别是加强高效生态现代农业的发展,全面推广高效生态现代农业模式与农业技术、推广农作物多样化种植技术、农村河流综合治理技术、农业废弃物的资源再生技术、环境污染的综合治理技术等。世界上许多发达国家每年用于农业科研的经费支持力度,一般为本国农业 GDP 的 0.6%,而用于农业科技推广经费的支持力度为农业科研经费的 3 倍。从这一点来说,我国政府需要建立农业科技推广和普及体系,提高现有农业科技的使用效率。上述技术的投入需要政府更多的关注,如美国政府对农业的扶持政策,表现在政府不仅重视对农业科研投入和农业科技推广工作,也重视公共基础设施建设,联邦政府每年大约支出 300 亿美元用于公路、水利、信息化等公共基础设施建设。

第二,加大农业主导品种的技术开发与引进。加大对农业的科技投入,主要表现在几个方面:一是对生产力的提高,二对农产品加工,三是对农产品流通,四是对农业经营管理。从生产力方面来看,都市圈要加大先进的农业技术开发与引进。我国的都市农业优先在一些经济发展快的城市发展起来,如上海、北京、南京等。技术进步在这些城市农业经济发展过程中发挥了重要作用。都市农业一个共同的特点就是不同程度地采用高新技术,以生物技术为核心,发挥各地的优势,发展绿色都市农业。如上海都市农业采用高新技术来发展设施农业,并从国外引进自控温室工程,采用无土栽培、天然雨水灌溉、电脑温控等当今世界最先进的农业科学技术[1]。学习和引进新加坡的气耕法种植蔬菜。

第三,科技改造专业化生产与加工企业。对于农产品加工方面,都市圈需要大力发展专业化农场或公司生产经营。日本农产品的商品率一般都在90%以上,而我国大部分农产品处于加工浅、包装少的层面,这对产品运输、交易和提高效益都是不利的。作为特色农业的代表,日本的一村一品运动也非常有特色。它开始只是本村粗加工的土特产品,逐渐成为代表本地区的名优土特产品,再进行批量生产并在超市等网络大量销售。例如,都市圈可以对果品生产专业化分两大类:一是从事果品专业化生产和进行筛选、分级和包装后,把产品投放到国内外市场上的农场。二是经营从生产到产品深加工、销售的大型果品生产经营公司。这些都需要通过科技手段来实现,目前我国高校、科研院所已有相关成熟技术,但在实践应用推广与普及方面还需要更多鼓励和宣传。

第四,利用都市圈交通便利性完善农业生产流通体系。在农产品流通方面,建立和完善农业生产流通体系平台,建立专门的农业物流基地。都市圈经济是在最小空间范围内实现供给规模与需求规模的对称,因此产品的空间运输距离最短,运费最低,所以都市圈层次的规模经济,其报酬递增的来源是由于需求在地域的集中而产生的运费节省,也是运输业投资与土地投资成本的节省。一方面建立连接城乡道路运输体系和农产品销售的市场网络,从外部环境上给予保障;另一方面借助农业协会或合作社组织,把物流系统延伸到乡村,将分散经营的农业生产联系起来,并发展农产品加工配送中心,提升产销地农副产品批发市场[2]。如荷兰建立起许多分工不同的农业物流基地,鹿特丹港靠近重要的果蔬种植地区,58%以上的农业产品和食品是通过鹿特丹港运输的。阿姆斯特丹—斯希波尔飞机场是花卉种植基地和欧洲花卉进出口中心,将生产的花卉运输到世界各地。还有专门从事经营水果批发的弗拉辛港,经营鱼、肉等冷冻食品的埃姆斯哈芬港和经营水产品的埃姆伊敦港口等[3]。另外,在农业经营生产管理方面应通过物联网技术的广泛应用降低日常维护和监控的人工成本,运用计算机控制、网络信息化等手段实现智能化管理,减少时间和空间上的成本,并达到产

---

① 陈凯,史红亮,续华梅.都市农业现代化评价分析——以北京、上海和广州等11城市为例[J].技术经济与管理研究,2009(2):6—11.

② 曾书琴.发达国家都市农业的成功经验对我国的借鉴与启示[J].广东农业科学,2011(10):191—194.

③ 蔡建明,杨振山.国际都市农业发展的经验及其借鉴[J].地理研究,2008(3):362—374.

品溯源和质量过程的控制,真正让农产品成为健康放心的产品。

4. 合理开发农业的经济生态功能

第一,合理利用各项资源实现经济利益共享。现代都市农业已经从劳动密集型向资金密集型转变,设施农业替代了传统的大田耕作农业,使动植物的培育和生长可以少占耕地,通过有效控制环境因素,生产大批量、各种类型的农产品,从而大大节约土地,提高土地生产率。发展都市农业仅靠政府投资是远远不够的,应以政府投资为龙头,带动社会资金、信贷资金、外资、农民自有资金投入都市农业,鼓励企业家到拓展开发区开发都市农业,其中最重要的要使农民和市民都成为投资主体。要改变传统的粗放型、兼业化的生产力式,在产业化过程中,还应该进一步完善生产者的利益调节机制,探索在龙头企业、基地和农户之间形成"利益均沾,风险共担"的利益共同体机制和办法,以保证都市农业的健康发展。

第二,注意农业环境保护与减少污染源。在满足市场需求之前,不能只注意农业的生产功能,忽视农业在保持和改善生态平衡、调节气候方面的作用,更不能忽视农业调节身心、教化人民、协调人与自然关系的功能。加强政府对都市农业用地的保护力度,严禁在良田上从事建筑业,加强土地规划和整治,农田要减少磷肥、钾肥和复合肥等使用量,降低由于农业物资大量消耗可能对环境造成的破坏。要完善配套鼓励都市农业发展的优惠政策,抵御城市开发和环境破坏的压力。都市农业的生存环境十分脆弱,不仅受到城市"三废"的污染,而且由于城市规模的不断扩大而受到吞食,都市农业最易面临"灭顶之灾",如由于休闲农业吸引大量游客往来引发交通拥堵,"三废"排放加剧,直接破坏自然环境。鉴于都市农业这一特征特性,为了保证都市农业的可持续发展,就需要对都市农业采取有效的保护,才能避免其成为夕阳农业的厄运[1]。

第三,政府引导开发生态功能与社会功能。在城市化和工业化加快发展的形势下,如果继续维持传统农业为主的格局,都市圈农业的生存空间将越来越狭窄,必须把都市圈农业纳入城市化统筹考虑,重新定位,赋予其新的功能[2]。都市农业可为城市增色添绿、美化环境,改善生态环境,提高生活质量的功能;将生活废水及垃圾用作灌溉和肥料,可以节约资源与保护环境。在农业基础较好的

① 方志权,吴方卫,王威.中国都市农业理论研究若干争议问题综述[J].中国农学通报,2008,24(8):521—525.

② 杨军,吴孟,赖长伟.重庆都市圈农业结构与功能调整研究[J].重庆工商大学学报(西部论坛),2004(5):63—65.

区域要倡导加快以经济功能为主的城郊农业向生态功能为主的都市农业转变。通过创立市民公园、农业公园以及开设其他各类农业观光景点,减少或减轻"水泥丛林"和"柏油沙漠"对都市人带来的烦躁与不安的,提高市民生活质量,使农业真正起到"城市之肺"的作用。按照杭州大都市经济发展和提高城乡居民生活质量的需要,杭州都市圈农业的定位,就是加快发展现代都市农业。目前基本上都是农业经营者的个体行为,而都市农业应具有的生态和社会功能,客观上需要较多的"公共产品"特征,因而政府等公共部门组织就必须发挥对都市农业经营者市场定位行为的引导和指导作用。农业经营者必须了解现有都市农业的发展状况和市场需求情况,确定自身经营的农业产品或农业项目须具备何种特点,创造一定的特色,树立良好的市场形象,以满足消费者的特殊需要和偏爱,才能在市场中长期立足。

关键词索引